Der Städtekompass
S. 4

Belgrad
S. 6

Bordeaux
S. 22

Bremen
S. 40

Danzig
S. 56

Erfurt
S. 72

Glasgow
S. 88

Graz
S. 104

Helsinki
S. 120

Mannheim
S. 136

Marseille
S. 152

Neapel
S. 168

San Sebastián
S. 184

Sofia
S. 200

Triest
S. 216

Valencia
S. 232

Impressum
S. 248

Der Städtekompass

Bordeaux Die *belle endormie*, die schlafende Schönheit, wurde Bordeaux früher genannt. Heute ist die Stadt an der Garonne hellwach und beeindruckend lebendig.

Bremen In der weltoffenen Hansestadt lässt sich's entspannt leben. In den Speichern und Schuppen der Industrie- und Hafenviertel wird gewohnt, gefeiert und Kunst gemacht.

Danzig Danzig besitzt maritimen Charakter und kulturelle Schätze. Vieles blüht auf oder ist im Entstehen dort, wo einst einer der wichtigsten Häfen Europas war.

Belgrad Magie an der Donau: Hier ist Aufbruchstimmung spürbar! Der neue kreative Untergrund sorgt dafür, dass man sich spätestens auf den dritten Blick in Belgrad verknallt.

AUFGEWACHT! — Bordeaux

der Schlüssel zur Welt — Bremen

GOLDWASSER & CO. — Danzig

BERLIN DES BALKANS — Belgrad

WOHIN MÖCHTE ICH?

Blick in die Zukunft — Valencia

WARUM WIRD HIER SO VIEL KAFFEE GETRUNKEN? — Triest

STADT DER KONTRASTE — Sofia

Valencia Zum Glück wird die drittgrößte Stadt Spaniens ordentlich unterschätzt. *Vivir la vida*, das Leben genießen: Dieses Motto spürt und erlebt man hier überall.

Triest Trotz aller Grandezza an der Adria zeigt Triest noch immer den rauen Charme einer Hafenstadt und einen ganz eigenen Mix irgendwo zwischen Pasta und Knödeln.

Sofia Wer Sofia besucht, wird von den Kontrasten und ihrem morbiden Charme magisch angezogen und spürt: Die Vitalität dieser von der Sonne verwöhnten Stadt ist ansteckend.

15 unterschätzte Städte zum direkten Eintauchen

Erfurt Beine ins Wasser strecken und Seele baumeln lassen, den großen Namen und Traditionen folgen oder ins bunte Treiben eintauchen? Erfurt lässt viele Freiheiten ...

Glasgow Die Weltstadt der Musik ist eine Ausgehstadt – auch, wer hätte es gedacht, was das Essen angeht. Und eine großartige Jugendstilstadt. Und mächtig im Kommen!

Graz Wenn es in Wien oder Salzburg noch zugig kalt ist, werden in Graz die ersten sonnendurchfluteten Schanigärten geöffnet. Willkommen in der Stadt zwischen den Kulturen!

Erfurt – ALLES IM FLUSS

HIER IST MUSIK DRIN

Sonne satt

Helsinki 123 Kilometer lang ist die Küste innerhalb des Stadtgebiets von Helsinki: Buchten, Inseln, Schären, Häfen und Strände machen die finnische Hauptstadt so einzigartig.

DESIGN AM WASSER

DIREKT ENTDECKT

Mannheim Die Stadt ist grüner als gedacht und bunter als erwartet, und mit einer kleinen Einführung findet man sich auch in den Quadraten zurecht. Verlaufen ist trotzdem erlaubt!

Marseille ········ DIE HEIMLICHE No. 1

Lektion in Sachen **Lebensfreude!**

Marseille Vom alten Hafen bis ins Badeparadies der Calanques reicht die Faszination von Marseille. Frankreichs Großstadt Nummer 2 ist unsere heimliche Nummer 1.

San Sebastián Einfach zum Schwärmen: Die Stadt mit den drei Stränden, einem Hausberg und unzähligen Pintxo-Bars ist ein Vergnügungspark für die Seele.

Neapel Der Vesuv, der Verkehr, die Mafia, die barocken Kirchen, das Gassengewirr und die kulinarischen Highlights – Neapel sprüht!

Warum Belgrad?

Kreativität aus dem Hinterhof

Es ist der dritte Blick, auf den sich die meisten Belgrad-Neulinge in die Stadt verknallen. Denn hinter den Fassaden, die alten Glanz und beginnenden Wandel verkörpern, findet sich die Magie. In den Hinterhöfen verstecken sich Bars unter freiem Himmel mit leuchtenden Gimmicks, Retro-Wohnzimmercharme oder Akustik-Coverband. Es ist die Stadt in der Stadt, der neue kreative Untergrund, der Belgrad so sehens- und liebenswert macht. Wo die politische oder finanzielle Situation eine schwierige ist, werden Menschen kreativ. Und die (jungen) Hauptstädter sind darin wahre Profis.

Balkon an der Barmeile der Strahinjića Bana in Dorćol

Nah am Wasser gebaut

Städte am Fluss haben – so heißt es – ein ganz besonderes Flair. Wenn das stimmt, dann sollte man sich unbedingt nach Belgrad aufmachen, denn die serbische Hauptstadt liegt gleich an zwei Flüssen: Europas zweitlängster Strom, die Donau, und ihr wasserreichster Zulauf, die Save, umarmen die Stadt. Wenig überraschend, dass immer mehr des hiesigen Lebens an und auf dem Wasser stattfindet. Und wo es nicht gerade Club-, Restaurant- oder Hotelflöße gibt, da liefern die Gewässer obendrein die beste Erholung.

Blick von der Festung auf die Save

Belgrad auf einen Blick

Als ehemalige Hauptstadt Jugoslawiens ist Belgrad noch immer die bevölkerungsreichste Metropole der sechs heutigen Nachfolgestaaten. Doch auch wenn sich das gesamte Stadtgebiet weit erstreckt, lässt sich der zentrale Teil – flankiert von den Ufern der Donau und der Save – problemlos erlaufen.

STARI GRAD

Das Zentrum Belgrads, dessen Name schlicht Altstadt bedeutet, liegt eingerahmt zwischen den Flüssen Donau im Norden und Save im Westen. In seiner Mitte finden Sie den Platz der Republik mit dem Serbischen Nationalmuseum, dem Nationaltheater und der Statue des reitenden Fürsten Mihailo Obrenović. Dieser Haupttreffpunkt ist der ideale Startpunkt für viele Erkundungstouren. Von hier aus erreichen Sie u. a. die Straße Skadarska mit ihrem Bohemecharme im Osten, den Platz und gleichnamigen Boulevard Terazije im Süden sowie über die Einkaufsstraße Kneza Mihaila in nordwestlicher Richtung die Belgrader Festung und den Park Kalemegdan. Folgen Sie in nordwestlicher Richtung der Vase Čarapića, gelangen Sie zur Universität und dem Studentski park, wo diverse Buslinien starten. Im Südwesten liegt mit Zeleni venac nicht nur ein belebter Knotenpunkt, sondern auch der gleichnamige Markt, auf dem täglich ab 6 Uhr gehandelt wird.

DORĆOL UND SAVAMALA

Im Norden Stari Grads befindet sich der Stadtteil Dorćol, in dem das älteste Wohnhaus Belgrads steht. In den teils steilen Straßen gibt es außerdem unzählige Geschäfte, Lokale und Bars zu entdecken. Im Süden Stari Grads liegt das Viertel Savamala, das in den letzten Jahren eine umfangreiche Verwandlung durchgemacht hat. Von einem sozial schwachen Bezirk zu einem Zentrum der Alternativen und Kreativen. Dazu gehört auch eine moderne Flusspromenade, die an vielen Stellen noch im Entstehen begriffen ist.

TAŠMAJDAN

Folgen Sie vom Platz der Republik der Dečanska, kommen Sie zum Nikola-

Erholung pur: am Donaukai

Auf den Festungsmauern

Pašić-Platz mit dem serbischen Parlament. Weiter in südöstlicher Richtung über den Bulevar kralja Aleksandra passieren Sie den Park Tašmajdan, einen der schönsten und größten der Stadt und Namensgeber des umliegenden Viertels. Die Grünanlage hat eine bewegte Geschichte hinter sich – als Friedhof, Hauptquartier des serbischen Aufstands gegen das Osmanische Reich und Hauptziel der NATO-Bombardierung 1999. Folgen Sie dem Bulevar weiter, erreichen Sie den Kyrill-und-Method-Park, unter dem sich Belgrads einziger Untergrundbahnhof Vukov Spomenik befindet – mit 40 m unter der Erde ist er einer der tiefsten in Europa.

VRAČAR

Angrenzend an den Bulevar kralja Aleksandra im Nordosten und die Kneza Miloša mit der Serbischen Nationalversammlung im Nordwesten befindet sich der flächenmäßig kleinste Bezirk Belgrads Vračar. Der beherbergt vor allem den Tempel des Heiligen Sava, dessen türkisfarbene Kuppel bereits in den umgebenden Straßen immer wieder hervorlugt. Das Bauwerk, an dem (mit einer mehrjährigen Pause) schon seit 1935 gearbeitet wird, ist per Stand 2019 die größte Kirche Südosteuropas und eines der größten orthodoxen Gotteshäuser der Welt. Unweit finden Sie außerdem den Kalenić-Bauernmarkt, den größten der ganzen Stadt. Vor allem lohnt sich Vračar aber aufgrund seiner zahlreichen mehr oder weniger versteckten Cafés.

DEDINJE UND ADA CIGANLIJA

Etwas südlicher liegt der Stadtteil Dedinje, der sich sowohl geografisch als auch gesellschaftlich ein wenig absetzt. Auf dessen leicht erhöhtem Gebiet finden Sie gehobene Wohnviertel für Politik und Prominenz, aber auch das Königliche Schloss und das Haus der Blumen, Mausoleum des jugoslawischen Staatspräsidenten Josip Broz Tito. Auf der anderen Seite des Topčider-Parks im Westen liegt der Fluss Save und darauf die Halbinsel Ada Ciganlija, Belgrads beliebtes Urlaubs-, Erholungs- und (Wasser-)Sportzentrum. Hier finden sich Anlagen für so ziemlich jede sportliche Aktivität, die man sich vorstellen kann – von Fußball und Rudern bis zu Skifahren.

NOVI BEOGRAD UND ZEMUN

Auf der anderen Seite der Save existiert seit den späten 1940er-Jahren der größte und gleichzeitig grünste Stadtteil Novi Beograd. Bei Wohnungssuchenden ist der Bezirk aufgrund der besser ausgestatteten Wohnblöcke und der vielen modernen Einkaufszentren sehr beliebt. Auch das Museum für zeitgenössische Kunst befindet sich hier. Durchqueren Sie Novi Beograd, erreichen Sie schließlich Zemun. Das Fischerdorf, das Belgrad in den 1950er-Jahren eingegliedert wurde, hat sich bis heute seine Individualität bewahrt und eignet sich großartig für einen ›Urlaub im Urlaub‹.

5 Touren durch Belgrad

Im Stadtmuseum von Belgrad

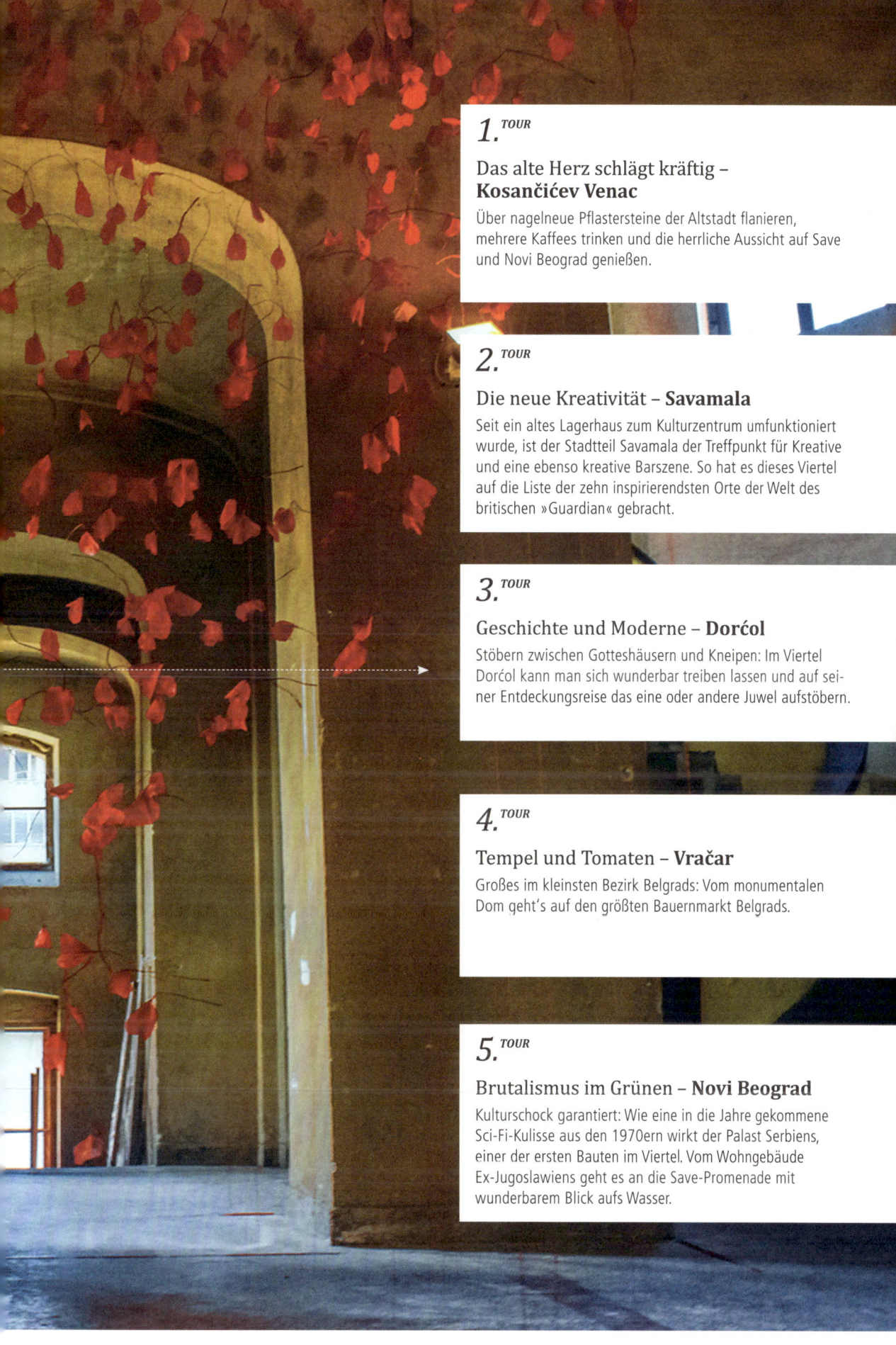

1. TOUR

Das alte Herz schlägt kräftig – Kosančićev Venac

Über nagelneue Pflastersteine der Altstadt flanieren, mehrere Kaffees trinken und die herrliche Aussicht auf Save und Novi Beograd genießen.

2. TOUR

Die neue Kreativität – Savamala

Seit ein altes Lagerhaus zum Kulturzentrum umfunktioniert wurde, ist der Stadtteil Savamala der Treffpunkt für Kreative und eine ebenso kreative Barszene. So hat es dieses Viertel auf die Liste der zehn inspirierendsten Orte der Welt des britischen »Guardian« gebracht.

3. TOUR

Geschichte und Moderne – Dorćol

Stöbern zwischen Gotteshäusern und Kneipen: Im Viertel Dorćol kann man sich wunderbar treiben lassen und auf seiner Entdeckungsreise das eine oder andere Juwel aufstöbern.

4. TOUR

Tempel und Tomaten – Vračar

Großes im kleinsten Bezirk Belgrads: Vom monumentalen Dom geht's auf den größten Bauernmarkt Belgrads.

5. TOUR

Brutalismus im Grünen – Novi Beograd

Kulturschock garantiert: Wie eine in die Jahre gekommene Sci-Fi-Kulisse aus den 1970ern wirkt der Palast Serbiens, einer der ersten Bauten im Viertel. Vom Wohngebäude Ex-Jugoslawiens geht es an die Save-Promenade mit wunderbarem Blick aufs Wasser.

Kosančićev Venac
Das alte Herz schlägt kräftig

Zwar bezeichnet der Name Stari Grad (Altstadt) den gesamten Bezirk, der sich zwischen Donau und Save schmiegt, doch dieser Teil davon ist die wahre Altstadt und deren Silhouette das älteste Wahrzeichen der heutigen Metropole. Zwischen Pflasterstraßen und farbenfroh renovierten Gebäuden warten Sehenswürdigkeiten und Kreativhandwerk.

Die älteste Wohngegend Belgrads außerhalb der Festung entstand um 1830 auf den Überresten einer altrömischen Nekropole. An deren Ostseite liegt der Woiwod-Vuk-Park, einer der kleinsten im Stadtzentrum. Benannt wurde er nach dem Heerführer Vojin Popović, dessen bronzenes Ebenbild den Park schmückt. Die Hauptstädter interessiert das weniger, sie nennen ihn einfach Palace-Park nach dem nahen Hotel. Dem Park gegenüber liegt das Museum für angewandte Kunst, dessen Sammlung aus 37 000 Objekten sich der Entwicklung des Kunstgewerbes über einen Zeitraum von 2400 Jahren widmet. Die ältesten Ausstellungsstücke sind Münzen aus dem antiken Griechenland des 4. Jh. v. Chr.

Designerinnen und Fürstinnen

Den Wojwod-Vuk-Park im Rücken folgen Sie der Topličin venac bis zur nächsten Querstraße Pop-Lukina mit einigen hübschen Designgeschäften. Ein paar Schritte weiter an der Hauptstraße steht die Residenz der Fürstin Ljubica. Der 1831 erbaute kleine Palast sollte als Luxussitz der Obrenović-Dynastie dienen. Der osmanische Stützpunkt in der nahe gelegenen Festung war dem serbischen Fürst Miloš jedoch ein unliebsamer Nachbar und so überließ er die Residenz vornehmlich seiner Frau

> **HÖCHSTPERSÖNLICH**
>
> Heute können Sie sich in der Residenz der Fürstin Ljubica noch immer fühlen wie die hohe Herrschaft im 19. Jh., mit etwas Glück erzählt Ihnen sogar die Fürstin selbst, wie es sich als solche lebt. In einer Performance lädt die Kuratorin in Rolle und Kostüm der Hausherrin zu Kaffee und Köstlichkeiten sowie Geschichten über die Stadt ein. Die Vorstellung auf Englisch findet nur auf Anmeldung und ab einer Gruppe von zehn Leuten statt. Schreiben Sie auf jeden Fall eine Mail, vielleicht hat ja eine japanische Reisegruppe gerade einen Termin gebucht.

Wo früher noch heute ist

Vor den Toren des Palasts liegt mit der Kralja Petra eine der bedeutendsten und ältesten Straßen Belgrads. Hier befand sich im 19. Jh. die erste offizielle Apotheke der Stadt, von denen es heute gefühlt alle 15 m eine gibt. Seit 1823 steht in der Kralja Petra auch die als Holzkonstruktion im Balkanstil erbaute Kafana ?, in der ab 1834 der erste Billardtisch der Stadt aufgestellt war. An dieser Stelle sei Ihnen eine Grundregel für Belgrad mitgegeben: Traditionell serbische Restaurants sind immer eine Mahlzeit wert (sofern Sie es deftig mögen) – das ›Fragezeichen‹ macht da keine Ausnahme und bietet fast allabendlich traditionelle Musik.

Die Kathedrale des Heiligen Michael, im Volksmund nur als ›die Kathedrale‹ bekannt, ist eines der wenigen erhaltenen Gebäude aus der ersten Hälfte des 19. Jh. Was die zweitälteste Kirche Belgrads u. a.

auszeichnet, sind ihre Schatzkammer und die Grabstätten zahlreicher Herrscher, darunter Fürst Mihailo III., aber auch die des Philologen und Dichters Vuk Karadžić.

Gegenüber der Kathedrale steht der massive Patriarchenpalast, der in den 1930er-Jahren als Zentrum der serbisch-orthodoxen Kirchenbehörden errichtet wurde, als das er bis heute dient. Außerdem befinden sich in dem Gebäude das Museum der serbisch-orthodoxen Kirche und die Patriarchen-Bibliothek.

Wurzeln mit Aussicht

Beim Bummel durch die Kosančićev venac, der das Viertel seinen Namen verdankt, wird die aufwendige Rekonstruktion, die seit Jahren vor sich geht, am deutlichsten: nagelneue Pflastersteine im altertümlichen Look sowie kräftige und frische Farben an alten Fassaden. Trinken Sie einen weiteren Kaffee (Sie wollen ja schließlich belgradtypisch leben) mit herrlicher Aussicht auf Save und Novi Beograd.

Weiter südlich stehen die Grundmauern der Alten Serbischen Nationalbibliothek (Stara Narodna Biblioteka Srbije). Von den Bomben der Nazis 1941 schwer getroffen, brannte sie samt ca. 500 000 Büchern, 1500 mittelalterlichen Schriften auf Kyrillisch und Briefwechseln bedeutender serbischer Persönlichkeiten ab. Im Zuge von Ausgrabungen fand man hier noch in den 1970er-Jahren Zehntausende verkohlter Bücher, die der neuen Nationalbibliothek übergeben wurden. Seit 2012 finden in den Grundmauern immer wieder Literaturevents unter freiem Himmel statt.

Im Zuge der Rekonstruktion und Renovierung von Kosančićev Venac lag das Hauptaugenmerk auf der Stabilisation des Bodens, da der gesamte Abschnitt am Hang in Richtung Save anfällig für Massenbewegungen ist. Wenn Sie genau hinsehen, erkennen Sie eine leichte Neigung der Kathedrale des Heiligen Michael.

Die Kathedrale des Heiligen Michael ist eines von Belgrads architektonischen Topmodels – sie findet sich auf unzähligen Fotos und vor allem Malereien.

Savamala
Die neue Kreativität

Die Umgebung des Save-Ufers bestimmen klare Gegensätze – dem ärmlichen Image steht die moderne und schicke Promenade Belgrade Waterfront gegenüber. Doch was diesen Stadtteil wirklich spannend macht, ist seine Wiederauferstehung als Kreativviertel, das ihn sogar auf die Liste der zehn inspirierendsten Orte der Welt des britischen »Guardian« gebracht hat.

Noch Ende der 1990er- und Anfang der 2000er-Jahre war Savamala quasi ausgestorben. Entstanden als serbische Siedlung namens Sava Mahala, als die Österreicher im frühen 18. Jh. die Belgrader Festung erobert hatten, verlegte Fürst Miloš Obrenović ein Jahrhundert später den Handelshafen der Stadt hierher und das Gebiet erblühte. Ende des 19. Jh. bestand Savamala aus unzähligen Villen und Palais, doch der Zweite Weltkrieg vertrieb die serbische und jugoslawische Oberschicht von hier und der Bezirk begann zu verfallen.

Kulturelle Reanimation

Das alles änderte sich 2009 mit der Eröffnung des Kulturzentrums GRAD in einem alten Lagerhaus von 1884 im Herzen Savamalas. Es entstand ein urbaner Treffpunkt für Künstler, Schreibende, Musiker

Die Fassade des Magacins ist ein wenig das Street-Art-Äquivalent zum Ganzkörper-Tattoo.

und andere Kreative, die seither hier ausstellen, lesen, spielen und ihrer Fantasie freien Lauf lassen. Es war der erste Schritt in eine neue Richtung, in den Folgejahren eröffneten immer neue trendige Locations, die Savamala einen unerwarteten, aber verdienten Imagewandel bescherten. Inzwischen befindet sich in fast jedem der anderen teils etwas heruntergekommenen Gebäude der Straße eine Bar mit ganz speziellem Ambiente.

Ein weiteres lebendiges Beispiel, dem das KC GRAD den Weg geebnet hat, ist das Magacin. Das Kulturzentrum hat sich im Magazin einer ehemaligen Verlagsgesellschaft eingerichtet und bringt auf 1000 m² Büros, einen großen Ausstellungs- und Veranstaltungsraum, einen Tanzsaal und ein kleines Kino unter. Schauen Sie auch mal am Morgen vorbei, wenn nichts geöffnet hat und niemand da ist. Dann bekommen Sie nämlich den besten und ungestörtesten Blick auf die Street-Art an den Hauswänden.

Nördlich der Brankov-Brücke und direkt zu Füßen der Festung befindet sich das ebenfalls neu belebte Hafengebiet Beton Hala. In dem Ende der 1930er-Jahre erbauten ehemaligen Zolllager, das sich über mehrere Hallen erstreckt, sind heute einige der besten Restaurants der Stadt untergebracht, von denen jedes die vorhandenen (und namensgebenden) ›Betonhallen‹ anders gestaltet hat. Tagsüber eignet sich der Pier hervorragend zum Schlendern und Kaffeetrinken mit Urlaubsfeeling, abends darf kolossal gespeist und im Rhythmus von Livemusik und DJ-Beats gekaut werden (unbedingt reservieren!).

In den zahlreichen warmen Monaten bringt im Kulturzentrum GRAD ein Außenbereich noch mehr frischen Wind in Kunst und Kultur. In der Bar drinnen kann man es sich aber durchaus auch gemütlich machen.

Wo die weiße Stadt wieder strahlt

Entlang der Hauptstraße Karađorđeva können Sie ein wenig tiefer in das alte Savamala eintauchen. Neben diversen stimmigen und so sehens- wie sitzenswerten Bars gibt es hier die hübschesten alten Gebäude des Viertels. Beeindruckend ist v. a. das Haus der Belgrader Genossenschaft (Beogradska Zadruga). Erbaut wurde es zu Beginn des 20. Jh. von zwei führenden Architekten der Stadt. Architekturbegeisterte können in dem oft als schönstes Gebäude Belgrads bezeichneten Bauwerk u. a. (Dekor-)Elemente von Jugendstil, Akademismus, Post-Renaissance und Barock entdecken.

Das denkmalgeschützte Hotel Bristol gehört zu den ältesten Hotels der Stadt und ist ein Musterbeispiel des Wiener Jugendstils. Als Savamala sich zu Beginn des 20. Jh. zum wohlhabendsten Viertel der Stadt wandelte, avancierte das Bristol zum Treffpunkt der mondänen Gesellschaft Belgrads, ganz Serbiens und später Jugoslawiens. Berühmtheiten wie der Schachweltmeister Garri Kasparow, echter Adel wie Mitglieder des britischen Königshauses und Geldadel wie die Rockefellers – die so oft kamen, dass nach David Rockefeller ein Zimmer benannt ist – stiegen hier ab.

BELGRAD IST DIE HÄSSLICHSTE STADT DER WELT AM SCHÖNSTEN ORT DER WELT

Le Corbusier

Zukunftsvisionen

Am östlichen Ufer der Save wird das neueste und nicht ganz unumstrittene Kapitel Savamalas geschrieben. Für Milliardensummen arabischer Investoren entsteht hier seit 2014 die supermoderne und schicke Uferpromenade Belgrade Waterfront. In den kommenden Jahren sollen u. a. luxuriöse Wohn- und Bürogebäude, ein großer Park, ein Shoppingzentrum und der neue Belgrade Tower dazukommen.

Dorćol
Geschichte und Moderne

Die Wohnhäuser in Dorćol gehören zu den ältesten in Belgrad, kein Wunder, dass die Fassaden bröckeln. Doch das stört die Jungen und Kreativen nicht, die hier hippe Bars, versteckte Biergärten und Geschäfte für selbst gemachte Mode eröffnet haben.

Gute 300 Jahre hat es auf dem Giebel, das älteste Wohnhaus Belgrads in der Cara Dušana 10 – und es dient noch immer seinem ursprünglichen Zweck. Erbaut 1724 bis 1727, war es einst das zweite in einer Reihe aus sieben identischen Häusern im damals deutschen Teil der Stadt. Die Cara Dušana selbst ist die Hauptschlagader des Bezirks und teilt ihn u. a. mit Bus- und Straßenbahnlinien in oberes und unteres Dorćol. Vor allem Letzteres hat sich jüngst zum Szeneviertel entwickelt.

Wo die Religionen wohnen

Vor dem Zweiten Weltkrieg war der gesamte Stadtteil noch das Multikulti-Herz Belgrads und vereinte u. a. serbische und türkische Bewohner, Roma sowie das Jüdische Viertel. Davon blieb nach der Bombardierung durch die Nazis nicht viel übrig. 2000 Überlebende – von einst 20 000 Bewohnern – zogen nach Ende des Krieges nach Westeuropa. Von dem früheren Viertel zeugt heute nur noch die Jüdische Straße.

Im Garten von Blaznavac hat sich bisher noch jedes Schneiderlein genug Tapferkeit für den einen oder anderen Streich angetrunken.

Ähnlich dezimiert wurde im Lauf der Jahrhunderte die Anzahl der Moscheen und Mescits in der Stadt, von denen es zur Zeit des Osmanischen Reiches fast 300 gegeben hat. Heute ist die Bajrakli-Moschee der einzige erhaltene und noch aktive islamische Sakralbau in ganz Belgrad. In der zweiten Hälfte des 16. Jh. errichtet und in der ersten des 18. Jh. eine Zeit lang auch als römisch-katholische Kirche genutzt, erhielt die Moschee ihren Namen (*bayrak* ist türkisch für Fahne), da hier mit einer Flagge allen umliegenden Gotteshäusern das Zeichen zum Gebetsbeginn gegeben wurde.

Nicht weit entfernt und fußläufig gut erreichbar befinden sich außerdem zwei sehenswerte Museen. Die Freskengalerie des Nationalmuseums beherbergt Repliken von 1300 Fresken, die zwischen dem 11. und 15. Jh. entstanden sind, sowie Kopien von Ikonen und Miniaturen. Sämtliche Ausstellungsstücke wurden von Experten detailreich und inklusive aller Makel und Schäden originalgetreu nachempfunden. Das Jüdische Historische Museum sitzt in einem Gebäude, das 1928 allein für die jüdischen Verbände Belgrads und Serbiens erbaut wurde. Seit seiner Gründung 1948 präsentiert es in einer ständigen sowie in wechselnden Ausstellungen ausführlich die Geschichte des Judentums in Jugoslawien sowie das Leben und Wirken der jüdischen Gemeinde speziell in Belgrad.

Neue Lippen und alte Schätze

Ein wenig Abwechslung nach diesen schwermütigen Themen verspricht ein Ausflug ins ›Silicon Valley‹ Belgrads. Unter diesem Spitznamen ist die Kneipenallee Strahinjića Bana bekannt, da in den unzähligen Cafés und Restaurants einige Damen auffallen, die ihrem von der Natur gegebenen Aussehen deutlich nachgeholfen haben. Man gönnt sich ja sonst nichts. Der Großteil der Klientel ist allerdings – ebenso wie die sehr vielfältigen Bars – eher lässig. Ab dem späten Nachmittag lässt es sich hier ausgezeichnet flanieren.

Jane Doe ist seit 2008 Belgrads allererster Vintage-Shop, der sich bis heute nicht nur sein Image und seine Einzigartigkeit erhalten, sondern auch ordentlich zugelegt hat. Die Originalfiliale mit allerhand überaus schickem Krimskrams wurde um das Nachbargeschäft mit Mode und Schmuck aus trendiger serbischer Handarbeit ergänzt und seit dem Frühjahr 2018 gibt es auch den Jane Doe Concept Store, wo hin und wieder zusätzlich Ausstellungen oder Filmvorführungen stattfinden.

Bunte Bargärten

In Dorćol kann man sich wunderbar treiben lassen und auf seiner Entdeckungsreise das eine oder andere Juwel aufstöbern. Oder Sie suchen einen der vielen Bargärten auf, mischen sich unters Volk und lassen die Stadt an sich vorbeiziehen. Weitere hervorragende Ausgangspunkte dafür sind neben der Strahinjića Bana die Straßen Višnjica und Kralja Petra. Zum Abschluss nehmen Sie sich am besten ein Taxi und lassen sich zum Blaznavac fahren. Dort steigen Sie mit geschlossenen Augen aus – und dann: Überraschung! Sie werden Augen machen, versprochen.

Im Jane Doe Concept Store findet nicht nur Erika Mustermann die passende Vintage-Klamotte.

▶ INFOS & LESESTOFF

In seinem Tatsachenroman Götz und Meyer erzählt David Albahari von zwei SS-Offizieren, die innerhalb von vier Tagen im März 1942 mit einem Gaswagen die komplette Belegschaft sowie 800 Patienten des Jüdischen Krankenhauses in der Visokog Stevana 2 ermordet haben.

Vračar
Tempel und Tomaten

Vračar mag Belgrads kleinster Bezirk sein, nichtsdestotrotz beherbergt er sein monumentalstes Gebäude: den Dom des Heiligen Sava, dessen Kuppel das Stadtbild schon aus weiter Entfernung prägt. Der Weg lohnt sich aber auch für einen Bummel über den größten Bauernmarkt der Stadt oder eine der wichtigsten Belgrader Aktivitäten – Kaffee trinken.

Die 4000 t schwere Kuppel des Tempels des Hl. Sava wurde 1989 mit einem speziellen Lift im Inneren auf 40 m Höhe geschoben – ein nationales Medienereignis.

Willkommen heißt Sie in diesem Stadtteil die Beograđanka die ›Belgraderin‹. Das dritthöchste Gebäude der Stadt und Serbiens (101 m), in dem sich Läden, Büros sowie Radio- und TV-Studios befinden, stammt aus dem Jahr 1974. Es ist nicht nur eines ihrer Wahrzeichen, sondern auch Symbol ihres Goldenen Zeitalters in den frühen 1970er-Jahren.

Kathedralen für Büßer und Bücher

Beim Spaziergang durch die Umgebung dürfte er Ihnen schon aufgefallen sein: der Dom des Heiligen Sava, unter dessen 65 m hoher Kuppel 10 000 Gläubige Platz finden. Die ersten Vorbereitungen für eines der größten orthodoxen Heiligtümer der Welt begannen bereits 1894 an der Stelle, wo der Legende nach im Jahr 1594 die Reliquien des ersten serbischen Erzbischofs Sava verbrannt wurden. Mit dem eigentlichen Bau wurde 1935 begonnen, sodass kurze Zeit später der Zweite Weltkrieg und die Bombardierung Belgrads zu einem abrupten Abbruch führten. Auch in der Ära des kommunistischen Jugoslawiens Titos pausierten die Bauarbeiten und wurden erst 1985 wieder aufgenommen. Bis heute wird die Konstruktion ausschließlich aus Spendengeldern finanziert.

Grüner Strom

Sollte Ihnen gerade der Magen knurren, kommt der Kalenić-Markt gerade recht. Am lebendigsten ist Belgrads größter Grüner Markt zwar in den Morgenstunden, aber auch später finden Sie hier ein reichhaltiges Angebot an Obst, Gemüse, Fleisch und Spezialitäten, direkt vom Erzeuger und zu außerordentlich günstigen Preisen. Mit etwas Geduld und Neugier entdecken Sie vielleicht auch etwas auf dem angeschlossenen Flohmarkt.

Um die Ecke

Einer der außergewöhnlichsten Orte Belgrads ist die Kunsthandwerkersiedlung Gradić Pejton 8. Architekt Ranko Radović baute die von Bienenwaben inspirierten Hütten, in denen einst inzwischen größtenteils ausgestorbene Professionen wie Stempelschneider, Glasbläser oder Rahmenmacher ausgeübt wurden. Zurzeit wird Gradić Pejton leider wenig genutzt, den Abrissplänen der Stadt wirkten die Aktivisten immerhin erfolgreich entgegen.

Novi Beograd
Brutalismus im Grünen

›Neu-Belgrad‹ ist der größte und grünste Bezirk der Stadt. Außerdem gibt es inmitten der gewaltigen alten Wohnblocks, die einen Hauch von 1970er-Jahre-Science-Fiction versprühen, die meisten Shoppingcenter.

Verschlägt es Sie das erste Mal über die Save nach Novi Beograd, könnten Sie einen kleinen Kulturschock erleiden. Gigantische sozialistische Wohnblocks und moderne Shoppingmalls auf einer weiten, flachen Ebene erinnern nur wenig an das altstädtische Belgrad am anderen Ufer – von den gleichen klappernden Bussen und Straßenbahnen mal abgesehen. Zwar kam bereits in den 1920er-Jahren der Plan auf, die westliche Save-Seite zu bebauen, doch der Zweite Weltkrieg machte dies zunichte und erst 1948 wurde mit den Arbeiten begonnen.

Der 1977 im Brutalismus entworfene und als westliches Stadttor bezeichnete Genex-Turm ist mit 115 m das zweithöchste Gebäude Belgrads. Ursprünglich für die Import-Export-Firma Genex erbaut, besteht das Gebäude aus zwei Teilen, einem früheren Büroblock und einem noch immer genutzten Wohnblock. Seit 2013 auch das Drehrestaurant in der Skybridge im 26. Stock aus finanziellen Gründen geschlossen wurde, dient der Turm hauptsächlich als – unbestreitbar spektakuläres – Film- und Fotomotiv.

Sehenswert ist auch das mit 972,5 m längste Wohngebäude Ex-Jugoslawiens, das sich durch Block 21 schlängelt – Spitzname Mäander. Die stilistisch interessantesten Wohnblocks finden Sie am Bulevar Milutina Milankovića. An der Save-Promenade liegen zahlreiche Splavs mit Bars und Restaurants, die den wunderbaren Wasserblick und die Aussicht auf Ada Ciganlija und Ada-Brücke gemein haben.

Nicht lang schnacken, Kopf in den Nacken. Sonst verpasst man nämlich diese tolle Perspektive auf die Skybridge des Genex-Turms.

Auf-dem-Wasser-Betten

In der serbischen Hauptstadt feiert und isst man nicht nur auf dem Wasser, man übernachtet auch dort. Neben den Clubs, Cafés und Restaurants am Save-Ufer von Novi Beograd gibt es dort an der Donau weitere Splavs, die allerdings um vieles größer sind. Auf diesen Hausflößen befinden sich ein paar wirklich außergewöhnliche Unterkünfte, von Hostels bis hin zu geräumigen Apartments.

Eines der ältesten und das zweifellos schönste davon ist das schwimmende Hostel Arkabarka. Besitzer Miodrag hat 2008 mit den Zimmern seines Traums begonnen und scheint bis heute noch immer nicht hundertprozentig zufrieden mit seinem Lebenswerk zu sein, gibt es doch immer noch etwas, das man als Gast gebrauchen kann. Bereits vorhanden sind diverse Mehrbettzimmer im Hostel sowie Apartments verschiedener Preisklassen – manche mit Balkon, alle aus Holz –, die dank individueller Deko und Liebe zum Detail viel Spaß machen. Dazu gibt es ein leckeres Frühstück, kostenlose Leihfahrräder und eine Mini-Sauna.

Entlang des Ufers von Block 14 und Block 10 gibt es noch andere Haus- und Hotelboote, darunter Boatel Charlie direkt nebenan oder das etwas luxuriösere Hotelschiff Compass River City. Doch keines davon kann mit dem Charme und der Einzigartigkeit von Arkabarka mithalten.

Tom Sawyer lässt grüßen: das Arkabarka

Beograd Cuisine

In Belgrad treffen West und Ost aufeinander – auch in der Küche: Überall schießen schicke neue Restaurants wie Pilze aus dem Boden und bieten Fusion-Gerichte sowie Variationen serbischer Klassiker an. Einige der Letzteren gehören ganz unbedingt probiert.

Wie wichtig ihnen ihr Frühstück ist, hängt bei den Belgradern vor allem von der verfügbaren Zeit am Morgen ab. Entsprechend sind zwei Varianten besonders verbreitet. Die üppigere beinhaltet z. B. frittierten Teig *(uštipci)*, abgehangenen Schinken und Schafskäse. Wenn es schneller gehen muss, gehen auch ein Börek (gefüllt mit Käse, Champignons oder Spinat) und ein Naturjoghurt, der zu jedem Bissen dazu getrunken wird. Ebenfalls beliebt am Morgen sind *prženice,* die die deutsche Küche als Arme Ritter kennt, also in Milch, Ei und Fett gebratene Toastscheiben, die es sowohl süß als auch herzhaft gibt.

Stadt- und landestypische Spezialitäten, die jedes ›echt serbische‹ Lokal anbietet, sind vor allem *kajmak* und *ajvar*. Während Letzteres eine würzige Paste hauptsächlich aus Paprika ist, ist Ersteres ein cremiger Rahm, der nach dem Erhitzen von Kuhmilch als Oberschicht abgeschöpft wird. Neben den auf dem ganzen Balkan beliebten Grillwürstchen (hier *ćevapi*) sei vor allem noch *karađorđeva* erwähnt, ein gerolltes Rinder- oder Schweineschnitzel, mit *kajmak* gefüllt und frittiert.

Die Prioritäten auf den Bürgersteigen sind klar verteilt: Kaffeetische haben Vorfahrt.

Stöbern & entdecken | Wenn die Nacht beginnt

Flohmarkt oder Basar?

Wenn es ums Shopping – oder vielleicht passender tatsächlich Einkaufen – geht, ist Belgrad dem Osten näher als dem Westen. Zwar sind die großen internationalen Filialisten auch hier vertreten, aber vor allem das Marktkonzept ist ein anderes, da die Mehrheit der Menschen ihre Alltagsdinge nach wie vor dort besorgt.

Generell sollten Sie Ihren Besuch in Belgrad unbedingt zum Schnäppchenshoppen nutzen. Viele der Ketten wie Zara, H&M oder Deichmann sind zwar den mitteleuropäischen Preisen angepasst, aber wer die Augen offenhält, findet trotzdem etwas, das es wert ist, den Koffer auf dem Rückflug enger zu schnüren. Am ehesten gelingt das in den serbischen Läden und Boutiquen, die nicht nur an den großen Einkaufsmeilen wie der Kneza Mihaila oder Terazije vertreten sind, sondern vor allem in den Malls Novi Beograds – UŠĆE Shopping Center und Delta City – oder im BIG Fashion Karaburma.

Wer auf der Suche nach Antiquitäten und Vintage ist, dem sei gesagt, dass es das bei uns so fleißig kultivierte Flohmarktprinzip nicht gibt. Stattdessen bieten auf dem einen Straßenmarkt vornehmlich Roma altes Zeug an und kauft auf dem anderen der Großteil der Belgrader Dinge des täglichen Bedarfs. Wenn Sie auf Retromode aus sind, werden Sie am ehesten in Vintage-Läden fündig, die allerdings rar gesät sind.

Gegen Schubladenfeiern

Wer in Belgrad mit einem klaren Ziel ausgeht, wird wie auch sonst alle, die in dieser Stadt vorausplanen, sehr wahrscheinlich ganz woanders landen. Zweifeln Sie in dem Fall aber nicht an Ihrer Orientierung, klare Grenzen und Zuschreibungen sind einfach nicht das Ding der Serben. Schon gar nicht, wenn es ums Nachtleben geht.

Es kann durchaus vorkommen, dass Sie in einem Restaurant zu Abend essen und plötzlich eine Gruppe Musiker ihr Liveset aufbaut. Oder der DJ im Club eine Band ankündigt. Oder wie im Falle von Jolly Roger manchmal alles auf einmal und nebeneinander passiert.

Belgrads Nachtleben will sich einfach nicht in Schubladen stecken lassen und wer am Donnerstag eine supercoole Bar mit jazziger Live-Saxofon-Musik entdeckt und am Freitag in freudiger Erwartung wiederkommt, findet sich durchaus auch mal zwischen im Electrobeat auf und ab springenden weißen Hemden und tiefen Dekolletés wieder.

Zugegeben, bei dem stetigen Wandel der Stadt kann es auch sein, dass ein Laden heute plötzlich ein ganz anderer ist als gestern noch. Aber der Grundsatz bleibt, bei Mond- wie bei Sonnenschein: Bleiben Sie neugierig und lassen Sie sich treiben und überraschen. Und das Schönste ist: Es spielt gar keine Rolle, ob Wochentag oder Wochenende ist.

Mode von der Stange? Offenkundig nicht im Atelje Petlja

Ordentlich gefeiert wird nur abends – bei Tag ist das Publin eher entspanntes Pub und Café.

Warum Bordeaux?

Auf der Sonnenseite

Mit 2000 Sonnenstunden im Jahr gehört Bordeaux zu den Städten, die zumindest wettertechnisch begünstigt scheinen. Aber auch sonst spricht einiges für die Metropole an der Garonne: die vom Klassizismus geprägte Altstadt, die vielen nahezu autofreien Straßen und die Promenaden am Ufer, die zum Flanieren, Shoppen und Ausgehen einladen. Und klar: der Wein, der rund um Bordeaux angebaut wird. Und den man natürlich auch in der Stadt verkosten kann …

Place de la Bourse und Miroir d'eau

Stadt mit Lebensqualität

Laut Umfragen hegen mittlerweile 38 Prozent aller Franzosen den Wunsch, in Bordeaux zu leben. Das kann nicht nur an den vielen Sonnenstunden liegen …

Auf der Place de la Bourse

Bordeaux auf einen Blick

Auf den ersten Blick ist alles einfach. Und den wirft man vernünftigerweise vom rechten hinüber zum linken Flussufer. Dort zieht sich das wichtigste Geschehen etwa vom hohen Kirchturm zur Linken, dem Campanile von St-Michel, bis zum ultramodernen Gebäude der Cité du Vin zur Rechten. Allerdings ist über die Jahrhunderte allerlei Spannendes im Rücken dieser flachen Skyline gewachsen.

ZWEI UFER

Neben hinkenden Vergleichspaaren existieren solche, die auf mancherlei Weise greifen. Bordeaux und Köln ergeben ein hübsches, stimmiges Paar. Historisch gingen beide erst mit den Römern richtig an den Start. Ferner ist der Rhein auf Höhe des Doms fast so imposant breit wie die Garonne bei der Place de la Bourse, dem heutigen Mittelpunkt der Stadt. Beide Flüsse besitzen an ihrem rechten Ufer eine ›schäl Sick‹, die erst nach spät erfolgtem Brückenbau einen ersten Anschub bekam. Bleibt man am linken Ufer, so ist in Köln der Fußweg vom Zoo bis zum Ende des Rheinauhafens fast so lang wie in Bordeaux die Strecke von der Cité du Vin im Norden zur Gare St-Jean im Süden. Die Promenaden sind hier wie da steter Orientierungspunkt und erschließen alles an Sehens- und Erlebenswertem, was dort aufgereiht ist wie an einer Perlenkette. Schließlich existiert ein römisches Straßenschachbrett als Grundlage, darüber jedoch ein gewundenes Netz mittelalterlicher Gassen, die ehemals im Halbkreis von einer Stadtmauer umzogen waren. Das führt dazu, dass man in der Altstadt doch schon mal die Orientierung verliert.

VIEUX BORDEAUX

Soweit fügt sich der Vergleich, nur kann aber Köln mit seiner charakterlosen Nachkriegsarchitektur – trotz des gotischen Doms und der romanischen Kirchen – dem klassizistischen Bordeaux nicht entfernt Paroli bieten. Über den historischen Pont de Pierre strebt man dort direkt auf die Altstadt zu, die in ihrem Westen von der Einkaufsstraße Rue Ste-Catherine und dem Verwaltungszentrum Mériadeck begrenzt wird. Im Süden erblickt man schon von der Brücke den überragend hohen Campanile der Basilika

Über den Pont de Pierre erreicht man das Viertel La Bastide.

St-Michel. Das umliegende Quartier ist stark von Muslimen geprägt, deren Treiben die Straßen mit der Farbigkeit eines orientalischen Basars füllt. Prägend war einst der anschließende Hauptbahnhof St-Jean, um den sich das Nachtleben bis zum Quai de Paludate ausbreitete. Inzwischen sind Hotels und Banken aus dem lukrativen Baugrund geschossen. Schnell wird es jenseits davon ländlich, stoßen Ausläufer der Weinhänge an die Stadtgrenze.

DER NEUE KERN

Am anderen Ende, nördlich der Altstadt, lockt zunächst die exklusive Einkaufswelt des Triangle d'Or, hinter dem die riesige Esplanade des Quinconces, der Jardin Public als Ruhepol und das einstige Weinhandelszentrum Chartrons warten. Wein ist auch Leitmotiv der imposanten Cité du Vin, die weiter nördlich beim Pont Chaban-Delmas das Flussufer beherrscht und nach Bacaclan überleitet. In diesem alten Viertel der Werften und Hafenarbeiter dient der finstere und sprengungsresistente U-Boot-Bunker der Deutschen an den Bassins à flot inzwischen als Treff, Aufführungsstätte und Ausstellungsraum für die künstlerische Avantgarde. Ringsum behaupten sich nur noch wenige historische Bauten gegen den Druck des Immobilienmarktes, der dort erfolgreich den Traum einer Boomtown auslebt.

AUSSENBEZIRKE

Nun wohnt es sich so nah am Stadtkern immer noch gepfeffert und gesalzen. Richtung Norden und Westen sinken die Mietpreise, was im Umkehrschluss bedeutet: Dort wird es stickig, laut, eng, stellenweise schäbig. Doch auch daran arbeiten die Stadtplaner, um attraktiven Wohnraum für die vielen Menschen zu schaffen, denen Bordeaux als Wunschtraum erscheint. Im Stadtteil Lac ist manches bereits geschafft, dort schmiegen sich Sportanlagen wie das neue Fußballstadion Matmut Atlantique, das Messegelände, Park und ein ganzes Öko-Quartier um einen zentralen See.

AM RECHTEN UFER

Das andere große Wohnquartier wäre La Bastide samt Umgebung am rechten Ufer, wo freilich verwahrloste Bahngleise durch die Landschaft schießen und Mieter mit dem Makel leben, auf der falschen Seite des Flusses zu hausen. Aber mit dem Kreativdorf Darwin, das sich in einer ehemaligen Kaserne eingerichtet hat, besitzt das Viertel auch einen bedeutenden Szenespot. Gäbe es in La Bastide mehr Hotels, so wäre es die perfekte Lage für Bordeaux-Besucher, denn über den betagten Pont de Pierre erreicht man per Straßenbahn, Bus, Fahrrad oder zu Fuß bequem die Altstadt. Der 500 m lange Marsch über die Brücke mit immer wieder schönen Ausblicken auf die klassizistischen Fassaden beiderseits der Place de la Bourse sei dann auch Auftakt für das Erlebnis Bordeaux.

Kreativdorf Darwin

5 Touren durch Bordeaux

Alles über Wein in der Cité du Vin

1. TOUR
Türme und Tore –Vieux Bordeaux
Vom Ufer der Garonne geht's durch die Gassen der Altstadt auf Europas längste Einkaufsstraße: imposante Blicke nach oben inklusive.

2. TOUR
Essen an der frischen Luft – Im Quartier St-Pierre
Von argentinisch bis libanesisch: Im Epizentrum der Geselligkeit sind die Küchen der ganzen Welt vertreten.

3. TOUR
Neues Leben am alten Hafen – Vom Pont de Pierre nach Norden
Das neue Lebensgefühl von Bordeaux: Wasserspiele & Pflanzenpracht, Straßenkünstler & Skater

4. TOUR
Wo der Wein und die Kunst regieren – Quai des Chartrons
Das Szeneviertel bietet Kneipen, Kunst und kühle Keller.

5. TOUR
Flotte Manöver – Hangars und Hipster
Ein Spaziergang von den ehemaligen Bunker-Bassins zu Zirkuskünstlern am Trapez.

Vieux Bordeaux

Türme und Tore

Magie leuchtet. Die blaue Stunde legt ihre Untergangsstimmung über das Wasser, darüber schlägt eine Brücke ihr golden angestrahltes Mauerwerk von Ufer zu Ufer. 17 steinerne Bögen queren da die knapp 500 m breite Garonne, 17 Buchstaben zählt auch der Name Napoleon Bonaparte. Zufall?

Der Kaiser hatte einzig Strategisches im Sinn, als er eine Holzbrücke über die Garonne plante. Fertig wurde sie dagegen als Pont de Pierre (Brücke aus Stein) und auch erst 1822, kurz nach Napoleons Tod. Sie ist weniger ein Schönling als ein bewusst flach gehaltener Zweckbau, aber ihre schnörkeligen Straßenlaternen und die Illumination verwandeln sie zumindest nachts in ein Prachtstück. Derweil kann man tagsüber manchmal einen schwierigen Balanceakt verfolgen: Bei Niedrigwasser zwängen sich schwer beladene Frachter durch den mittleren Brückenbogen, sie transportieren Airbus-Teile flussaufwärts.

Über 17 steinerne Bögen

Besitzt der Rhein sogar gelbsandige Ufer von Sylt-Qualität, so wartet die Garonne lediglich mit unappetitlichen Schlammpackungen auf. Baggerschiffe quälen sich rund um die Uhr, die Fahrrinne von Schlick

Der Lauf der Dinge findet seine Analogie in einem Jogger-Kult, der den Brückenbau als Wegweiser für Laufzirkel um Stadt und Fluss nimmt.

zu befreien. Der Morast ist kein Drecksergebnis von Umweltsündern, sondern Naturgegebenheit, verbunden mit einer Fauna, die gern in der Pampe suhlt: Alse *(alose)*, Stör *(esturgeon)*, Aal *(anguille)*, Neunauge *(lamproie)*. Die französischen Namen darf man sich merken, sie werden auf den Speisekarten der Bordelaiser Restaurants wieder auftauchen. Aber erst einmal ist der Anblick so matschig, dass man beim Queren der Brücke doch lieber die Stadt im Auge behält. Flach wirkt sie, nur ein paar Turmspitzen ragen über die Dächer hinaus. Der eine dort links gehört zur Basilique St-Michel, schräg rechts und weiter entfernt stehen Campanile und Doppelturm der Kathedrale von Bordeaux. Schließlich noch nah am Ufer ein Turmaufsatz, der ein Stadttor markiert. Das sind die Eckpunkte von Vieux Bordeaux, der Altstadt.

Mumien und Antiquitäten

Was da vor der Nase liegt, ist so alt nun auch nicht. Denn die Stadt wurde im 18. Jh. komplett umgebaut. Auch das Zufahrtstor, die Porte de Bourgogne, ist nicht mehr das Originalwerk, sondern ein Triumphbogen von 1750/55 mit Öffnung zum breiten Cours Victor-Hugo. Links liegt ein Viertel mit hohem Anteil an Muslimen. Je mehr man sich dort dem Riesen La Flèche (der Pfeil) nähert, desto enger sind die Dönerspieße gesetzt. Der ›Pfeil‹ als Wahrzeichen mittendrin ist mit 114 m höchster Kirchturm im Südwesten Frankreichs. Er wurde 1472–92 als Campanile der Basilique St-Michel errichtet und kann bis fast zur halben Höhe bestiegen werden. 74 überraschend gut konservierte Mumien enthielt einst die Krypta unter dem Turm. Obwohl nicht mal ihr Alter bekannt war, hörte man bei Führungen Haarkleines über Schicksale. Demnach gab es die Opfer einer Pilzvergiftung, den lebendig Begrabenen und einen General, den es beim Duell erwischt hatte. Der Mummenschanz endete 1990, als man die Mumien auf den Friedhof La Chartreuse überführte. Das Umfeld des Campanile, die Place Canteloup, ist nun auch wirklich zu turbulent für ein Totengedenken. Allmorgendlich pulsiert dort multikulturelles Leben auf einem Trödelmarkt. Feinere Gebrauchtware findet man nebenan in den Antiquitätenläden der mehrstöckigen Passage St-Michel, einem ehemaligen Speicherhaus.

Zwischen Kabeljau und Makrele bewegt sich gemeinhin das Küchenleben von David Grangier. Der Chef im Restaurant Davoli ist aber immer auch gut für leichte Teigwickel.

Wohl dem, der Glocke hat

Der Schriftsteller Victor Hugo war dreimal in Bordeaux und wurde teils trauernder, teils beeindruckter Zeuge des Wandels, bei dem auch die letzten mittelalterlichen Bauten einer neuen Architektur wichen. Die breite Prachtstraße Cours Victor-Hugo markiert noch den Verlauf der Stadtmauer aus dem 13. Jh. Sie umschloss an dieser Stelle auch den ersten Sitz des Stadtrats – denn Bordeaux besaß nachweislich schon 1206 einen gewählten Rat mit Bürgermeister und Magistratsbeamten. Von deren Treff blieb das Fundament, darauf steht seit dem 15. Jh. die 41 m hohe Porte de la Grosse Cloche. Die ›dicke Glocke‹ hoch oben läutete die Weinlese ein und wird heute allabendlich zum blau angestrahlten Kontrapunkt über gelb erleuchtetem Mauerwerk. Übrigens kann man vom obersten Parkdeck des Palais des Sports – Austragungsort netter Teamsportarten, aber ein unschöner Klotz mitten in der Altstadt – auf Augenhöhe mit der Grosse Cloche das Muster der umliegenden Ziegeldächer betrachten.

Die Porte de la Grosse Cloche

Bordeaux

40 m hoch hängt die Grosse Cloche mit der Inschrift: »Ich rufe zu den Waffen, ich läute den Tag ein, ich verkünde die Stunde, ich wache über den Sturm, ich rufe zum Fest, ich schreie beim Brand.«

O
ORGEL

Chor, Gospel, Orgel, Kammer – dies und das aus der Musikwelt von E bis Halb-U sind regelmäßig in der Kathedrale zu hören. Die Basilika St-Michel erhielt ihre erste Orgel noch vor Ende des Hundertjährigen Krieges. Sie wurde mehrfach erweitert und überarbeitet. Im Sommer erklingt sie jeden Donnerstag ab 18 Uhr zu einem einstündigen Gratiskonzert.

Von der Porte aus lässt es sich gut durch die Altstadt treiben: rechts Richtung Fluss durch kaum belebte Gassen, geradeaus und halblinks ins Gewühl mit Cafés und Restaurants. Eine niemals versagende Leitlinie liefert die schnurgerade Rue Ste-Catherine, Europas längste Einkaufsstraße. Schnurgerade, da auf römischer Stadtplanung basierend. Am Cours d'Alsace-et-Lorraine zweigt man links ab zur Cathédrale St-André. Mit 124 x 44 m Grundfläche ist sie gehörig groß und mit einem Baubeginn im 11. Jh. auch alt genug, dass sie am 25. Juli 1137 Schauplatz der Ehe zwischen Aquitaniens Herzogin Eleonore und dem französischen Thronfolger Ludwig wurde. Lange danach scheiterte der Plan, die Kathedrale in ein gotisches Meisterwerk zu verwandeln – das Geld reichte nur für ein Königsportal, so genannt wegen eines anonymen Herrscherpaars über dem Torbogen. Dass die Stadt im 15. Jh. nicht flüssig war, hatte auch Folgen für die knapp 50 m hohe Tour Pey-Berland. Der Campanile nämlich blieb bis ins 19. Jh. ohne Glocken. Dabei bewährt er sich als Top-Ausguck auf die Kathedrale.

Platz da, es soll schöner werden

Falls es mittlerweile dunkel geworden ist – bis ein, zwei Uhr nachts droht kein Verdursten, denn auf dem Weg zurück zur Garonne halten genügend Bars Drinks und auch kleine Mahlzeiten bereit. Entsprechend fröhlich kann es weitergehen über die beliebte Place Fernand-Lafargue zur Place du Palais. Der Palast, von dem da die Rede ist, steht längst nicht mehr, er war Sitz der Herzöge. Dafür blieb das Tor, das ehemals als Hauptzugang zur Stadt diente: die nachts effektvoll angestrahlte Porte Cailhau. Als Denkmal an den Sieg von König Karl VIII. über das Königreich Neapel (1495) interessiert das Tor heute nicht mehr, wohl aber als begehbarer Turm mit Aussicht auf Stadt und Fluss.

Im Quartier St-Pierre
Essen an der frischen Luft

Ein kleiner Ausflug in ein Viertel, das vor allem veranschaulicht: Es gibt Dinge, die Franzosen näher liegen als Deutschen.

Das Viertel St-Pierre windet sich um die gotische Église St-Pierre. Am gleichnamigen Platz trifft sich donnerstagvormittags die Öko-Gang der Stadt zum Einkauf von Bioprodukten auf dem Marché St-Pierre. Die Kirche hat ihren Ursprung schon im 6. Jahrhundert. 1832 kam bei Grabungen ein Bronze-Herkules zutage und mit ihm die Gewissheit, dass dort, landeinwärts vom heutigen Lauf der Garonne, die Einfahrt zum Hafen der Römer gewesen sein musste. Es scheint, als ziehe ein Geist der Vergangenheit die Menschen immer wieder hierher, denn genau dieser Platz ist das Epizentrum aller Geselligkeit. Im Viertel ringsum kauft man ein, trinkt man seinen Kaffee am Nachmittag oder trifft sich zum Abendessen unter freiem Himmel.

Mexikanisch, türkisch, libanesisch, kambodschanisch, argentinisch – die Küchen ringsum scheinen Exoten-Bingo zu spielen, während die Straßennamen an mittelalterliche Handwerke erinnern. An der Ecke Rue des Bahutiers/Rue du Cancéra wacht eine Petrus-Statue von 1687 über das Treiben, das man mindestens bis zur Place Camille-Jullian verfolgen sollte. Das Flaggschiff am Platz ist das Utopia, ein Programmkino in der ehemaligen Kirche St-Siméon, das Filme aus aller Welt in Originalfassung zeigt und auf seiner Terrasse Drinks serviert. Nach Norden raus ist die Rue du Pas St-Georges logische Fortsetzung des Fressmeilen-Spaziergangs und zugleich Zubringer zur Place du Parlement. Mögen hier Restaurants und Cafés noch so zahlreich sein, abends hat man ohne Reservierung schlechte Karten!

Der Chef? Hat sich auf die Balearen abgesetzt. Quer wie der Ton in Michel's Bistrot ist die Außendeko mit Bildern, die jeder andere innen aufhängen würde.

Vom Pont de Pierre nach Norden
Neues Leben am alten Hafen

Drei Kilometer stehen Ihnen bei dieser Tour bevor, aufgerundet mindestens vier Stunden, weil es unterwegs viel zu erleben gibt – und das, obwohl die Strecke zunächst nur bedingt einladend erscheint. Dennoch: Diese Tour spiegelt am besten das neue Lebensgefühl der Stadt wider.

> NEHMT VERSAILLES, MISCHT ETWAS ANTWERPEN DAZU UND IHR HABT BORDEAUX!
> — Victor Hugo

Port de la Lune. Der alte Stolz auf den ›Mondhafen‹ scheint immer mal durch. Vom Pont de Pierre aus beschreibt die Garonne eine Sichel bis hin zum neuen Pont Jacques Chaban-Delmas. Dieses Stück Fluss, der Halbmond, war Umschlagplatz von Wein und Kolonialwaren. Für Ludwig XV. sollte Hofmaler Claude Joseph Vernet die bedeutendsten Häfen des Landes auf Leinwand pinseln. Seine beiden Veduten von Bordeaux zeigen die Erhabenheit der jungen klassizistischen Stadt.

Wasser, Luft und Gräser

Mit solchen Bildern im Kopf scheint das alles nicht wahr, weder der Verfall noch die Wiedergeburt. Was einen aber aus den Socken haut: Diese Renaissance einer Legende hat das Zeug, selbst wieder zur

Wo ehemals Lagerhallen das Ufer versperrten, hat sich der Miroir d'eau zur coolen und kühlen Attraktion entwickelt.

Legende zu werden. Schon auf Höhe der Porte Cailhau ahnt man die Tragweite. Eine breite Promenade säumt das Ufer, über die Gehwegplatten recken sich Blüten und Gräser des Jardin des Lumières. Liebhaber dürften von der Vielfalt der blühenden Pflanzen ebenso begeistert sein wie vom Planungstalent der Gartenbauer. Der schnellere Treffer in Herzen und Köpfe gelingt dann aber dem Miroir d'eau (Wasserspiegel). Der flache Brunnen spielt in Phasen mit seinem Wasser, lässt Nebel und sanftes Sprudeln immer wieder mit einer unbewegten Lache wechseln, in der sich architektonische Pracht spiegelt. Das wohl schönste Bild darin ist die erleuchtete Place de la Bourse bei Einbruch der Dunkelheit. Mit Kindern kann es lange dauern, bis dieser Spaß ermüdet. Zudem warten hinter dem Brunnen schon allerlei Straßenkünstler mit neuem Zauber.

Abhängen und Abheben

Weiter nördlich sorgt wieder die Gartenpracht für Faszination. Der Quai dort ist nach Ludwig XVIII. benannt, dem König, der auch nach Revolution und Kaiserreich nicht von der Monarchie lassen konnte. Bordeaux ehrt ihn, das sagt etwas über den politischen Geist der Stadt. Vielleicht würde man sie sich lieber revolutionär wünschen, aber Zufriedenheit hält den Ball flach, letztlich auch bei der Jugend. Für sie gibt es am Quai des Chartrons das IBAÏA Café zum Abhängen und nicht weit davon den Skate Park Colbert zum Abheben. Es sind Module für Anfänger wie auch für Könner auf Skateboard und BMX installiert, während das Fußvolk getrost ein paar Maulaffen mitbringen darf.

BMX dich in die Lüfte im Skate Park Colbert. Wer besonders hoch abhebt, hat sogar einen Traumblick über die Garonne.

Hangars mit neuem Leben

Mit Hangar 14 neben dem Skate Park beginnt das große Umnutzungsabenteuer der Stadt, in diesem Fall wurde aus der Lagerhalle ein Zentrum für Ausstellungen und Kongresse. Die Hangars 1–13 haben das Zeitliche gesegnet, Nr. 15–19 wurden geradezu geadelt, indem man sie als Outlet Center am Quai des Marques mit Boutiquen und Restaurants bestückte. Hangar 20 hält als Cap Sciences mit Ausstellungen zu Wissenschaft, Technik und Industrie dagegen. Darüber hängt wie ein Geier der Pont Jacques Chaban-Delmas. Seit 2013 quert diese Hubbrücke die Garonne, ihr mittleres Segment kann für den Durchlass großer Schiffe gehoben werden. Es lohnt ein Erkundungsgang für den Blick zurück auf die Quais und voraus auf die Cité du Vin.

Seit 2016 besitzt Bordeaux diese weltweit einmalige Einrichtung als eine Art Informationstempel zu einem lebendigen Kulturerbe. Kühne Außen- und Innenarchitektur verbinden sich mit ultramoderner Didaktik, die das Wissen über Wein und Winzerkunst in die Herzen trägt.

Den Rückweg können Sie auf die andere Seite der Uferstraße verlagern, vorbei am Kongresszentrum Cité Mondiale (darin Hotel Mercure mit Panoramablick von der Frühstücksterrasse) und dem Musée d'Art Contemporain. Die Bars und Restaurants dazwischen haben das Erbe der verblichenen Hafenszene angetreten.

Die neue Cité du Vin ist eine starke architektonische Geste.

Quai des Chartrons

Wo der Wein und die Kunst regieren

Chartrons swingt auf dem Boden seiner widersprüchlichen Historie. Alljährlich im Oktober feiert das heutige Szeneviertel mit der »Fête du Vin nouveau et de la Brocante« seine Wurzeln als Meister der Kellergeister. Die Rue Notre-Dame quillt dann über vor Fröhlichkeit zu Straßenmusik, jungem Wein und Trödelware.

Gut sortiert ist halb gerätselt: Im CAPC findet sich auch die berühmte Kunst, zu der die Putzfrau fragt, ob das vielleicht doch weg könne.

Die Tour beginnt an der Rue Ferrère mit dem Entrepôt Lainé. Es beherbergt mittlerweile das Museum CAPC, wurde aber 1824 als Lagerhaus errichtet und war der Zwischenspeicher für die Hälfte aller im Hafen umgeschlagenen Kolonialwaren.

Bei einer Rückblende ins 14. Jh. würde man Sumpfgelände betreten und vielleicht in das Kloster stolpern, das die Kartäuser dort gegründet hatten. Englische, flämische, deutsche und skandinavische Kaufleute strömten nach Chartrons, die Familiennamen – darunter die Stuttenbergs aus Hamburg – künden noch von den ›Armutsflüchtlingen‹. Zu verdienen war an einer Sache, für die sich inzwischen das Blatt gewendet hat: Die Einwanderer machten ihr Glück als ›Korkadel‹, der Wein nicht selbst produzierte, sondern ihn lediglich zwecks Vermarktung abfüllte. Wein und der Handel damit sind Themen im kleinen Musée du Vin et du Négoce, das seine Einblicke an historischem Ort vermittelt. Auch der Niedergang des Korkadels ist in den kühlen Kellern des Quartiers präsent. Nach dem Zweiten Weltkrieg war es um die meisten Firmen geschehen, Chartrons musste sich neu positionieren. 1982 schlossen sich rund 30 Antiquitätenhändler zum Village Notre-Dame zusammen, wo auf 1500 m² Kunst und Krempel zu entdecken sind. So oder so – unumgängliche Station bleiben die Kneipen und Restaurants an der Place du Marché Chartrons.

Hangars und Hipster
Flotte Manöver

Sie war emsig, die Organisation Todt. Zwischen September 1941 und Oktober 1942 baute die paramilitärische Truppe der Nazis im Norden von Chartrons einen U-Boot-Bunker. Er überstand später die alliierten Luftangriffe und warf nach dem Krieg die Frage auf: Was tun mit so einem Klotz? Bordeaux wäre nicht Bordeaux, wenn die Stadt keine überzeugende Antwort gefunden hätte. Aber die Stadt würde auch dann ihrem Ruf nicht gerecht, wenn ringsum gähnende Leere herrschte.

Die Base Sous-Marine der deutschen Besatzer war absolut nicht das Pionierwerk in diesem Bereich der Stadt – noch weniger seine Krönung. Ganz im Stil der Römer, die ihren Hafen von der Garonne aus als Einschnitt ins Land gebaut hatten, war schon 1879 ein erstes, 1912 ein zweites *bassin à flot* für Frachtschiffe und Sportboote angelegt worden. Trockendocks, Werkstätten, Industrieanlagen, Speichergebäude und dann auch Arbeiterwohnungen kamen hinzu. Doch als in den 1980er-Jahren der Hafen flussabwärts verlagert wurde, verödete das Areal.

Was ist mit Wasser?

Stadtplanung, Stadtentwicklung – es kann einem schwindelig werden, wenn man den Elan von Bordeaux mit deutschen Kommunen ver-

Mit Todesverachtung blickten die deutschen U-Boot-Besatzungen aus diesem Bunker in die Welt, die sie erobern sollten. Bordeaux nutzt das finstere Terrain nun für Kulturevents.

gleicht, die solche Dinge nach dem Gutdünken von Investoren mit sich und den Bürgern geschehen lassen. In Bordeaux hatte die Umnutzung der Hafenbecken 1989 damit begonnen, den erdrückenden grauen Riesen, die einstige U-Boot-Station, für Ausstellungen, Theateraufführungen, Tanz und Konzerte zu öffnen – einen besonderen, bisweilen von Mystik und scheinbarem Spuk behafteten Ort. Aber die Bassins vor der Einfahrt bildeten eher eine Hürde, die das Viertel Bacalan vom südlich gelegenen Chartrons abschnitt. Touristen verirrten sich dorthin nicht. Ein üppig bepflanzter Verbindungsweg, das wurde bei Bürgeranhörungen deutlich, sollte Abhilfe schaffen. Außerdem wurde erkannt und für die Planung notiert: »So eine Wasserfläche mitten in der Stadt ist eine Rarität. Man muss davon profitieren, sie muss leben.«

Keine Aufgabe für Hasenfüße, sind die Becken doch sogar etwas größer als die Esplanade des Quinconces, ganz zu schweigen vom riesigen und ehemals verwahrlosten Umfeld der Bassins. Wohnhäuser, Geschäfte, Dienstleister, Büros und öffentliche Einrichtungen gedeihen nun. Als besondere Attraktion für Fotografen und Liebhaber alter Industriearchitektur locken an den Bassins Silos, die Muster von Schienen und Kopfsteinpflaster, restaurierte Kräne und auf dem Wasser betagte Lastkähne. Dem Einkauf und Austausch traditionellen Stils dient seit 2017 der Markt Les Halles de Bacalan. Unter dem Tempo der Umgestaltung leidet die alternative Szene. Bars, Flohmärkte, Veranstaltungsräume oder Werkstätten von temporärem Charakter bestehen, bis Bagger anrücken, um Platz für langlebigere Gebäude zu schaffen.

Brücken bauen

Zuerst keine, dann nur eine Brücke. Dass der Wechsel zwischen Ost und West Mühe bereitete, bremste die Entwicklung am rechten Flussufer. Der 2013 eröffnete Pont Jacques Chaban-Delmas schuf Abhilfe und hat den Privatverkehr in der City gedrosselt. Weiter nördlich ermöglicht die Autobahnbrücke Pont d'Aquitaine eine schnellere Stadtumgehung. An ihrer östlichen Zufahrt bewahrt die Gemeinde Lormont ein wenig Vorkriegscharakter.

Schrauber, Turner, Künstler

Nun verfolgen die Planer nicht das Ziel, die Vergangenheit gänzlich zu überrollen und Uniformität zu etablieren. So existiert an der Westseite der U-Boot-Station eine École de Cirque mit Übungsgelände unter freiem Himmel, wo man als Zaungast Zirkusleuten am Trapez zuschauen kann. Südöstlich des Bunkers haben sich in einem ehemaligen Hangar Mechaniker genossenschaftlich zur Garage Moderne zusammengeschlossen, um dort in einer sehenswerten Werkstatt Autos und Fahrräder zu reparieren. Visiten sind für Kunden möglich (vielleicht einfach mal das Auto verrecken lassen?), ansonsten bei kulturellen Abendveranstaltungen in der urigen Kantine. Um die Ecke bleibt als Ergänzung Vivres de l'Art, ein ehemaliger Schlachthof, der als Rest eines Marinedepots aus dem späten 18. Jh. verblieben war. Innen- und Außenbereiche geben Raum für Ateliers, Konzerte, Ausstellungen und Brunch. Auf ein Bier zieht man in die angrenzende Brauerei Jardin PIP – *jardin* deshalb, weil es dort auch eine Gärtnerei gibt, in der Besucher ihr eigenes Gemüse ziehen dürfen. Die auffallenden Graffitis in Bacalan gehen ebenfalls aus dem Dunstkreis der dort engagierten Künstler hervor.

Einen Blick aus dem Fenster des Schleusenwärters auf die Bassins à flot wirft heute nur noch ein gemalter Kopf.

Bus und Flipper finden nur dort zur Eintracht, wo sie nicht mehr ihrer ursprünglichen Bestimmung dienen: auf dem Trödelmarkt.

Noch mehr See in Lac

Bacalan mit den *bassins à flot* ist nur einer der Außenbezirke, die sich neu definieren – derzeit wohl der aktivste und mit Cité du Vin und dem Musée Mer Marine auch attraktivste. Da das historische Zentrum Bordeaux' unter Denkmalschutz steht, verbieten sich dort moderne Hochhäuser, hat die Bevölkerungsdichte das Maximum erreicht. Zugleich steigt die Beliebtheit und damit der Wunsch, in dieser Stadt zu leben. So bleibt nur die Ausdehnung in die Fläche und dort die Entwicklung von zeitgemäßem Wohnraum wie in dem direkt angrenzende Quartier Lac. Nach Trockenlegung von Sümpfen in den 1960er-Jahren verblieb ein See mit Freizeitpotenzial. Segeln, Golf und Fahrradwege addieren sich zu Badestrand und Campingplatz. Neben dem größten innerstädtischen Waldgebiet befindet sich dort auch der Parc Floral mit Rhododendren, Magnolien und knapp 500 Rosensorten.

Das sportaffine Umfeld war Anlass, zur EM 2016 auch das neue Stadion Matmut Atlantique in Lac zu bauen. Als Heimat der Top-Fußballmannschaft Girondins hat es eine Kapazität von 42 000 Zuschauern. Mit seiner Lage an der Garonne, der Reduktion auf die pure Form, dem Spiel mit Gegensätzen und der Garantie für beste Sicht von allen Plätzen erfüllt es hohe Maßstäbe und taugt auch für Open-Air-Konzerte.

B BRIT-BRETT

Schon 1836 gönnte sich Bordeaux im westlichen Vorort Bouscat ein Hippodrom, wo heute auf über 230 Pferderennen jährlich gewettet wird – nicht gar so stylish wie in Ascot. Von den Inseln stammt auch die Begeisterung für Rugby. Die Mannschaft Union Bordeaux Bègles spielt im Art-déco-Stadion Chaban-Delmas (Place Johnson), seitdem die Fußballer ins Matmut (s. links) umgezogen sind. Seit 2006 existieren auch die Lionnes, eine Rugbymannschaft der Damen, die mit ihren Matches ebenso wie mit erotischen Jahreskalendern punktet.

Weltmeister der Wohnkultur

Der Konjunktiv ist für Hotelsuchende keine brauchbare Größe, und doch: Es wäre zu begrüßen, wenn La Bastide sein Bettenangebot ausbauen würde. Das Auto wäre dort gut im Parkhaus deponiert, der Tag könnte mit einem Frühstück am Flussufer beginnen, dann würde als idealer Wachmacher ein Spaziergang über die Brücke in die Altstadt folgen. Bislang haben aber nur die notorisch ausgebuchten Ketten Ibis und Ibis Budget diese Vorzüge erkannt, während nicht weit vom einstigen Bahnhof La Bastide nur ein Hotel von 1850 eher versehentlich als Erinnerung an die Eisenbahnära verblieb. Mit anderen Worten: Augen auf, ob dort neue Privatunterkünfte öffnen. Man findet sie übrigens nicht so zahlreich auf den Portalen, die deutschen Surfern bekannt sind, sondern eher auf französischen Seiten.

Während La Bastide auf seine Erweckung wartet, wächst im Umkreis des Hauptbahnhofs St-Jean die Zimmerzahl. Es bedarf aber noch einer Eingewöhnungszeit, bis dieses einst schäbige Quartier als günstiges und günstig gelegenes Nachtlager akzeptiert wird. Derweil hält sich beharrlich der Wunsch nach einer Bleibe mitten im Zentrum – für Autofahrer keine gute Wahl, da Parkhäuser und Garagen dort kräftig kassieren. Aber schön ist sie sehr wohl, die Nacht in einem jener klassizistischen Luxushäuser inmitten des prallen Lebens …

Vorhof zum Himmel

Auch wenn Fast Food oft kulinarischer Dilettantismus ist, nehmen viele diese Sache enorm ernst und philosophieren etwa über die ›besten Burger der Stadt‹. Auch in Bordeaux balgt die Meute um den leicht verdienten Pizza-Pasta-Euro. Am anderen Ende hüten Traditionshäuser ein erlesenes lukullisches Vermächtnis und verlangen dafür sehr stolze Preise. Es muss aber doch … etwas anderes geben? Ein Mittelfeld? Aber ja, ein großes sogar, nur braucht man dazu außer dem Wegweiser auch die Bereitschaft, mal auf alte Gewohnheiten zu verzichten, Exotik zu wagen, sich ins Hinterhaus zu trauen oder den Stadtrand in Betracht zu ziehen. Was zum Vorschein kommt, erweist sich als riesiges Reservoir an sprudelnden Ideen, von denen einige noch lange nicht nach Deutschland geschwappt sind. Schon deshalb bereitet Bordeaux Freude, aber auch, weil die südliche Lebensart mit guter Kost unter freiem Himmel dort eine besonders elegante Heimat gefunden hat. Ein Abendessen auf der Place du Parlement gehört zu Frankreichs feinsten kulinarischen Erlebnissen, ganz unabhängig von der Qualität des Restaurants. Und das macht die Gastroszene der Stadt so besonders: Essen in Bordeaux ist eine Qualität für sich, die nicht allein über den Geschmack entschieden wird.

Aufregendes Design wie in der Eistüte: Das Hotel Seeko'o liebäugelt mit den Inuit.

Augen auf kann nie schaden, auch nicht in den Cafés bei der Basilika St-Michel.

Jedem Tierchen sein Quartierchen

Golden, goldener, am goldensten – das Triangle d'Or ist ein Dreieck, in dem so gut wie alles über den Ladentisch wandert, was richtig Geld bringt und chic ist. Stangenware, Modeschmuck oder auch nur einen Kiosk mit Zeitschriften und Getränken sollte man dort gar nicht erst suchen, es regieren die Adelsgeschlechter der Konsumindustrie. Aber es ist in Bordeaux sehr leicht, der Daumenschraube des Luxus aus dem Weg zu gehen. Von der Südostecke des Dreiecks knickt die Rue Ste-Catherine ab, die über 1,5 km Richtung Süden verläuft und alles bietet, was man sich auch mit geringer Barschaft leisten kann. Einen Markt mit frischen Lebensmitteln besitzt so gut wie jedes Quartier, größere Supermärkte findet man aber fast nur in den Außenbereichen des Zentrums. St-Michel am einen und Chartrons am anderen Ende der Altstadt sind altgediente Adressen für den Antiquitätenkauf, teils mit sensationell seltenen, manchmal etwas teureren oder auch billigen Angeboten. Sachkenntnis und Ausdauer bewahren davor, dort unter die Räder zu kommen. Risikoarm verläuft der Einkauf am Quai des Marques, wo Outletware unters Volk gebracht wird. Als vielleicht nicht logischer, aber gesunder Abschluss wartet am anderen Ufer der Garonne eine Verkaufshalle mit regionalen und überregionalen Bioprodukten im Kreativdorf Darwin.

Hat sich was mit Haifischbar

Herkunft? Hafen. So sehr die Transformation der Stadt und die Weichenstellung für die Zukunft geglückt sind, so wenig hat man doch von dem retten können, was ehedem Flair und Lebensgefühl des Hafens ausmachte. Während sich Hamburg eine Reeperbahn für die Nachwehen des einstigen Milieus gönnt, hat Bordeaux den Quai de Paludate als ehemalige Ausgehmeile von See- und Sehleuten systematisch trockengelegt. Bars und Clubs liegen dort begraben unter den imposanten Neubauten des Dienstleistungsgewerbes. Einen Ersatz für die Nachtszene alter Form gibt es nicht, kann es mangels historischer Unterfütterung nicht geben. Die einschlägigen Adressen sind heute über das Stadtgebiet verteilt. Von der Bar zur Disco, vom Kino zum Konzertsaal ist also stets ein Stück Weg zurückzulegen, was Tram, Bussen und Taxis genügend nächtliche Kunden zuspielt. Angenehm: Marodierende Horden trinkfreudiger Thekenbummler wie etwa in der Düsseldorfer Altstadt muss in Bordeaux niemand ertragen. Und doch pulsiert es nachts in den Straßen, nur eben auf gehobenem Niveau. Man folgt einer bewährten Zeremonie: Nach ausgiebigem Essen im Freien geht es in eine Bar nebenan, von dort in die Disco oder Musikkneipe ein Stück weiter und zum Abschluss, weil man auf einem Bein nicht stehen kann, nochmals in die Bar.

Wenn der junge Wein trinkbar ist, stellen die Händler von Chartrons ihren Trödel ins Freie.

Mama Shelter gibt einen aus – aber nur für zahlende Gäste, dafür lecker.

Warum Bremen?

Schlüssel zur Welt

Weltoffen? War die Hanse- und Handelsstadt an der Weser schon immer. Noch heute erinnert daran der Spruch über dem Schütting, dem Sitz der Handelskammer: »Buten un Binnen, Wagen un Winnen« (draußen wie drinnen, wagen und gewinnen). Hamburg nennt sich das »Tor zur Welt«, Bremen kontert selbstbewusst: »Und wir haben den Schlüssel«.

Rolandstatue auf dem Bremer Marktplatz

Strandgefühle und Fähre mitten in der Stadt

Bürgerpark und Stadtwald sind die bekanntesten der vielen kleinen und großen Parks in der Stadt, die zu Spaziergängen einladen. Doch auch auf Strandgefühle muss im Sommer niemand verzichten, fließt da doch die Weser. Am Weserstrand treffen sich Jung und Alt, wird gespielt, getobt, geschaut. Beliebt, bequem und ganz besonders ist die kleine Sielwallfähre, die von der Innenstadtseite Am Tiefer, Höhe Sielwall, hier herüberfährt. Sie transportiert Kind und Kegel respektive Fahrrad.

Am Weserstrand

Bremen auf einen Blick

Bremen zieht sich … Um die 40 km erstreckt sich die Hansestadt beidseits entlang der Weser. Alte innerstädtische Viertel, einstige Dörfer, die im 19. Jh. wohlhabende Bremer für ihre Landsitze auserkoren, Industrie -und Hafenviertel, moderne Technologieparks – und immer noch Bauernland.

ALTSTADT

Die Altstadt erstreckt sich zwischen Weser und den Wallanlagen, die entlang der einstigen Stadtmauer verlaufen. Herz der Stadt ist Marktplatz mit Rathaus und Roland, beide Weltkulturerbe der UNESCO, und den Bremer Stadtmusikanten. Hier beginnt auch die Böttcherstraße mit Paula-Modersohn-Becker-Museum und Roselius-Haus. Nächstes Ziel ist dann Bremens ältestes Viertel, der Schnoor. Kurz hinter der St.-Martini-Kirche beginnt an der Weser die Ausgehmeile Schlachte. Vor ihr liegt auf der Weserinsel die Weserburg, Museum für moderne Kunst.

VON DER SCHLACHTE ZUR ÜBERSEESTADT

Hinter der Schlachte erstreckt sich das Stephaniviertel (bis 1305 außerhalb der Stadtmauern). Hier lebten Seeleute, Fischer und Handwerker, dann überwiegend Arbeiter in engen Häusern, die als Gängeviertel gruppiert waren. Die heutige Bebauung rund um die Kulturkirche St. Stephani erinnert noch ein wenig an die alten Zeiten. Nur ein Katzensprung ist es von hier in die Überseestadt, wo sich aus dem ehemaligen Freihafen ein gemischtes Quartier mit neuen Bauten, alten Speichern, Schuppen und Hafenanlagen entwickelt.

OSTERTOR UND STEINTOR

Ostertor und Steintor sind als das ›Viertel‹ bekannt. Den Übergang von der Innenstadt ins Ostertor prägt die Kulturmeile mit der Kunsthalle Bremen, dem Theater am Goetheplatz, dem Gerhard-Marcks- und dem Wagenfeld-Haus. In dem trendigen Viertel sehen Sie typische Bremer Häuser, können ganz unterschiedliche Galerien besuchen, shoppen, essen und trinken, tauchen ein in eine Mischung aus junger und inzwischen saturierter Szene, alteingesessenen Bremern und Menschen mit Migrationshintergrund.

Das Universum Science Center und der Fallturm Bremen

Livemusik muss nicht immer in einer Kneipe spielen.

NEUSTADT

Auf der linken Weserseite legte man um 1623–25 im Bereich der heutigen Neustadtcontrescarpe und des Neustadtswalls eine Stadtbefestigung ähnlich der auf der Altstadtseite an. Nach ihrer Schleifung entstanden hier ein Arbeiterviertel (u. a. Zigarrenmacher, Bierbrauer) und Wohnquartiere des Mittelstands. Die handwerklich-industrielle Tradition belegen noch die Produktionsstätten der Brauerei Anheuser-Busch InBev (früher Beck & Co.) oder das alte Gebäude der Remmer Brauerei (heute Städtische Galerie). Der wesernahe Bereich wird bei Studenten und jungen Familien immer beliebter.

OBERNEULAND MIT ROCKWINKEL

Diese beiden bei der Kultivierung des Hollerlandes entstandenen Dörfer sollten zu einer beliebten Sommerfrische wohlhabender Bremer werden. Ab dem 19. Jh. entstanden Gutshäuser und herrschaftliche Landsitze. Viel Grün prägt den Stadtteil, etwa mit Heinekens Park, Höpkens Ruh und Rhododendronpark.

SCHWACHHAUSEN

Das einstige Marschenbauerndorf entwickelte sich ab der zweiten Hälfte des 19. Jh. in ein vornehmes Wohngebiet mit Villen und großzügigen Bremer Häusern. Die Villenarchitektur dominiert an Parkallee, Schwachhauser Heerstraße und Schwachhauser Ring. In den Seitenstraßen finden sich schöne Bremer Häuser. Jenseits von Bürgerpark und Stadtwald schließt sich der zum Stadtteil Horn-Lehe gehörende Technologiepark Universität Bremen an. Hier liegt auch das Universum Science Center und ragt der Fallturm Bremen in den Himmel.

WALLE

Walle war in früheren Zeiten ein kleines Dorf mit Rittergut. Gegen Ende des 19. Jh. wandelte es sich in ein Arbeiterviertel, geprägt von Industrie- und Hafenanlagen. Spuren der linken Bremer Arbeitertradition finden Sie auf dem Waller Friedhof, wo die Toten der Räterepublik ruhen, und in dem Volkshaus (Hans-Böckler-Str. 9/ Ecke Auf dem Kamp). Einige der von den Nationalsozialisten zerstörten hoetgerschen Fassadenskulpturen der früheren Gewerkschaftszentrale gestaltete Manfred Lohrengel nach.

ST. MAGNUS UND VEGESACK

St. Magnus kam 1939 zu Bremen. Den Stadtteil am Fluss Lesum prägten ab dem 19. Jh. prachtvolle Villen wohlhabender Bremer Bürger und der Knoops Park, benannt nach dem Kaufmann Ludwig Knoop. In Vegesack legte Bremen 1619 den ersten künstlichen Hafen Deutschlands an. Seit den Werftschließungen (A.G. Weser 1983, Bremer Vulkan 1996) erlebt der Stadtteil einen Niedergang, hat aber maritimes Flair. Hier liegt das Schulschiff Deutschland.

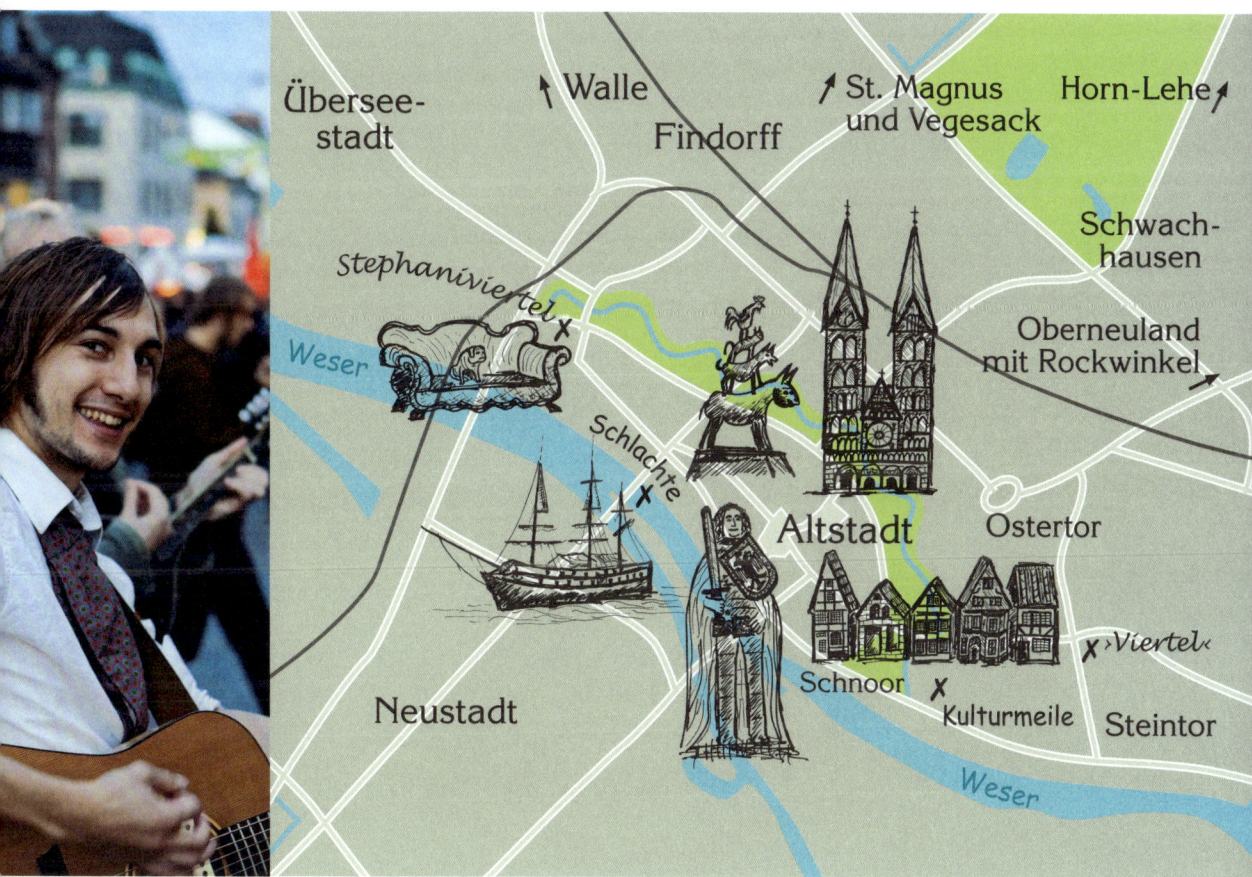

Am Weserstrand wird gespielt, getobt und geschaut.

5 Touren durch Bremen

1. TOUR

Vom alten Hafen zur maritimen Meile – **Die Schlachte**

An der Weserpromenade kann man vom Biergarten aus den Blick auf Fährschiffe und Hafenblick genießen.

2. TOUR

Petit und pittoresk – **Der Schnoor**

Bummeln, shoppen und bremisch deftig speisen im ältesten Viertel Bremens und den Badenden Hallo sagen.

3. TOUR

Gesamtkunstwerk – **Die Böttcherstraße**

Wie der Erfinder des koffeinfreien Kaffees diese Straße zu etwas ganz Besonderem machte.

4. TOUR

Im Umbruch – **Weserinsel und Neustadt**

Wo früher zwischen Kaffeelagern und Bierbrauereien Zigarrenmacher lebten, gibt's heute viel Kunst und Kultur.

5. TOUR

Wo man die Bremer Häuser trifft – **Das ›Viertel‹**

Zwischen Kneipenflair der 1970er-/80er-Jahre und schmucken Alt-Bremer Häusern gibt's Schräges, Skurriles und viele Reminiszenzen an alte Zeiten.

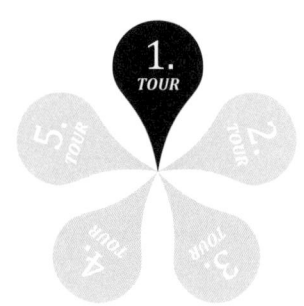

Die Schlachte

Vom alten Hafen zur maritimen Meile

Hier trifft Tradition auf Moderne, treffen Businessmenschen und Medienleute auf Ausgehwütige. Bremen hat lange gebraucht, um die Lage an der Weser wieder für sich zu entdecken.

Ursprünglich war die Balge, dann die Schlachte Bremens Hafen. Im Mittelalter landeten Hansekoggen und später, als der Tiefgang der Weser aufgrund der Versandung nicht mehr ausreichte, Weserlastkähne zwischen Tiefer und Fangturm waren an, die in den Packhäusern gestapelt wurden. In den Pack- und Kontorhäusern wickelten und wickeln teils noch heute Reeder und Kaufleute ihre Geschäfte ab. Doch daneben haben längst Lokale ihren Platz gefunden – und im Wasser liegen wieder Boote: Ausflugs-, Hotel-, Restaurant- und Eventschiffe.

Die Schlachte besteht aus zwei Ebenen. Das meiste Treiben findet ›oben‹ statt, entlang der Straße Schlachte. Auf der unteren Ebene, von der Straße Tiefer bis zum Rand der Überseestadt über 2 km als gepflasterte Weserpromenade ausgebaut, können Sie entlang des Flusses spazieren, skaten oder radeln.

»Sail away ...« – hoffentlich nicht mehr

Die meisten Besucher stoßen an St. Martini vorbei zur Weser vor. Linker Hand, am Martini-Anleger, wo auch die Fähre nach Bremerhaven und die Hafen- bzw. Weserrundfahrten starten, liegt seit Sommer 2016 ein besonderes Schiff: Manch einer hat sie noch im Ohr, die Segelhymne von Joe Cocker, und im Auge die mit geblähten, grünen Segeln übers Meer gleitende Alexander von Humboldt. Nun hat sie als Hotel- und Restaurantschiff ihre neue, alte Heimat gefunden. 1906 als Feuerschiff von der AG Weser gebaut, später als Segeltrainingsschiff (und Werbeträger) unterwegs, liegt die Bark nun wieder in Bremen.

Am nächsten Anleger wartet der Nachbau einer Segelfregatte aus dem 18. Jh. auf Gäste, das Pannekoekschip Admiral Nelson.

Doppelt und dreifach abgekupfert – die Admiral Nelson ist ein originalgetreuer Nachbau des Dreimasters Picton Sea Eagle, einst ein englischer Fischtrawler, der seinerseits Ende der 1980er-Jahre, natürlich originalgetreu, in eine spanische Galeone des 18. Jh. verwandelt wurde und im wallisischen Swansea als Restaurantschiff endete.

Sweet Dreams

Ab der Teerhofbrücke (Aufzug zur Promenade) reihen sich die Lokale aneinander. Doch hier liegen auch zwei Boote, auf denen Sie nächtigen können, darunter als kleine, feine Besonderheit: die Jacht Nedeva. Sie wurde 1930 für Eduard Townsend Stotesbury, einen New Yorker Banker, und dessen zweite Ehefrau Eva erbaut. Mrs. Stotesbury, in den Zwanziger- und Dreißigerjahren Stern der High Society, richtete in ihrem Anwesen prächtige Events aus – und lud Gäste zu Diner Cruises auf diese Jacht ein.

Die Ausgehmeile

Gerade bei schönem Wetter wird es an der Schlachte voll. Alle Lokale haben vor der Tür Tische und Stühle stehen, viele betreiben zusätzlich jenseits der Straße entlang der alten Kaimauer ab dem Frühjahr Biergärten. Von dort lässt sich bei Bier oder anderen Getränken der Blick über die Weser genießen.

Als Erstes lockt das Luv mit edlem Ambiente und einer großen Auswahl an Salaten über Pasta und Burger (auch vegetarisch) bis zu Edelfisch. Rustikaler sind, wie sollte es anders sein, die Bierhäuser feldmann's mit Haake Beck oder Paulaner's mit Paulaner im Ausschank und deftiger Küche. Bierfreunde kommen auch im Red Rock (hier gibt es über 50 zum Teil exotische Sorten) auf ihre Kosten. Lieber mexikanisch? – dann auf ins Enchilada. Kangaroo Island hingegen ist eine Australian Bar, während Café & Bar Celona bereits ab 9 Uhr und bis in die Nacht lockt.

»Ein Leben ohne Mops ist möglich ...«

Jenseits der Bürgermeister-Smidt-Straße wird es ruhiger. Vorbei am Designhotel ÜberFluss, bei dessen Bau man eines der ältesten Stücke der Stadtmauer fand, und der Jugendherberge, auf deren Boot *Die Weser* (Nachbau eines historischen Raddampfers) Sie ebenfalls übernachten können, erreichen Sie die Wohnküche im Weserhaus. Hier finden auch Live-Cooking-Events statt und werden Sendungen von Radio Bremen aufgenommen, etwa die Talkrunde »3 nach 9«. Bei Radio Bremen produzierte Vicco von Bülow, Loriot, seine berühmte sechsteilige Sketchserie »Loriot« (1976–78). In der Diepenau erinnert eine Bronzereplik seines berühmten grünen Sofas – mit Mops – an den großen Humoristen. Sitzen erlaubt.

Nein, hier wurde nicht geschlachtet. Der Name Schlachte hat nichts mit dem Schlachten von Tieren zu tun, sondern leitet sich von *slaits* ab, ins Wasser gerammten Pfählen zur Uferbefestigung.

Kaum kommt die Sonne hervor oder ist es auch nur ein bisschen wärmer, verlocken Schlachte und Weserpromenade dazu, es sich gut gehen zu lassen – und so oft ist in Bremen auch gar kein Schmuddelwetter.

Der Schnoor
Petit und pittoresk

Winzige Häuschen reihen sich wie Perlen an der Schnur, bergen Galerien, Kunsthandwerks- und Antiquitätenläden, Cafés und Restaurants. Das älteste Stadtviertel Bremens, einst das Zuhause von Seeleuten, Fischern und Handwerkern, die im Bereich des Balge-Hafens lebten, lädt heute zum Bummeln und Stöbern ein.

Dank der Vielfalt an Kuriosem und Schönem geht im Schnoor vielleicht das Augenmerk für Geschichte und Geschichten verloren – und die sind es allemal wert, erzählt zu werden.

Katholiken und Juden

Durch die Straße Lange Wieren, vorbei an dem Lädchen Schnoorkrämerei & Schiffsproviant, kommen Sie in die Kolpingstraße. Hier entstand 2002 das katholische Birgittenkloster (Nr. 1c), seit der Reformation der erste Schwesternkonvent in Bremen. Am Haus Kolpingstraße 4 erinnert eine Gedenktafel an die Synagoge, die in der Reichspogromnacht 1938 geplündert und in Brand gesteckt wurde, wobei fünf Menschen den Tod fanden. Das zugehörige Rosenak-Haus wurde ebenfalls geplündert und zwangsarisiert. Zwar erhielt die Jüdische Gemeinde Bremen das Haus später zurück, musste es aber ebenso wie das Synagogengrundstück aus Geldmangel verkaufen.

Sinnesfreuden

In einem Haus aus der Zeit um 1630 residiert der traditionsreiche Gasthof zum Kaiser Friedrich, wo Sie bremisch deftig speisen und ab und an Bremer Honoratioren treffen können. Ein paar Schritte weiter, links beginnt die Gasse Schnoor, öffnet sich rechts ein kleiner Platz mit der Brunnenskulptur »Die Badenden« von Jürgen Cominotto. Die Skulptur bezieht sich auf die hier einst ansässigen Staven (beheizte Bäder) für die ›kleinen Leute‹. Diese sollen nicht nur Hort der Hygiene, sondern wohl auch und eher Stätte ›sittenlosen Treibens von Männern und Frauen‹ gewesen sein. Einen Blick verdient das Schifferhaus (Stavendamm 15) von 1630, ab 1919 bis Mitte des 20. Jh. ein Kolonialwarengeschäft, wo rund um die Uhr Proviant an die Schiffer verkauft wurde.

Schauen oder shoppen?

In der Gasse Schnoor stehen die letzten innerstädtischen Fachwerkhäuser Bremens. Vermutlich aus dem 16. Jh. stammt das Haus mit Ladeluke am Giebel und zweigeschossigem Erker. Gehen Sie hier, am Schnoor 38, durch ein Renaissanceportal, so betreten Sie in einen winzigen Gang und gelangen zum Katzen-Café 3 und zur Wüsten Stätte 8. Sie trägt ihren Namen, weil das Areal nach einem Brand 1659 lange unbebaut blieb. Ein Bummel durch die Gasse Schnoor bedeutet, hin- und hergerissen zu sein. Schaut man mehr auf die kleinen Häuser selbst, wie sie sich aneinanderschmiegen, schief und pittoresk – oder lässt man sich von den unzähligen Lädchen locken, stöbert und genießt? Entscheiden Sie selbst!

Ein seltener Moment im Schnoor: Nur wenige Menschen sind in der schmalen Gasse unterwegs, wo sich in den kleinen, alten Häusern viele Lokale und Läden angesiedelt haben. In Ruhe lässt sich dann beides genießen: die unterschiedlichen Häuschen und das Stöbern in den Lädchen.

Die Böttcherstraße
Eine Straße als Gesamtkunstwerk

Zum Bummeln lädt die Böttcherstraße ein, ein weitgehend in Backstein ausgeführtes architektonisch-skulpturales Gesamtkunstwerk und Kunsthandwerksparadies, untrennbar verbunden mit den Namen Ludwig Roselius und Bernhard Hoetger. Hier befindet sich auch das Paula-Modersohn-Becker-Museum.

Die Böttcherstraße, eine nur gut 100 m lange Fußgängergasse, führt vom Marktplatz zur Martinistraße Richtung Weser. Vermutlich wurden hier im Mittelalter Schiffe gebaut, denn für 1317 ist die Straße als Hellinchstrate (Hellingstraße, Helling = Werft) belegt. Später wurde sie in Bodekerstrate (Böttcherstraße) umbenannt. Böttcher fertigten hier Fässer, die für den Warentransport benötigt wurden.

Roselius als Mäzen

Die heutige Böttcherstraße verdankt die Stadt dem Bremer Kaffeekaufmann und Mäzen, dem Erfinder des koffeinfreien Kaffees (Kaffee HAG), Ludwig Roselius (1874–1943). 1902 erwarb er das heutige Roselius-Haus von 1588, alle übrigen Häuser stammen aus den Jahren 1922–31. Roselius wollte nach dem Ersten Weltkrieg mit der Gasse als Gesamtkunstwerk ein Zeichen setzen: mit Rückgriff auf Vergangenes in die Zukunft weisen. Mit dem Aufbau beauftragte er als Hauptarchitekten Alfred Runge, Eduard Scotland, Carl Eduard Eeg sowie den Allrounder und Bildhauer Bernhard Hoetger. So finden sich hier historisierende und – dank Hoetger – expressionistisch-avantgardistische Elemente vereint.

Ein Versuch der Anbiederung

Vom Markt kommend, markiert Hoetgers strahlend-goldenes Relief »Der Lichtbringer« (1936) den Beginn der Böttcherstraße. Es zeigt den hl. Michael als Drachentöter, was Hoetger damals als »Sieg unseres Führers über die Mächte der Finsternis« verstanden wissen wollte. Doch Hitler lehnte die Architektur der Straße als ein Werk, das von Unkenntnis des Nationalsozialismus zeuge, ab. Hoetgers Arbeit galt nun als ›entartet‹. 1943 flüchtete er in die Schweiz.

Gülden glänzt »Der Lichtbringer« über dem Eingang zur Böttcherstraße. Leider war Hoetgers Intention, als er das Relief schuf, nicht goldglänzend, sondern braundumpf.

Roselius, Paula und Hoetger

Dahinter erstreckt sich rechts das HAG- oder Sieben-Faulen-Haus (Runge & Scotland, 1924–27) mit Arkaden und Treppengiebeln, auf denen Skulpturen der Sieben Faulen zu entdecken sind.

Das Paula-Becker-Modersohn-Haus gegenüber konzipierte Hoetger 1926/27. Im Innenhof stehen einige seiner Plastiken. Das Gebäude selbst birgt das Paula-Modersohn-Becker-Museum. Roselius hatte das Haus für seine Werksammlung der 1907 jung verstorbenen Worpsweder Malerin bauen lassen. Der mit Paula befreundete Hoetger errichtete es in expressionistischem Stil. Das weltweit erste einer Malerin

Bremen

Hier geht's in den Himmel(ssaal) in Hoetgers Haus Atlantis.

gewidmete Museum zeigt Gemälde, Zeichnungen und Grafiken der Künstlerin sowie die umfangreichste Sammlung an Skulpturen, Gemälden und Zeichnungen Hoetgers. Paula Modersohn-Becker, die erst nach ihrem Tod gebührende Würdigung erfuhr, gilt als Wegbereiterin der Moderne in der Kunst.

Direkt (Durchgang) mit diesem Gebäude verbunden ist das Roselius-Haus mit dem Ludwig Roselius Museum. Roselius hatte sich 1902 überreden lassen, das Renaissancehaus, dessen Grundmauern ins 14. Jh. datiert werden, zu erwerben. 1928 ließ er es von Eeg umbauen und als Museum einrichten. Das Museum spiegelt den Wohnstil der Bremer Kaufleute wider. Roselius trug eine enorme Sammlung an Möbeln, Fayencen, Gläsern, Holzskulpturen und Gemälden zusammen, darunter Arbeiten von Tilman Riemenschneider (16. Jh.) und den Cranachs.

Lob der Faulheit

Der Handwerkerhof birgt Kunsthandwerksläden und -werkstätten sowie Hoetgers *Sieben-Faulen-Brunnen*. Er illustriert eine Sage, von Friedrich Wagenfeld (1810–46) niedergeschrieben, die erzählt, dass Faulheit erfinderisch macht: Sieben als faul verschriene Bremer Brüder fanden in ihrer Heimatstadt keine Arbeit und zogen deshalb in die Welt hinaus. Zurückgekehrt führten sie bequeme Neuerungen ein: bohrten einen Brunnen, um nicht Wasser aus der Weser heranschaffen zu müssen, pflanzten Bäume, um nicht im Wald Holz schlagen zu müssen usw. Aber auch das wurde ihnen als Faulheit ausgelegt – manchmal braucht der Mensch halt länger, den Sinn von Innovationen zu erkennen, Erfindergeist wertzuschätzen…

Glockenspiel und Ozeanbezwinger

Es folgt, leicht zurückversetzt, das *Haus des Glockenspiels*, 1922–24 von Runge & Scotland für die Bremen-Amerika-Bank umgebaut. Zum Klang eines Meißener Glockenspiels dreht sich das Mittelstück des halbrunden Eckturms und Hoetgers zehn holzgeschnitzte und bemalte Tafeln der Ozeanbezwinger erscheinen. Sie zeigen See- und Luftfahrer von Erikson und Kolumbus bis Lindbergh und Eckener. Im Hoetgerhof finden sich weitere Arbeiten des Bildhauers.

ROBINSON CRUSOE UND BREMEN

Gegenüber dem Haus des Glockenspiels steht das Haus St. Petrus, von Runge & Scotland als Haus der Gastronomie erbaut – und heute noch entsprechend genutzt. Daran grenzt das Robinson Crusoe Haus. Wohl jeder kennt Daniel Defoes Roman »Robinson Crusoe«. 1719 schuf der Kaufmann und Schriftsteller die Figur des Robinson Kreutzner (Crusoe), Sohn eines in England lebenden Bremer Kaufmanns. Für Roselius stand Robinson für hanseatischen Pioniergeist und so trägt das Haus dessen Namen. Im Parterre findet alljährlich ein kunsthandwerklicher Weihnachtsmarkt statt.

Heikle Utopie

Durch einen Torbogen verbunden liegt gegenüber Hoetgers *Haus Atlantis* (1931). Der Name verweist auf die Intention des Künstlers: Das Haus stellt eine in Architektur gegossene Atlantis-Utopie dar, Ausdruck der politisch heiklen Seiten Roselius'. Er wollte Anhängern einer Germanenkultur, die Atlantis mit Helgoland verbanden (Arier als Atlanter), Räume zur Verfügung stellen. Dennoch gelten Treppenhaus und der Himmelssaal im Obergeschoss als einer der Höhepunkte der deutschen Architektur der Zwischenkriegszeit: Glasbausteine und Stahlbeton sind die prägnanten Baumaterialien.

Weserinsel und Neustadt
Viertel im Umbruch

Ein Spaziergang über die Weserinsel hinüber zur Neustadt, wo Traditionen ebenso das Bild bestimmen wie eine junge Kulturszene.

Die Tour startet an den vier alten Speichern, die seit 1991 die Weserburg – Museum für Moderne Kunst beherbergen. Der Name *Teerhof* erinnert daran, dass hier im Mittelalter Schiffe gebaut und deren Fugen mit Teer abgedichtet wurden. Von hier bietet sich ein schöner Blick über die Weser auf die Bremer Altstadt mit Schlachte, Martinikirche und den Spitzen des Doms.

Auf der Seite der Insel, die der Altstadt zugewandt ist, geht es unter der Wilhelm-Kaisen-Brücke hindurch in die Werderstraße. Hier steht zur Weser hin das Denkmal für Ludwig Franzius. Es erinnert an

den Wasserbauingenieur, der die Weserkorrektion durchgeführt hatte, mit der die Fließgeschwindigkeit des Wassers erhöht wurde. Wo die Werderstraße in den Kuhhirtenweg übergeht, halten Sie sich rechts und gelangen auf die andere Seite der Weserinsel. Dort führt eine Fußgängerbrücke an das Neustadt-Ufer. Hier gehen Sie hinunter zum Buntentorsteinweg und nach links. Wer erahnen möchte, wie die Zigarrenmacher hier einst in einfachsten Verhältnissen lebten, sollte einen Blick in den Dunkakshof mit seinen winzigen Reihenhäusern werfen.

Nun heißt es umkehren und durch den Deichschart noch einmal zurück auf den Weserdeich, bis der Tom-Pad zur Städtischen Galerie führt. Direkt am Buntentorsteinweg erinnert das Restaurant und Café filosoof im Sudhaus ebenfalls an die alte Brauerei. Das Essen: regional, saisonal, nachhaltig und ein bisschen crossover – und dazu gibt's Craft-Biere und Bioweine. Von hier geht es rechts den Buntentorsteinweg hoch bis zum Theater am Leibnizplatz. Über den Neustadtswall, dem Verlauf der ehemaligen Stadtbefestigung ein Stück folgend, dann über Piersigweg und Große Krankenstraße geht es zum Neuen Markt. Von den alten Gasthöfen der Fuhrleute ist nichts mehr erhalten, doch eine Besonderheit gibt es: den Kleinen Roland von 1737.

Höhe Deichschart führt eine kleine Brücke von der Neustadt hinüber auf die Weserinsel – belebt bei Spaziergängern, Joggern, Skatern – und weit zum Strand ist es auch nicht.

An die Zigarrenmacher erinnert am Buntentorsteinweg ein Denkmal von Holger Voigts – der karge Betonsockel ist beliebte Plattform für andere ›Künstler‹.

Das Viertel

Wo man die Bremer Häuser trifft

Auf der Suche nach dem typischen Bremer Haus? Dann müssen Sie ins ›Viertel‹! So nennen die Bremer die Straßenzüge, wo sich die beiden Stadtteile Ostertor und Steintor treffen. Das ›Viertel‹ ist außerdem bunt und entlang seiner Hauptschlagader, dem Ostertorsteinweg (O'Way), auch schmutzig und laut, in den Seitenstraßen mit den typischen Bremer Häusern aber ruhig.

Das Viertel hat seinen Szenecharakter den 1970er- und 80er-Jahren zu verdanken, als leer stehende Häuser und Lager instandgesetzt wurden. So auch das heutige Kulturzentrum Lagerhaus, wo das Kulturfest Breminale seinen Ursprung hat. Nachdem zunächst Studenten und die alternative Szene das Viertel dominierten, wandelte es sich zur Wohnadresse des Mittelstands. Der Wohnraum wird teuer, die Studenten orientieren sich neu. An der Sielwall-Kreuzung trifft man immer noch Dealer und Junkies und der O'Way insgesamt besticht noch immer nicht mit schmuck-adretten Fassaden.

So ist er, trotz seiner Läden, bis heute keine glitzernde Einkaufsmeile. Hier finden Sie Schräges und Skurriles neben alteingesessenen Betrieben, Supermärkte neben Feinkost- und Weinangeboten, preis-

Ein kleiner Ökomarkt, Lokale, Läden … Fahrräder – Viertelflair am Ulrichsplatz

werte neben Edelmode, Dönerbuden neben Bistros, Kneipen und Restaurants – und Reminiszenzen an alte Zeiten.

Viertelflair

Ein Gefühl für die Viertel-Atmosphäre gewinnen Sie am Ulrichsplatz. Setzen Sie sich in bzw. vor die In-Locations Engel WeinCafé oder GianBastiano (Italienisches frisch zubereitet). Oder Sie gehen ins Litfass. Hier ist es fast wie in den 1970er-/80er-Jahren – ein bisschen heruntergekommen, verraucht, aber gut für einen Kaffee, Tee oder ein Bier. Im Sommer sitzt man auf dem Platz. Dienstag- und Freitagnachmittag verstärkt hier ein kleiner Ökomarkt das Flair. Und wenn Sie in die winzige Bernhardstraße einbiegen, entdecken Sie eine kleine Disco: In den 1960er-Jahren war die Lila Eule nicht nur ein Jazzlokal, hier politisierte auch Rudi Dutschke, hier versammelte sich die linke Szene.

Zu einem Viertelbummel gehört aber auch ein Besuch im Holtorfs Heimathaven, dem neuen Namen von Wilh. Holtorf Colonialwaren, dem 1874 gegründeten Laden mit seiner Jugendstileinrichtung von 1903.

Auf alle Fälle lohnen die Seitenstraßen Abstecher, denn nur so erschließt sich das Viertelflair in seiner Gesamtheit. Warum also nicht bewusst auf der Spur (Alt-)Bremer Häuser wandeln?

Bremer Häusern auf der Spur

Typisch für ein Bremer Haus sind ein der Straßenaufschüttung geschuldetes Souterrain (als volles Sockelgeschoss nach hinten in den Garten ragend) mit Küche und Vorratskeller, ein Hochparterre mit drei Zimmern, davon zwei durch Schiebetüren verbunden, sodass ein großer Raum von der Straßen- bis zur Gartenseite entsteht, ein erster Stock mit den Schlafzimmern und ein Dachgeschoss mit weiteren Zimmern. Der Haupteingang, dem häufig ein Wintergarten mit großen, in Eisen gefassten Glasflächen vorsitzt, liegt üblicherweise im Hochparterre.

›Reihenvilla‹ in der Kohlhökerstraße

Nur einen Katzensprung vom O'Way entfernt liegt der nur 3 m breite Landweg mit sehr einfachen, eingeschossigen Bremer Häusern (z. B. Nr. 32–34). Er mündet auf die von etwas großzügigeren Bremer Häusern gesäumte Rutenstraße.

Diese trifft auf die Kohlhökerstraße. Die ärmlichen Behausungen der hier früher ihr Dasein fristenden Kohlhöker wurden von herrschaftlichen, nicht ganz typischen Bremer Häusern verdrängt. Mir fallen immer wieder das Haus Nr. 19 von 1861 ins Auge – ein großzügiges Stadthaus mit üppigen Stuckaturen – und die prächtigen Häuser Nr. 52–54 aus den 1870er-Jahren. Ältestes der denkmalgeschützten Häuser ist die Nr. 62 aus dem Jahr 1846.

> ### DIE ILLUSION GROSSZÜGIGER FASSADEN
>
> Die Geschichte des (Alt-)Bremer Hauses begann im 19. Jh. Bremer Kaufleute hatten Geld und investierten in den Wohnungsbau. Meist wurden ganze Straßen(züge) von ein und demselben Unternehmer in einheitlichem Stil gebaut. Da dieser auch die Straßen als solche auf eigene Rechnung anlegen und aus Gründen des Hochwasserschutzes sowie wegen des hohen Grundwasserspiegels aufschütten musste, war sein Interesse groß, eine optimale Flächenausnutzung zu erzielen. Mietskasernen waren in Bremen ebensowenig erlaubt wie eine Hinterhofbebauung. Die Lösung: schmale, teils ein-, teils mehrgeschossige Reihenhäuser, tief in die Grundstücke hineingebaut. Um Monotonie entgegenzuwirken, wurde u. U. die Fassadengestaltung variiert: unterschiedliche Details, ab und an eine spiegelsymmetrische Anordnung zweier Nachbarhäuser oder die Illusion großzügiger Fassaden in einer Zeile von sechs oder acht Häusern.

In fremden Betten

Zwischen Tradition und Individualität

Sie müssen nur wissen, wo und wie Sie Ihr Haupt zur Ruhe betten möchten. Nah am Getriebe des Viertels oder der Schlachte, etwas ruhiger mit dem Charme hansestädtischer Gediegenheit, individuell in künstlerischer Atmosphäre – oder sich doch vielleicht von Wellen in den Schlaf wiegen lassen?

In Bremen ist inzwischen das Gros der internationalen Ketten vertreten. Die Hoteliers haben das Potenzial der Stadt erkannt und in verschiedenen Segmenten ihre Häuser eröffnet. Daneben haben sich in den vergangenen Jahren modern designte Newcomer etabliert, nach dem Motto ›Budget, aber hip‹, die durch Lage, Gestaltung und Preis überzeugen, aber eine wirklich persönliche Note missen lassen. Spannender sind da individuelle Apartments, kleine Refugien, geschaffen und betrieben insbesondere von Künstlerinnen oder in der Kunst- und Kulturszene engagierten Frauen, oder eine Übernachtung mit Wellengang.

Das Schöne: Viele Unterkünfte finden sich im Innenstadtbereich, sodass Sie viele Sights zu Fuß (oder per Rad) erreichen können. Und etwas vom Zentrum entfernt liegende Unterkünfte sind zumeist dank Straßenbahn nur Minuten vom Stadtzentrum entfernt.

Weniger schön: die Tourismusabgabe bei nicht beruflich bedingten Übernachtungen in Höhe von 5 % des Übernachtungspreises.

Wer das Erlebnis Stadt am Fluss komplettieren möchte, kann in Bremen an Bord übernachten.

Satt & glücklich

Pinkel!? Hör und les ich richtig?

Im Winter, da schaudert's den Ortsfremden beim Blick auf Bremer Speisekarten, steht da doch (Braun-)Kohl und – Pinkel! Nicht das einzige deftige Traditionsgericht, das die hiesige Küche kennt.

In Bremen kommt der Braunkohl (Grünkohl, Krauskohl) mit Pinkel (Grützwurst mit Rindertalg/Schweineschmalz, Speckstückchen, Pfeffer, Salz, Nelken, Piment), Speck, Kassler(nacken) und Mettenden (grobe, geräucherte Kochwurst) auf den Tisch. Deftig, fettig – definitiv nichts für Vegetarier.

Doch sei's drum, die Bremer Gastroszene ist bunt – von Bratwurststand und Dönerbude über Multikulti- und Szene- bis zum Edellokal. Auch fehlt's nicht an Vegetarischem, Veganem – und Fisch. Bremen hat ein breites Spektrum an Imbissen und Imbisslokalen: typisch deutsche mit Bratwurst und mehr, die üblichen Verdächtigen der Burger-Kultur, asiatische und nicht zuletzt griechische bzw. türkische. Nur Sterneküche gibt es nicht (mehr).

Kaum scheint die Sonne, genießen die Bewohner des ›kühlen Nordens‹ die angenehmen Temperaturen und sitzen im Freien: auf dem Marktplatz, an der Schlachte oder im Bürgerpark … Mittlerweile finden sich stadtweit Restaurants, Kneipen und Cafés mit Terrassen oder zumindest ein paar Tischen vor der Tür. Der Norden wird mediterran.

Essen und Feiern am Europahafen

Schräg, alternativ, chic

Es gibt da so ein Vorurteil: Wer in Bremen wohnt und shoppen will, muss nach Hamburg fahren. Stimmt nicht! Sie müssen nur wissen, was und wo. Oder sich einfach treiben und überraschen lassen.

Zugegeben, das ›Viertel‹ irritiert: keine Fußgängerzone, dafür Verkehr, keine cleane Einkaufsmeile, dafür eine spezielle Atmo zwischen chaotisch, graffitigeprägt, alternativ und sub. Hier sitzen neben alteingessenen Geschäften pfiffige Modeboutiquen gemixt mit Schuh-, Schmuck- und anderen Lädchen für jeden Geldbeutel und jeden Geschmack: von abgefahren über einfach nur schräg bis edel. Und im nahen Fedelhören gesellt sich zu den Antikläden immer mehr Mode – zumeist von Bremer Modeschöpferinnen. Irgendwie passt das – Bremen, zwischen (kleiner) Groß- und Weltstadt. In der Modeszene tut sich was.

Falls Schmuddelwetter herrscht (das ist weniger oft der Fall, als mancher meint), können Sie auf die Einkaufspassagen in der City zurückgreifen: Katharinenklosterhof und Domshofpassage oder die Straße Am Wall mit teils überdachten Bürgersteigen. Und dann wär da noch die Waterfront – das Einkaufszentrum im Norden der Überseestadt, dessen Äußeres an ein gelandetes Ufo erinnert. Hier gibt's zwar nur die üblichen Kettenläden, aber von Mode bis Krimskrams bekommen Sie (fast) alles.

Rau, herzlich, loungig

Bremen ist halt eine kleine Großstadt in Norddeutschland. Es gibt keinen Fado wie in Portugal, keine Tradition von Tapasbars, kein Bummeln auf der Rambla, kein abendliches Promenieren. Doch auch die Bremer lieben es, auszugehen und zu feiern.

Abends ist man/frau an der Schlachte unterwegs und in der einen oder anderen Seitenstraße. Hier gibt's Bars und Restaurants, Bierkneipen und im Sommer Biergärten direkt oberhalb der Weser. Im Kommen ist die Überseestadt mit den Lokalen im Bereich des Wesertowers oder entlang des Europahafens. Und im Viertel, insbesondere im Bereich zwischen Ulrichsplatz und Sielwall und umzu, brodelt abends ebenfalls das Leben. Wobei Sie hier immer wieder hören werden, dass es doch die Schlachte ist, die das Ausgehvolk abwirbt. Nicht zuletzt seitdem die Feiermeile Auf den Höfen der Vergangenheit angehört. Die Mischung ist bunt, von rau, aber herzlich im Eisen, über alternativ angehaucht im Litfass oder Kuß Rosa, bluesmäßig im Meisenfrei bis chic-loungig im Chilli oder Soho Club.

Und wenn Traditionsevents anstehen, die Bremer Sixdays im Januar, der Freimarkt im Herbst oder Festivals wie La Strada oder Breminale, dann gehen die Bremer so richtig aus sich raus. Dann tobt etwa der Bär in der ÖVB Arena (Sixdays) und in den Zelten während des Freimarkts.

Einkaufsstraße mit Sauen (Söge/Soghe) – die Sögestraße

Abends im ›Viertel‹

Warum Danzig?

Spannendes Dreigestirn

Wussten Sie, dass Danzig eigentlich Teil einer sogenannten Dreistadt ist? Dazu gehören die historischen Hanseviertel am Fluss, ein quicklebendiger Badeort und eine moderne Hafen-City: Danzig, Sopot und Gdynia – ein spannendes Dreigestirn. Während man in Danzig feine Architektur aus 1000 Jahren erlebt, überrascht Gdynia mit reinem Bauhausstil und einem maritimen Ambiente, und im Bade- und Kurort Sopot können Sie lange Strandwanderungen unternehmen und sich in die Fluten der Ostsee stürzen.

Schön homogen: Häuserzeilen und Dachlandschaften in Danzig

Eintauchen in die Hansezeit

Danzigs größter Schatz ist das alte Hanseviertel. Auf Schritt und Tritt erleben Sie, dass der Hafen einst einer der wichtigsten Europas war. Besonders auf dem Langen Markt, und hier vor allem abends, wenn die Fassaden im Licht der Laternen tanzen, fühlt man sich in eine ferne Vergangenheit versetzt.

Mottlau und Krantor

Danzig auf einen Blick

Willkommen in der Dreistadt, Polens schönster Ostseemetropole! Sie erstreckt sich über 35 Kilometer längs einer großen Bucht, die vom historischen Danzig über den Badeort Sopot bis zum modernen Gdynia reicht. Die meisten Besucher landen am Flughafen in Rębiechowo, der neun Kilometer westlich von Danzig liegt. Wer mit dem Zug bzw. Bus ankommt, ist noch näher dran und läuft nur wenige Schritte ins historische Zentrum.

DAS HISTORISCHE DANZIG

Die Stadt Danzig liegt an der Mottlau, einem Seitenarm der Weichsel. Touristen beschränken sich meist auf das ›historische‹ Danzig, das sich gut zu Fuß ablaufen lässt. Es liegt größtenteils westlich des Flusses und besteht aus der verkehrsberuhigten Rechtstadt, der Altstadt, der Speicherinsel und der Alten Vorstadt. Das Vorzeigejuwel ist die Rechtstadt (Główne Miasto), die ›rechte‹, d. h. ›richtige‹ Stadt, wo Kultur und Architektur aus 1000 Jahren vereint sind. Bis zum heutigen Tag strahlt sie den Glanz ihrer ›goldenen Epoche‹ aus: Hier wohnten reiche, meist deutsche Kaufleute, die sich repräsentative Residenzen, Kirchen und Festhäuser leisteten.

An die Rechtstadt schließt sich nordwärts die Altstadt (Stare Miasto) an. Sie war schon vor dem Jahr 1000 bewohnt und ist damit älter als die Rechtstadt, aber nicht so repräsentativ wie diese. Vor allem slawische Handwerker und Fischer lebten hier – mit eigenem Rathaus, Kirchen und Klöstern. Anders als die Rechtstadt wurde die Altstadt nach dem Zweiten Weltkrieg nicht im Maßstab 1:1 neu errichtet – dafür reichte das Geld leider nicht. In den letzten Jahren entstanden hier ein paar spektakuläre Museen.

Auch am gegenüberliegenden Flussufer ist Spannendes zu entdecken. Zwischen Alter und Neuer Mottlau liegen die 1945 ausgebombten Schatzkammern der Stadt, die Bleihofinsel (Ołowianka) und die Speicherinsel (Spichlerze). Sie erleben derzeit eine Renaissance: Der fertiggestellte Jachthafen liefert die Kulisse für schicke Hotels und Restaurants, die Philharmonie und das Nationale Maritime Museum. Ähnliches ist für die Speicherinsel geplant, deren ›lebendige

Danzig aus der Vogelperspektive   *Danzig vom Kanu aus erleb[t]*

Ruinen‹ in eine moderne Architektur eingebunden werden sollen. Nur wenige Schritte entfernt, aber durch die viel befahrene Podwale Przedmiejskie getrennt, liegt die Alte Vorstadt (Stare Przedmieście). Besucher zieht es hier vor allem ins Nationalmuseum, eine Schatzkammer alter Kunst mit Hans Memlings Gemälde »Das Jüngste Gericht«, einem Meisterwerk des 15. Jh.

DANZIGS VORORTE

Der 3 km entfernte Vorort Wrzeszcz ist mit Bus oder Tram schnell erreicht. Hier hat die Danziger Universität ihren Sitz. Studenten freuen sich über das noch immer niedrige Mietniveau und genießen das Nachtleben in szenig-schrägen Lokalen. Mit seinen Mega-Malls (Manhattan, Galeria Bałtycka) ist Wrzeszcz auch ein wichtiges Einkaufsviertel für die gesamte Dreistadt. Über die Aleja Grunwaldzka geht es weiter zum Villenvorort Oliwa (Oliva), der für seine prächtige Kathedrale, Museen in historischen Räumen, Parkanlagen und Polens schönsten Zoo bekannt ist. Per Wasserstraßenbahn oder Ausflugsschiff gelangen Sie nach Nowy Port (Neufahrwasser) mit der Halbinsel Westerplatte und der auf einer Flussinsel gelegenen Festung Weichselmünde.

Westlich von Nowy Port, bei Brzeźno (Brösen), beginnt ein Paradestrand, der sich – von einer Promenade begleitet – volle 17 Kilometer bis Gdynia erstreckt. Der einstige Fischer- und Badeort wird zurzeit aufgehübscht – kein Strand liegt näher an der Recht- oder Altstadt! Noch immer Tristesse herrscht dagegen in den angrenzenden Plattenbauvierteln Przymorze und – trotz der Graffitifassaden – Zaspa (Saspe).

SOPOT – BADEN & FEIERN

14 km nördlich von Danzig liegt Sopot, das sich Polens schönstes Seebad und dank seiner Quellen auch Kurort nennen darf. Es bietet einen herrlichen Sandstrand, verspielte Villen und Top-Hotels mit Spas. Sopot ist freilich nicht nur Bade- und Erholungsort. Mit legendären Clubs und Pubs ist es zugleich ein Hotspot der Nachtszene. Erreichbar ist Sopot mit dem Stadtzug SKM vom Danziger Hauptbahnhof oder mit der Wasserstraßenbahn.

GDYNIA – TOR ZUR WELT

Polens ›Tor zur Welt‹ liegt 10 km nördlich von Sopot. Die Stadt Gdynia ist das Gegenbild zum historischen Zentrum – historische Stile wie Gotik, Renaissance und Barock sucht man hier vergebens. Stattdessen wird verwirklicht, was als modern gilt: So war es schon vor hundert Jahren, als Gdynia in den Formen des Bauhauses entstand, und so ist es noch heute, da sich Gdynia mit Palästen aus Glas und Stahl neu erfindet. Bislang wird es von nur wenigen Besuchern angesteuert. Wer hier Urlaub macht, kann deshalb in einen entspannten polnischen Alltag eintauchen.

5 Touren durch Danzig

Im Centrum Archeologicznej Błękitny Lew

1. TOUR

Architektonische Entdeckungen – Von der Mottlau zur Jopengasse

Möwen kreischen, Schiffe tuckern: Rund um die schmucken Giebelhäuser genießt man das Dolce Vita an der Mottlau.

2. TOUR

Danziger Spirits – Goldwasser & Co.

Schmecke das Gold: *Na zdrowje*!

3. TOUR

Lehrstunde in Geschichte – Europäisches Zentrum der Solidarität

Die Werft, von der aus Lech Wałęsa die Arbeiterstreiks gegen den Sozialismus anführte, wird zu einer jungen Stadt.

4. TOUR

Wellness an der Küste – Ins Seebad Sopot

Der Badeort Sopot gilt als *the place to be*: Wer Geld hat, verbringt hier den Sommer an der Ostsee.

5. TOUR

Maritime Traditionen – In Gdynia

Neben Brasilia und Tel Aviv hat Gdynia die meisten Gebäude im Bauhausstil. Für Gdynia, ›Polens Tor zur Welt‹, war das Beste gerade gut genug.

Von der Mottlau zur Jopengasse
Architektonische Entdeckungen

Es erwarten Sie stimmungsvolle Gassen mit krummem Kopfsteinpflaster und Giebelhäusern aus Gotik und Renaissance. Die einstigen Besitzer, allesamt reiche Danziger Kaufleute, ließen nichts unversucht, um ihre schmalen Residenzen herauszuputzen. Die besten Steinmetze schufen für sie filigrane Fensterfassaden und opulente Reliefs, Freitreppen und terrassenartige Beischläge. Heute können Sie in fast jedes Haus eintreten – Läden und Lokale machen's möglich.

Golden glänzt die Mottlau in der Abendsonne, der Fluss, dem auch Danzig sein Gold verdankte. Hier am Kai lagen die Getreidefrachter aus Pommern; deren Ladung machte die Kaufleute der Stadt reich.

> DANZIG IST EIN BUCH.
> EINE STADT MIT VIELEN SEITEN.
> EIN BUCH, DAS AUFMERKSAME LEKTÜRE VERLANGT.
> EINE STADT MIT VIELEN ERZÄHLERN.
> EIN BUCH IN MEHREREN SPRACHEN.
> EINE STADT WIE EIN BUCH.
>
> Peter Oliver Loew

Alle zieht es zum Wasser und auch die Gassen der Rechtstadt sind zum Fluss ausgerichtet. Sie verlaufen parallel in Ost-West-Richtung und sind an beiden Enden gesichert: zum Land hin mit Bastionen, zur Mottlau hin mit mächtigen Toren. Vor den Toren verläuft die Lange Brücke, eine Promenade, die vom Grünen Tor bis zum Fischmarkt reicht. Hier weht eine frische Brise, Möwen kreisen und Schiffe tuckern übers Wasser. Jahrhundertelang war die Lange Brücke Danzigs Hafen, heute liegen hier Ausflugsschiffe, Wassertaxis und ›Piratensegler‹ vor Anker. Man flaniert und fotografiert, kauft sich ein Fischbrötchen oder nimmt Platz in einem der Terrassenlokale. Die Giebelhäuser sind eine Augenweide – eines ist schöner als das nächste. Wahrzeichen der Langen Brücke ist das mittelalterliche Kranto, Teil des Maritimen Museums.

Romantische Frauengasse

Ein paar Schritte weiter bietet das Frauentor Zugang zur Frauengasse. Sie liegt im Schatten der Marienkirche, ein Refugium, in dem man sich in die Vergangenheit zurückversetzt fühlt. Sie strahlt so viel hanseatisches Flair aus, dass Thomas Manns Roman »Buddenbrooks« nicht am Originalschauplatz Lübeck, sondern hier verfilmt wurde.

Gleich zu Beginn spazieren Sie durch ein Spalier von Bürgerhäusern, die mit ihren reich geschmückten Beischlägen weit auf die Straße ausgreifen. Sie sind mit Granitkugeln, Reliefs und Wasserspeiern geschmückt, Freitreppen führen hinauf zu Terrassen. Seitlich der Treppen, wo man einst in Weinkeller und Warenlager hinabstieg, ducken sich heute Galerien und kleine Bernsteinateliers. Einen fantastischen Blick auf die Gasse bietet der Turm des Archäologischen Museums: Aus 30 m Höhe schauen Sie in die ›Puppenstube‹. Im Renaissancebau entdecken Sie Funde aus dem altslawischen Danzig, darunter ein 3000 Jahre altes, winziges Bernsteinpferdchen.

Nördlich der Marienkirche

Über die ul. Plebania, eine dunkle Passage zwischen Marienkirche und Pfarrei, gelangen Sie zur Königlichen Kapelle. Mit ihrer roten, verspielten Fassade und mehreren Kuppeln strahlt sie Leichtigkeit aus. 1681 ließ sie der polnische König Jan III. Sobieski von seinem Hofarchitekten Tylman van Gameren für die katholische Minderheit Danzigs errichten.

Leichtigkeit versprüht auch der Brunnen der vier Löwen. Ein großes vierfarbiges Steinquadrat soll die historischen Viertel der Rechtstadt symbolisieren. Flankiert wird es von Danzigs Wappentieren, vier großen Löwen. Aus 24 Düsen schießen im Minutentakt Wasserfontänen – eine Sommergaudi nicht nur für Kinder!

Drei Schritte weiter entdecken Sie die Günter-Grass-Galerie. Hier werden Grafiken und Skulpturen des in Danzig geborenen Autors ausgestellt, die beweisen, dass er zugleich ein interessanter bildender Künstler war. Auch die nahe gelegene Nikolaikirche hat er kommentiert: »Vom Dominikanerkloster ist nur die düstere Nikolaikirche übriggeblieben, deren innere Pracht ganz auf Schwarz und Gold beruht; ein Nachglanz einstiger Schrecken.« Von außen eine abweisende Festung, ist sie innen ein Tempel der Fülle. Wohin man schaut, in Gold getauchte Altäre, dunkler Marmor und Schummerlicht. Von frommen Seelen angebetet wird die Marien-Ikone im nördlichen Schiff, die – ebenso wie viele Neu-Danziger – aus der heutigen Westukraine stammt. Als diese 1945 in die Stadt kamen, war die Nikolaikirche das einzige Gotteshaus, das das Flammeninferno unversehrt überstanden hatte. Doch noch aus einem anderen Grund verkörpert sie die Tradition: Seit 1227 gehört sie den Dominikanern. Von deren ehemaligem, 1813 abgebranntem Kloster erhielt sich der Turm des hl. Hyazinth, der einst den Namen »Kiek in die Kök« besaß (Plattdeutsch »Schau in die Küch«): Aus 36 m Höhe blickten die Turmwächter in die Töpfe der benachbarten Dominikanerküche.

Mit ihren Portalen, Giebeln und Maßwerkfenstern und der verspielten Eisenkonstruktion erinnert auch die Markthalle an ein Gotteshaus. Jüngste Ausgrabungen belegen, dass sie tatsächlich auf den Fundamenten einer romanischen, längst vergessenen Kirche erbaut ist. Die freigelegten Ruinen wurden mit Plexiglas überdeckt, sodass Besucher in die älteste Zeitschicht des Gebäudes hinabsinken können.

Den Abschluss der ul. Piwna (Jopengasse) bildet das Große Zeughaus, das einstige Waffenarsenal. Mit seiner Backsteinfassade wirkt es freilich eher wie ein Palast – ein Prachtwerk des Manierismus. Während in die Obergeschosse die Kunsthochschule eingezogen ist, steht die fantastische Gewölbehalle im Erdgeschoss leer.

Danzigs Markthalle erinnert an eine Kathedrale, immerhin steht sie auf den Fundamenten einer romanischen Kirche. Man stöbert hier nach Mode, Kosmetik, Lifestyle; im Untergeschoss gibt's polnische Spezialitäten.

Die hoch angesetzten Beischläge entstanden im 16. Jh. aus Angst vor Überflutung. Bald lernte man sie aber aus anderen Gründen schätzen: Sie waren ein idealer Ort der Kommunikation – hier sprach man mit den Nachbarn und empfing Besucher. Johanna Schopenhauer, Autorin und Mutter des gleichnamigen, 1788 in der Stadt geborenen Philosophen schreibt: Durch die Beischläge habe Danzig »ein fast südliches Ansehen gewonnen … Ein großer Teil des häuslichen Lebens wurde mit unglaublicher Offenherzigkeit, fast so gut als auf freier Straße, betrieben«.

Goldwasser & Co.
Danziger Spirits

Das gibt's selten: Ein aus exotischen Gewürzen raffiniert durchkomponierter Likör, dem erst Flitter von 22-karätigem Rauchgold die richtige Konsistenz und Couleur verleihen! Vor über 400 Jahren wurde er erstmals gebrannt und erwies sich sogleich als Bestseller: Das Goldwasser passte zu Danzigs goldener Zeit! Heute können Sie an mehreren Orten dem ›glitzernden Gesüff‹ nachspüren.

Manch ein Besucher mag gesundheitliche Bedenken haben, schwimmende Goldblättchen zu schlucken. Vielleicht sagt er sich auch »Schade um das schöne Gold« ... Doch den reichen Bürgern der Kaufmannsstadt waren solche Bedenken fremd, die Geste der Verschwendung gehörte zum Alltag. Dies war schon im ausgehenden 16. Jh. so, als Ambrosius Vermoellen nach Danzig kam: ein aus Flandern geflüchteter Mennonit. Er hatte im Gepäck allerlei Rezepturen für Spirituosen dabei und begann 1598 mit der Herstellung von Likören. Er wählte kostbare Spezereien, wie es sie nur in einer Handelsstadt wie Danzig gab: Macis und Pomeranzenschalen, Kardamom, Koriander und Wacholderbeeren, dazu einen weichen Anisschnaps.

Sie schmecken das Gold nicht? Macht nix, die Kräuter allein sind schon lecker!

Manufakturen und Probierstuben

Der Siegeszug des Goldwassers setzte freilich erst im 18. Jh. ein: In einem Haus, dessen Fassade ein Fisch ziert und das deshalb Haus zum

Sehr gediegen im Alt-Danziger Stil – das Restaurant zum Lachs

Lachs heißt, begann Isaak Wedling 1708 mit der Herstellung des Likörs. In der gleichen Straße werden in der ›Goldwasser Manufaktura‹ von Hand geformte Pralinen mit Goldwasser gefüllt. Ein hervorragender Ort, um die Leckereien zu probieren, ist der Goldwasser Coffee Shop. Vom schmalen Café auf dem Langen Markt nehmen die meisten nur die Terrasse wahr. Doch gehen Sie hinauf in den ersten Stock, können Sie sich in einen kleinen, eleganten Salon zurückziehen. Oder Sie gehen ins Restaurant Goldwasser, nehmen auf der Uferterrasse Platz und lassen die Schiffe an sich vorbeiziehen.

Europäisches Zentrum der Solidarität
Lehrstunde in Geschichte

Am historischen Ort von Massenstreiks, auf der ehemaligen Lenin-Werft, erzählt das Zentrum der Solidarität von der Revolte der Arbeiter gegen den Sozialismus. Im modernen Bau am Eingang zu Danzigs Werftgelände wird die Zeit des Umbruchs – mit historischem Film- und Fotomaterial, Alltagsinstallationen und Toncollagen – wieder lebendig. Anschließend spaziert man über das Werftgelände, das sich eines Tages in eine Hansa-City verwandeln soll.

Unübersehbar erhebt sich das Denkmal der gefallenen Werftarbeiter. Drei 42 m hohe, in Stahl gegossene Kreuze erinnern an die über 45 Menschen, die bei Streiks im Dezember 1970 erschossen wurden. Neben dem Denkmal öffnet sich das Tor, dessen Bild zehn Jahre später um die Welt ging: hinter Gittern verbarrikadierte Werftarbeiter, der Anführer des Streiks, Lech Wałęsa, mit der Madonna am Jackenrevers. Die nach den Streiks gegründete Gewerkschaft Solidarność gewann binnen weniger Monate 10 Mio. Mitglieder und setzte nach Verhängung des Kriegsrechts (Dez. 1981 bis Juli 1983) ihre Arbeit im Untergrund fort. Als sie wieder zugelassen wurde, spielte sie eine entscheidende Rolle bei der gesellschaftlichen Umwälzung Polens. Mit der Einführung des Kapitalismus unterlag die Werft der Billigkonkurrenz aus Asien, mit ihrer Stilllegung verloren Tausende Arbeiter ihren Job.

Europäisches Zentrum der Solidarität

Nun soll auf dem 73 ha großen Gelände der Werft eine ›Junge Stadt‹ entstehen. Fertiggestellt ist das Europäische Zentrum der Solidarität. In dem rostroten, an einen Schiffsrumpf erinnernden Riesenbau wird der Untergang der Sozialistischen Volksrepublik vorgestellt, von der ›Geburt der Solidarität‹ über den ›Alltag in Volkspolen‹ und den ›Kriegszustand‹ bis zum ›Polnischen Papst‹. Anhand von Filmausschnitten, Flugblättern und Installationen wird die Atmosphäre der Jahre 1980–90 lebendig. Immer wieder überrascht die Inszenierung, so werden Doku-Filme auf Schutzhelme oder auf Kantinentische projiziert. Nicht fehlen darf das Holzbrett, auf das die Arbeiter in Krakelschrift jene Fordungen pinselten, die zur Gründung der ersten freien Gewerkschaft Polens führten – heute sind sie ein UNESCO-Weltkulturerbe. Sie betreten die originalgetreue Replik jenes Raums im Präsidentenpalast, in dem 1989 die entscheidenden Gespräche zwischen Regierung und Opposition stattfanden – hinter dem Runden Tisch grüßt ein raumhoher Mazowiecki, Polens späterer Premier. Dann fahren Sie im Panoramalift zur Aussichtsplattform in 30 m Höhe und überschauen den Originalschauplatz.

Die brachliegenden Werftflächen sollen nach dem Vorbild der Londoner Docklands in schicke Stadtquartiere verwandelt werden. Dazu passt es, dass im Vorfeld dieser Entwicklung die Ex-Werft die Aura von Schweiß, Stahl und Streik abstreift und von einem Arbeiter- zu einem Kulturort avanciert.

Jaruzelski verhängt das Kriegsrecht – die Videoinstallation zeigt die Fernsehbilder in Endlosschleife.

Ins Seebad Sopot

Wellness an der Küste

Nach dem Sightseeing in Danzig entspannt man sich im 12 km nördlich gelegenen Sopot: Mit erstklassigen Strandhotels, Seesteg und Marina, mit Nord- und Südbad, Kurhaus und Waldoper ist Sopot so attraktiv wie in der Belle Epoque, als sich hier Erb- und Geldadel die Klinke in die Hand gab. Manche sagen, heute sei es noch schöner …

Seinen Aufstieg verdankt der Badeort Sopot Napoleons Leibarzt Jean George Haffner. Der ›lustige französische Doktor‹ wollte, wie er schrieb, »in der paradiesischen Gegend eine Seebadeanstalt begründen, die allen Anforderungen der Arzneikunde, des Geschmacks und des Vergnügens entspricht«. Wer es sich leisten konnte, ließ sich hier bald eine Sommervilla in Bäderarchitektur bauen – mit Erker, Turmausguck und Glasveranda. Auch heute gilt Sopot als *the place to be:* Wer Geld hat, poliert eine alte Villa auf und verbringt hier den Sommer.

Monciak und Mole

Mittelpunkt von Sopot ist die Flaniermeile Bohaterów Monte Cassino, sie führt von der Kirche nahe dem Bahnhof zum Meer hinab und ist von Terrassencafés gesäumt. Ein Hingucker ist das Schiefe Haus (Nr. 53), eine von Gaudí inspirierte Einkaufspassage. Fast am Meer weitet

Komm, wir fahren ans Meer auf den weißen Steg von Sopot! Die Meerbrise frischt Kopf und Körper auf.

sich die Flanierstraße zum Plac Zdrojowy, der vom pompösen Kurhaus abgeschlossen wird. Dieses wurde 2012 erbaut und zitiert mit seiner strahlenden Fassade, Rundfenstern und kuppelgekrönter Rotunde den im Krieg zerstörten Vorgänger. Im Kurhaus können Sie die Staatliche Kunstgalerie besuchen, die auf mehreren Etagen attraktive Ausstellungen zeigt.

In Verlängerung der Promenade ragt eine hölzerne Seebrücke aufs Meer, mit 512 m die längste der Ostsee. Auf ihr nimmt man ein Sonnenbad oder wirft den Schwänen Brot zu, schlürft Cocktails im Café oder besteigt ein Ausflugsschiff. Von der Marina am Molenende lässt sich Sopots Küste wunderbar überblicken! Zu beiden Seiten der Brücke erstreckt sich ein herrlich weißer Sandstrand. Er wird auf einer Länge von 10 km von einer Promende für Spaziergänger und Radfahrer gesäumt. Diese verläuft im dichten Grün alter Bäume; landeinwärts stehen in Gärten Hotels und Pensionen.

Nördlich der Mole

Neben dem Sheraton prunkt das schlossartige Grand Hotel. Seit seiner Gründung 1926 ist es der mondäne Treffpunkt der Stadt, Quartier für Promis und Politiker. Ans Grand Hotel (heute: Sofitel Grand Sopot) schließt sich das Strandtheater Atelier an (mit Bar und Café), angrenzend die ›Kunstbucht‹ Zatoka Sztuki im ehemaligen Nordbad: ein weißes Holzhaus mit Terrassencafé, der zugehörige Beach Club ist mit seinen Strandliegen und Daybeds ein idealer Ort zum Relaxen. Laufen Sie ein paar Minuten weiter, kommen Sie zum städtischen Aquapark.

Schief und krumm kann doch auch ganz schön sein – die Realität ist schließlich glatt und steif genug. Krzywy Domek nennen die Polen diesen architektonischen Hingucker.

Südlich der Mole

Südlich des Kurhauses steht der Badepalast: ein Lustschlösschen mit haubengespickten Türmchen aus dem Jahr 1904. Der mittlere, der als Leuchtturm dient, kann bestiegen werden und bietet einen weiten Blick über die Danziger Bucht. Nebenan sprudelt aus der 800 m tiefen Adalbert-Quelle Sopots Mineralwasser in den Pilzbrunnen – Sie können sich gratis bedienen! Von skandinavischen Sagen ist das Südbad inspiriert: Das aus Holz erbaute Gebäude ist mit geschnitzten Erkern, Drachen- und Greifenfiguren verziert, die steilen Knickdächer krönen spitzgieblige Türmchen. Nebenan befindet sich der kleine Südpark mit der evangelischen Heilandkirche (1919) und einem Wasserbrunnen.

Ein Stück weiter südlich entdecken Sie in einer Strandvilla das Stadtmuseum. Das Haus, 1903 für den Danziger Zuckerbaron Claassen errichtet, zeichnet Sopots Karriere vom Fischernest zum mondänen Badeort nach. Historische Fotos zeigen blasse Damen mit Sonnenhut und Kinder im Matrosenanzug. Ausgestellt sind Postkarten und Souvenirs, Hotelgeschirr mit der Aufschrift ›Miramare‹ und riesige Reisekoffer.

Längs der Küstenpromenade bieten Pagoden-Pavillons kühle Drinks und fischige Snacks. Ein besonders schöner Flecken ist die Anlegestelle der Fischer. Bunte Boote liegen im Sand, ihre Wimpel sind vom Wind zerzaust. Der Fang landet in kleinen Räuchereien (Schild: Ryby Wędzone). Hier können Sie Aal, Dorsch und Lachs kaufen und am Strand verzehren. Oder Sie kehren nebenan im Przystań Rybacki ein.

Der Leuchtturm

In Gdynia
Maritime Traditionen

Die nördlichste Stadt des Dreierbunds entstand in den 1920er- und 30er-Jahren im reinsten Bauhausstil. Doch nicht nur architektonisch ist sie interessant. Mit einem Emigrantenmuseum, dem Technologie- und Wissenschaftspark sowie dem Aquarium auf der Südmole nimmt sie auf vielfältige Art das Meer ins Visier.

Roter Backstein ist in Gdynia nicht zu finden, und auch Spuren der Gotik sucht man vergebens. Außer Brasilia und Tel Aviv gibt es weltweit keine Stadt mit einer derartigen Fülle an Gebäuden im Bauhausstil. Für Gdynia, ›Polens Tor zur Welt‹, war das Beste gerade gut genug – Architekten entwarfen eine Modellstadt, die bis heute nichts von ihrer Modernität eingebüßt hat.

Klare Formen und große Fensterfronten, Luft und Licht sorgen für hervorragende Wohnqualität. Dazu unterstreichen maritime Motive Gdynias Seecharakter: Aufbauten, die an Kommandobrücken erinnern, abgerundete Kanten, Masten und Bullaugen. Hauptachse der Stadt ist die parallel zur Küste verlaufende Świętojańska. Mit der ul. 10 Lutego kreuzt sie sich am langgestreckten Kościuszki-Platz, der sich zur Südmole verlängert. Im Schatten der Sea Towers, die zu Polens höchsten Häusern zählen, liegen alle maritimen Attraktionen nah beisammen.

Dar Pomorza – ein ›Geschenk Pommerns‹ – war viele Jahre Polens Schulschiff Nr. 1.

Südmole

An der Südmole sind drei Museumsschiffe vertäut: Die *Błyskawica* (Blitz), ein 114 m langer und 11,5 m breiter Torpedozerstörer, war das Vorzeigeschiff der polnischen Marine und nahm 1944 an der Landung in der Normandie teil. Die 72 m lange *Dar Pomorza*, ein weißer Windjammer mit 41 m hohen Masten, lief 1901 in Hamburg als »Prinz Eitel Friedrich« vom Stapel und fiel im Rahmen der Reparationszahlungen 1918 an Frankreich. Mit Spenden der Bevölkerung (Dar Pomorza = Geschenk Pommerns) wurde sie von der polnischen Regierung als Schulschiff erworben. Sie umsegelte 50 Jahre die Welt, bevor sie 1983 ihren festen Standort in Gdynia fand. Das Nachfolgeschiff hat den Namen *Dar Młodzieży* (Geschenk der Jugend) und legt nach jeder Seereise hinter der Dar Pomorza an.

Was sich unter der Meeresoberfläche verbirgt, wird im – etwas angestaubten – Aquarium vorgeführt. Das Spektrum der Seetiere reicht vom Zwergkrokodil bis zur Schildkröte, von der australischen Qualle bis zum Amazonas-Arapaima. Eine große, maßstabstreue Reliefkarte gibt Aufschluss über die Beschaffenheit des Ostseebodens. Die Südmole grenzt an den Jachthafen, geht man daran vorbei, kommt man zum Museum der Kriegsmarine. Großartig ist die Architektur, textlastig die Präsentation (nur Polnisch!). Nicht alle Besucher begeistern sich am Garten mit seinen Flugzeugen, Panzern und Kanonen.

Das von einer Bugfigur inspirierte Monument zeigt Józef Korzeniowski alias Joseph Conrad.

Strände

Sobald sich die Sonne blicken lässt, belebt sich der Stadtstrand (Plaża Śródmieście). Doch weil das Wasser im Bereich der Mole nicht immer sauber ist, wird wenig gebadet, dafür umso mehr flaniert: Eine breite Promenade startet am Stadtstrand und führt 2 km südwärts. Wie in Sopot ist sie durch einen Parkgürtel von der Stadt abgetrennt. Biker, Skater und Jogger haben hier einen Paradeparcours. Wohl nirgends in der Dreistadt geht es so entspannt zu, doch nur wenige Touristen haben diesen Flecken bisher entdeckt! Wo die Promenade an einer kleinen Mole ausklingt, beginnt der helle, wilde und kilometerlange Strand von Redłowo (Redlauer Kämpe). Fünf Kilometer verläuft er am Fuß bewaldeter Klippen bis Orłowo und weiter bis Sopot.

> ### HERZ DER FINSTERNIS
> Am Ende der Mole steht das Joseph-Conrad-Monument. Der Schriftsteller brachte wie kaum ein anderer die Sehnsucht nach dem Meer zum Ausdruck. Eigentlich hieß er Józef Konrad Korzeniowski (1857–1924), verließ als junger Mann das besetzte Polen und fuhr zur See. Mit seinem Roman »Herz der Finsternis«, den er auf Englisch verfasste, ging er in die Weltliteratur ein.

Der Stadtstrand von Gdynia ist ein wunderbar alltäglicher Ort: Man spielt Beach-Volleyball, verputzt einen Fischimbiss oder schaut einfach den Schiffen hinterher ...

Nordmole

Im ehemaligen Seebahnhof (Dworzec Morski), von dem früher Tausende in See stachen, um ihr Glück in Übersee zu suchen, entstand das Museum der Emigration. Darin werden die Biografien jener Bewohner nachgezeichnet, die Armut und Not aus dem Land zwangen. Dass die meisten in der Neuen Welt nicht das große Glück, sondern ein entbehrungsreiches Leben erwartete, wird in der Ausstellung nicht ausgespart. Schätzungsweise 20 Mio. Menschen mit polnischem Migrationshintergrund gibt es auf der Welt, als größte ›polnische Stadt‹ nach Warschau gilt Chicago.

Dobranoc – »Gute Nacht« in Danzig!

Sie müssen nicht unbedingt im Hotel wohnen! Viele Danziger folgen dem internationalen Trend und vermieten Privatzimmer und -apartments. Zur Wahl stehen Patrizierhäuser in der Rechtstadt und historische Speicher am Fluss, schicke Bauhaus-Studios in Gdynia und Strandvillen in Sopot.

Das Komfortniveau reicht von der feinen Suite bis zum Stübchen mit Familienanschluss – für jeden Geschmack und Geldbeutel ist etwas dabei. Dazu erhalten Sie von den Gastgebern oft wertvolle persönliche Tipps.

In der Dreistadt gibt es neuerdings auch viele Hostels. Die privaten Herbergen kommen dem Bedürfnis junger bzw. jung gebliebener Reisender entgegen, die sich fragen: »Wozu viel Geld für eine Unterkunft ausgeben, wenn ich ohnehin den ganzen Tag unterwegs bin?« Meist sind sie von Polen eröffnet worden, die früher selbst einmal viel gereist sind und deshalb wissen, was Traveller brauchen: ein gutes Bett und saubere sanitäre Einrichtungen, einen geeigneten Raum fürs Miteinander und eine Gemeinschaftsküche, Schließfächer für die Wertsachen und Gratis-Internet. Außer gemischt-geschlechtlichen Vielbettzimmern bieten fast alle auch etwas luxuriöser günstige Doppelzimmer mit eigenem Bad.

Anything goes! Sushi, Strandlust, Streetfood

Das Informelle blüht. Vor allem Bistro-Bars haben großen Zulauf. Egal ob sie Szynk (Schänke), Przekąski (Imbiss) oder Zakąski (Häppchen) heißen – ihr Erfolgsrezept ist stets gleich. Für einen geringen Preis wird ein hochprozentiger Shot serviert, z. B. ein Gläschen Wodka, und für die gleiche Summe gibt's ein Häppchen dazu, etwa marinierten Hering, Lachsröllchen oder ein Kanapee.

Neuerdings pilgern Danziger auch gern zu Food Trucks. Diese oft witzig gestylten Lieferwagen stehen an wichtigen Straßen und versorgen hungrige Gäste von früh bis spät mit einfacher Küche. Muka Bar z. B. bietet Veganes, während Surf Burger Fleisch serviert; Kultowe Zapiekanki setzt auf den Imbiss-Klassiker Zapiekanka (überbackene Baguette-Hälfte). Die Wagen stehen jeden Tag woanders, weshalb es sich empfiehlt, über myfoodtruck.pl ihren aktuellen Standort abzurufen. Stets finden Sie einige Food Trucks am Plac Dominikański an der Markthalle in der Altstadt.

Wer ›richtig‹ essen will, hat in der Dreistadt die Qual der Wahl. Fast alle Küchen der Welt sind vertreten, ohne dass die Popularität der polnisch-pommerschen Kost gelitten hätte. Die Polen sind traditionell Fleischesser, doch an der Küste ist naturgemäß auch Fisch angesagt.

Historisches Ambiente inklusive: Hotel Gdańsk

Die Jugend flirtet, der Pensionär schaut zu, alle treffen sich in der Bar Mleczny, den polnischen Volksküchen.

Stöbern & entdecken

Kaufrausch – Szopink über alles!

Von Armani bis Zara finden Sie in der Dreistadt dieselben Marken wie in unseren Metropolen. Mehr als ein halbes Dutzend großer Einkaufszentren lockt kauflustige Polen an. Da sie auch sonntags öffnen, hat der Klerus zu einem »Kreuzzug gegen den Konsumwahn« ausgerufen – doch die Lust am szopink (polonisiert für Shopping) lassen sich die Polen selbst von der katholischen Kirche nicht nehmen.

Die Zentren sind so dominant, dass sie kleineren Läden das Wasser abzugraben drohen. Immerhin konnten sich in der historischen Recht- und Altstadt originelle Geschäfte erhalten. Berühmt ist Danzig für sein Bernstein – 8000 Danziger schleifen jedes Jahr 200 Tonnen Bernstein! Während einige Schmuckgalerien den traditionellen Geschmack bedienen, sind andere längst zu neuen Design-Ufern aufgebrochen. Wer hundertprozentig sicher sein will, baltischen Bernstein und kein Imitat zu erwerben, kauft in zertifizierten Läden der Danziger Bernsteinkammer (KIGB), erkennbar an der Plakette. Für Sicherheit sorgt auch die Internationale Bernstein-Vereinigung, die ihre Mitglieder stichprobenartig überprüft. Es mag auch sinnvoll sein, sich beim Kauf einer Ware den ›Bernstein-Ausweis‹ ausstellen zu lassen: Darin werden Ihre Käufe vermerkt und um den Stempel des Verkäufers ergänzt.

Boutique in der Frauengasse ... die Shopping Queen palavert noch, der Herr versucht zu flüchten.

Wenn die Nacht beginnt

Auch das Dunkle hat seinen Reiz

Erst ein kühles Bier, ein Shot oder ein Glas Wein, dann Kultur tanken oder sogleich in die Club-Szene abtauchen: Die Danziger Nächte sind lang, vor allem am Wochenende!

Wer tagsüber durch die Stadt geht, entdeckt kaum einen Hinweis auf Bars mit quirligem Nightlife. Tatsächlich ist in Danzig die Unterscheidung zwischen Restaurant, Café, Bar und Club nur schwer zu treffen. Was sich bei Tageslicht als gemütliches Café tarnt, kann abends schlagartig seinen Charakter ändern und zu einer Kneipe mutieren, die oft gar über einen kleinen Dancefloor verfügt. Dort können Sie in intimem Rahmen mit wenigen Gleichgesinnten das Tanzbein schwingen. Vielerorts finden auch improvisierte Jamsessions oder Livekonzerte statt.

Daneben gibt es natürlich auch ›richtige‹ Clubs, fast immer gigantisch groß und mit Industriecharme. Heiß geht's dort zur Sache – und wer die Polen im Alltag oft als kühle, zurückhaltende Menschen kennengelernt hat, staunt nicht schlecht, welche Leidenschaft und Begeisterungsfähigkeit sich hier offenbaren.

Während der Woche ist der Eintritt meist frei, Freitag und Samstag ist ein kleiner Obolus zu entrichten; Frauen zahlen oft gar nichts. Die Drinks sind in der Regel preiswert, die ›Gorillas‹ am Kneipeneingang meist harmlos.

Beste Stimmung in der Ausgehmeile von Sopot

Warum Erfurt?

Großes kleines Erfurt

Im späten Mittelalter war Erfurt nach europäischen Maßstäben eine Großstadt – deshalb auch die vielen großartigen Kirchen (immerhin 35!). Und heute? Fragen Sie Einheimische, dann bekommen Sie wahlweise die Antwort »ganz sicher eine Großstadt!« oder »na klar, eine Provinzstadt!«. Auf jeden Fall wird Ihnen jeder eingefleischte Erfurter sagen: »Erford fedsd!« (Lesen Sie es laut, dann erschließt sich der Sinn leichter).

Blick auf Dom (Rückseite), St. Severin und Allerheiligenkirche

Alles im Fluss

Mit ungefähr 150 Brücken und vielen stimmungsvollen Orten am Wasser prägt die Gera das Bild von Erfurt.

Die Gera bei der Krämerbrücke

Erfurt auf einen Blick

Wer von Osten her, von der Autobahn A 4, auf die Stadt zufährt, der sieht Erfurt buchstäblich vor sich ausgebreitet. Ich liebe diesen Augenblick, wenn ich aus der Ferne in meine Stadt zurückkehre und mit dem Auto den Haarberg hinabrolle. Von Weitem schon grüßen mich Dom und Severikirche, und die Hochhäuser in der Innenstadt – nun ja, welche Stadt hat nicht ihre Bausünden?

STÖPSEL IM THÜRINGER BECKEN

Die größte Stadt Thüringens liegt im Tal der Gera, die im Thüringer Wald bei Gräfenroda und Geraberg entspringt und etwa 20 km nördlich von Erfurt bei Gebesee in die Unstrut mündet. Inmitten einer flachen Landschaft ruht die Stadt eingebettet zwischen dem Höhenzug des Steigerwaldes und den Erhebungen im Norden, ist sozusagen der Stöpsel im Thüringer Becken.

Die Innenstadt Erfurts erstreckt sich entlang der drei Flussläufe der Gera: Bergstrom, Walkstrom und Flutgraben, die in weitem Bogen von Westen nach Norden die Stadt durchfließen. Begrenzt wird der Innenstadtbereich im Süden und Osten vom Flutgraben, von den Erfurtern liebevoll ›Flunscher‹ genannt, der seit etwa 120 Jahren die Stadt vor Hochwasser schützt. Parallel dazu verläuft der Juri-Gagarin-Ring, dessen – wie der Name schon sagt – ringförmige Anlage zu weiten Teilen der Markierung der ältesten Stadtbefestigung entspricht. Einige Reste dieser Stadtmauer aus dem 12. Jh. sind noch heute zu sehen. Der Juri-Gagarin-Ring bildet im Süden und Osten die Grenze der Altstadt. Wenn ich einerseits von Innenstadt und andererseits von Altstadt spreche, dann sind das durchaus zwei verschiedene Bereiche. Im Norden bildet die Blumenstraße die Grenze der Altstadt, im Westen die Biereyestraße hinter der Festung Petersberg. Im Süden und Osten ist der Juri-Gagarin-Ring die Grenze. Alle beschriebenen Sehenswürdigkeiten liegen in diesem Bereich. Sie bewegen sich in der historischen Altstadt, wenn die Straßenschilder die Namen mit weißer Schrift auf rotem Grund bekannt geben.

RUND UM DEN DOMPLATZ

Im Westen der Altstadt finden Sie das markanteste Bauensemble Erfurts, den Dom St. Marien und die

Die Krämerbrücke

Terrasse nördlich der Krämerbrücke

> **ÜBRIGENS**
>
> Auf der 125 m langen Krämerbrücke finden Sie Lädchen, die Nützliches und Schönes anbieten. Sie wird Ihnen vorkommen wie eine ›normale‹ Gasse, doch der Schein trügt, es ist wirklich eine Brücke. In Nr. 31 können Sie auch einen Blick hinter die Fassade werfen und sehen, wie die Krämer einst wohnten.

Severikirche. Der fast 4 ha große Domplatz wird im Norden begrenzt vom Landgericht Erfurt, einem Gebäude aus dem 19. Jh., im Osten von Wohn- und Geschäftshäusern aus der Wende vom 19. zum 20. Jh. sowie von kleinen Fachwerkhäusern, in denen zahlreiche Läden und Gaststätten auf Kundschaft warten. Im Süden begrenzen den Domplatz zwei historisch bedeutsame Gebäude: die Grüne Apotheke und eines der ältesten Gasthäuser Europas, der Gasthof Hohe Lilie (1341 erstmals erwähnt). Hier logierte Martin Luther 1522 unter dem Namen Junker Jörg und auch König Gustav II. Adolf von Schweden gehörte 1632 zu den Gästen dieses Hauses.

Gleich westlich des Domplatzes schlägt im Stadtviertel Brühl mit dem Theater Erfurt das kulturelle Herz der Stadt. Entspannung und Erholung verspricht ein Spaziergang im Brühler Garten, der nicht weit entfernt vom Theater liegt. Auf dem Hügel nordwestlich des Dombergs erhebt sich die Zitadelle Petersberg.

FISCHMARKT UND KRÄMERBRÜCKE

Im Zentrum der Altstadt locken Fischmarkt und Krämerbrücke als Hauptattraktionen. Der Fischmarkt trägt zu Recht diesen Namen, denn hier wurde einst mit in der Gera gefangenem Fisch gehandelt. Aber auch Meeresfische aus Nord- und Ostsee bot man feil. Zudem war der Platz, an dem seit dem 13. Jh. ein Rathaus steht, Gerichtsplatz. Umsäumt wird er von zahlreichen Gebäuden aus der Renaissance.

Vom Fischmarkt aus erreichen Sie schnell die Alte Synagoge und die Krämerbrücke sowie weiter nördlich das ›lateinische Viertel‹ rund um die Michaelisstraße, so genannt, weil hier die Alte Erfurter Universität angesiedelt war, deren Professoren und Studenten die lateinische Sprache bevorzugten. Vielleicht ist es ein Widerhall des mittelalterlichen studentischen Lebensstils, dass in diesem Bereich auch heute noch mehr Kneipen zu finden sind als anderswo in Erfurt. Auch das Augustinerkloster, Wirkungsstätte des Reformators Martin Luther ist im lateinischen Viertel zu finden.

VON OSTEN NACH SÜDEN: DER ANGER

Von Osten nach Süden führt der Anger quer durch die Altstadt. Er ist die Haupteinkaufsstraße Erfurts. Bereits schon vor ihrer ersten Erwähnung 1196 wurde hier Handel getrieben. Der Anger war der einzige Platz, an dem im Mittelalter Rohwaid verkauft werden durfte. Ein verheerendes Feuer zerstörte 1660 viele Gebäude. Nur einige wenige Bauwerke, das Ursulinenkloster, die Kaufmannskirche, der Bartholomäusturm (Gotik) und das Haus Dacheröden (Renaissance), überstanden diesen Brand unbeschadet.

Im Barock wurden das heutige Angermuseum und das Haus Anger 27/28 errichtet. Die überwiegende Zahl der Wohn- und Geschäftshäuser stammen aus dem späten 19. und frühen 20. Jh.

5 Touren durch Erfurt

Sachzeugnisse des vorherigen friedlichen Zusammenlebens von Christen und Juden in Erfurt werden im Museum Alte Synagoge präsentiert.

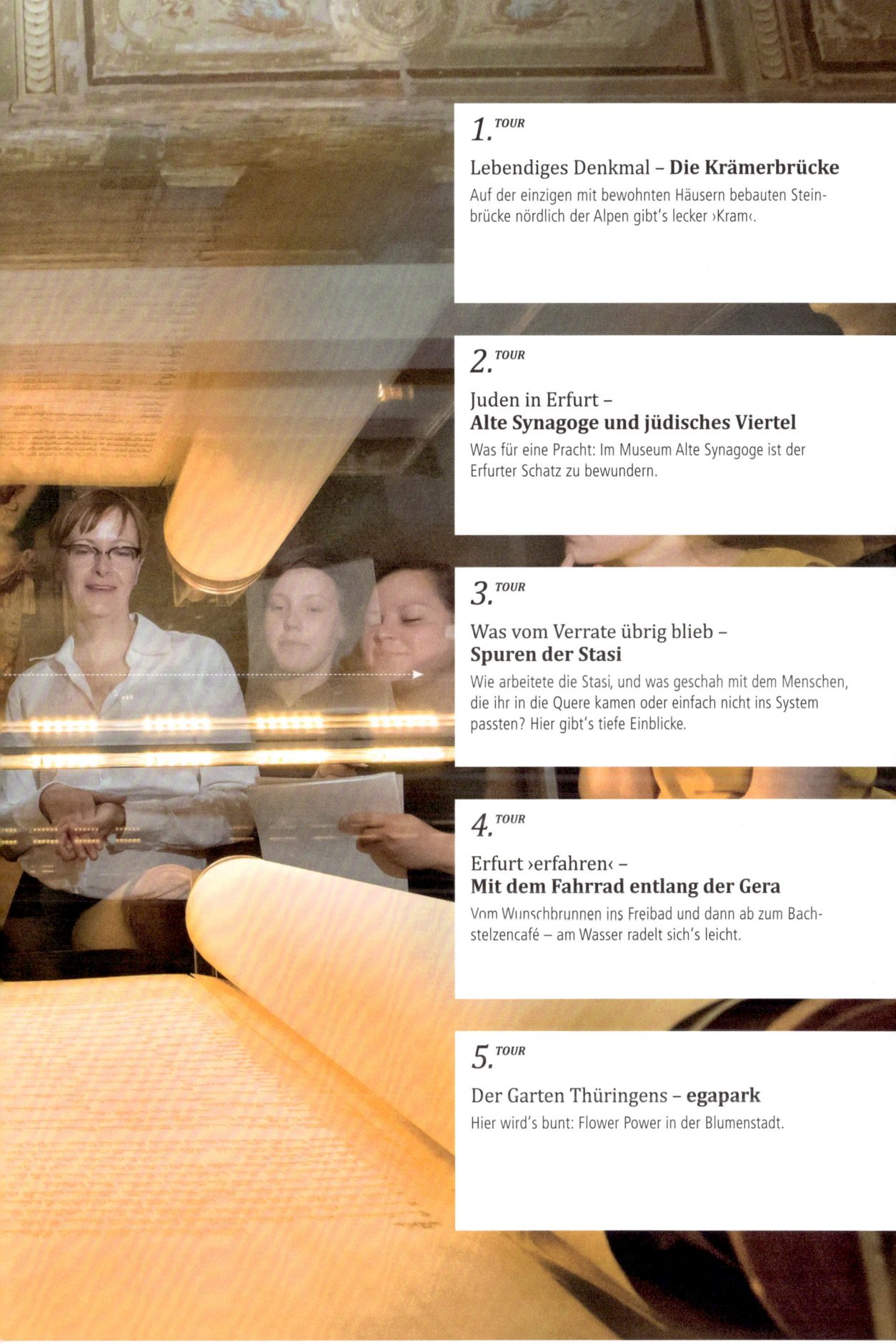

1. TOUR
Lebendiges Denkmal – **Die Krämerbrücke**
Auf der einzigen mit bewohnten Häusern bebauten Steinbrücke nördlich der Alpen gibt's lecker ›Kram‹.

2. TOUR
Juden in Erfurt – **Alte Synagoge und jüdisches Viertel**
Was für eine Pracht: Im Museum Alte Synagoge ist der Erfurter Schatz zu bewundern.

3. TOUR
Was vom Verrate übrig blieb – **Spuren der Stasi**
Wie arbeitete die Stasi, und was geschah mit dem Menschen, die ihr in die Quere kamen oder einfach nicht ins System passten? Hier gibt's tiefe Einblicke.

4. TOUR
Erfurt ›erfahren‹ – **Mit dem Fahrrad entlang der Gera**
Vom Wunschbrunnen ins Freibad und dann ab zum Bachstelzencafé – am Wasser radelt sich's leicht.

5. TOUR
Der Garten Thüringens – **egapark**
Hier wird's bunt: Flower Power in der Blumenstadt.

Die Krämerbrücke
Lebendiges Denkmal

Die perfekte Verbindung von Sightseeing und Shopping – und die wohl beste Schokolade in Erfurt gibt es als Zugabe obendrein. Kunst, Antiquitäten, Schmuck, Münzen – das ist der heute hier angebotene ›Kram‹. Gehandelt wird an dieser Stelle aber schon seit Jahrhunderten. Eine kleine Zeitreise mitten in Erfurt.

Unbestritten das bemerkenswerteste profane Bauwerk Erfurts: die Krämerbrücke, die einzige mit bewohnten Häusern bebaute Steinbrücke nördlich der Alpen. Nachdem es bereits einige hölzerne Vorgängerbauten gegeben hatte, wurde sie 1325 in Stein errichtet und führt über die Gera, die in diesem Bereich Breitstrom genannt wird. Zwei der sechs Sandsteinbögen überspannen die beiden Flussarme des Breitstroms, die anderen führen über Land und ermöglichen so zum Beispiel das Betreten des Dämmchens, der Insel nördlich der Krämerbrücke. Von dort eröffnet sich ein faszinierender Blick auf das 125 m lange und 25 m breite Bauwerk. Ehe die Krämerbrücke ›zu Stein wurde‹, hatten die Krämer an dieser Stelle unter freiem Himmel ihre Verkaufsstände. Erst nach dem großen Stadtbrand von 1472 wurde die Brücke mit 62 schmalen Fachwerkhäusern bebaut, in denen die Krämer auch wohnten. Heute sind es noch 32 an der Zahl, denn im Laufe der Jahrhunderte wurden sie zu größeren zusammengefasst.

Lage ist alles

Die Brücke lag im Verlauf einer der bedeutendsten Handelswege des Mittelalters, der Via Regia. Den Krämern gelang es, eine Art Monopol zu errichten, sie erwirkten vom Rat der Stadt die Zusage, dass nur auf der Brücke mit sogenannten Kramwaren gehandelt werden durfte; die da waren: Gewürze, seidene Bänder, Gold- und Silberwaren.

Die Breite des Weges durch die Häuserflucht lässt erahnen, dass wohl nur Handkarren einst über das Kopfsteinpflaster ratterten. Schwere Fuhrwerke mussten die Furt nördlich der Brücke benutzen, um an das jenseitige Ufer der Gera zu gelangen.

Im Haus der Stiftungen (Krämerbrücke 31) können Sie auch einen Blick hinter die Fassaden werfen. Hier erfahren Sie Wissenswertes über Geschichte und Architektur der Krämerbrücke und die Wohnverhältnisse der Krämer. Die Stiftung setzt sich für den Erhalt der Brücke und der auf ihr befindlichen Häuser ein. Sie hat die Aufgabe, neben der Nutzung als Wohnraum auch einen dem mittelalterlichen Denkmal entsprechenden Gebrauch der Brückenbauten durch Gewerbe, Handwerk, Ladenlokale, Antiquitätengeschäfte und kleine Galerien bzw. Museen zu ermöglichen. Auch andere Häuser auf der Brücke haben Geschichten zu erzählen. Im Haus zum Affen (Nr. 9) hatte 1635 der Hausherr zur Taufe seines Sohnes geladen. Während der Feier kam es zu einer folgenschweren Auseinandersetzung mit einem betrunkenen Soldaten, der zwei Stadtmusikanten meuchelte. Johann Bach, Großonkel von Johann Sebastian Bach, hörte in Schweinfurt von diesem Ereignis und bewarb sich auf eine der frei gewordenen Stellen als Stadtmusikus.

Auf der Krämerbrücke eine Pause einzulegen ist keine schlechte Idee. Schließlich gibt es genug zu schauen – das geht auch gut im Sitzen.

> ERFURT LIEGT AM BESTEN ORTE, IST EINE SCHMALZGRUBE. DA MUSS EINE STADT STEHEN, AUCH WENN SIE GLEICH WEGBRENNTE.
>
> Martin Luther

Alte Synagoge und jüdisches VIertel
Juden in Erfurt

Schon vor rund 1000 Jahren lebten Juden in Erfurt – davon zeugt die Alte Synagoge, deren Baubeginn ins 11. Jh. fällt. Das bauliche und kulturelle Erbe der bedeutenden jüdischen Gemeinde Erfurts ist so vielfältig, dass es sogar bald zum UNESCO-Welterbe gehören könnte. ▼

Es ist eine leider nur zu gut bekannte Geschichte: Als 1348 die Pest in Erfurt grassierte, fand man in der jüdischen Bevölkerung den Sündenbock: Man warf ihnen vor, die Brunnen vergiftet zu haben. Ein erstes Pogrom löschte 1349 die gesamte jüdische Gemeinde, die im Stadtzentrum zwischen Rathaus, Krämerbrücke und Michaeliskirche lebte, aus. Die Alte Synagoge wurde zum Lagerhaus umgebaut. Nur wenige Jahre nach dem Pogrom begann die jüdische Bevölkerung Erfurts wieder zu wachsen. Im Laufe des 15. Jh. kippte die Stimmung erneut, 1453 kündigte der städtische Rat den Schutz der Juden auf. In der Folge verließen alle Juden die Stadt. Ihre Häuser wurden verkauft und die Synagoge, die sie Mitte des 14. Jh. hinter dem Rathaus errichtet hatten, zum Zeughaus umgebaut. Erst ab dem späten 18. Jh. durften sich wieder Juden in Erfurt ansiedeln.

Religiöses Zentrum

Die Alte Synagoge wurde zu Beginn der 1990er-Jahre wiederentdeckt und beherbergt heute ein einzigartiges Museum, dessen Hauptattraktion der Erfurter Schatz ist, ein Konvolut aus mehr als 3700 Gold- und Silberstücken. Er wurde 1998 bei Bauarbeiten auf der Ostseite der Michaelisstraße gefunden. Herausragend ist ein jüdischer Hochzeitsring – es gibt nur drei weitere mittelalterliche Exemplare weltweit!

Im Erdgeschoss illustriert eine Dauerausstellung die Baugeschichte, im Obergeschoss werden Handschriften gezeigt, u. a. die älteste im Bestand des Stadtarchivs Erfurt: der »Erfurter Judeneid«. Gotische Buchstaben und das Wachssiegel verleihen dem mittelhochdeutschen Dokument eine faszinierende Ausstrahlung. Vor 1200 geschrieben, ist es das älteste Schriftstück, das von der jüdischen Gemeinde Erfurts zeugt, und zugleich der älteste Judeneid in deutscher Sprache.

Anstelle des christlichen Schwurs schuf man für Juden eine dreizehnzeilige Formel, die mit Anspielungen auf das Alte Testament vor Meineid warnte, geschworen wurde auf die fünf Bücher Mose. Auch wenn das Dokument nicht dem Aufbau einer Urkunde entspricht, hatte es doch rechtsverbindlichen Charakter. Die Eidesformel ermöglichte jedem Juden vor einem christlichen Gericht den Widerspruch und Rechtsgeschäfte.

Das Ritualbad

Die zur Alten Synagoge gehörende Mikwe, 2007 wiederentdeckt, ist neben Synagoge und Friedhof ein wichtiger Bestandteil und Bezugspunkt im jüdischen Gemeindeleben. Vor allem Frauen nutzten es, weshalb es häufig Frauenbad genannt wird. Es diente zur kultischen Reinigung nach Berührungen mit Toten, mit Blut oder anderem in

So lautet die Übertragung des Judeneids: »Dessen dich dieser beschuldigt, dessen bist du unschuldig, so dir Gott helfe. Gott, der Himmel und Erde geschaffen hat, [dazu] Laub, Blumen und Gras, von denen es zuvor nichts gegeben hat. Und wenn du falsch schwörst, dann verschlinge dich die Erde, die Datan und Abiron verschlang. Und wenn du falsch schwörst, dann überfalle dich der Aussatz, den Naman überstand und den Iezi [= Gehasi] befiel. Und wenn du falsch schwörst, dann vertilge dich das Gesetz, dass Gott Mose auf dem Berge Sinai gab, das Gott selbst mit Fingern auf die steinerne Tafel geschrieben hat. Und wenn du falsch schwörst, dann mögen dich alle Schriften [= Gesetze] zu Fall bringen, die in den fünf Büchern Mose aufgeschrieben sind. Das ist der Judeneid, den Bischof Conrad dieser Stadt gegeben hat«.

Erfurt

Die Alte Synagoge trägt ihren Namen zu Recht: Sie ist mehr als 900 Jahre alt und gehört somit zu den ältesten jüdischen Gotteshäusern in Europa. Ihre charakteristische Fassade wurde restauriert.

religiösem Sinne Unreinen. Eine Mikwe wird mit ›lebendigem‹, also fließendem Wasser gespeist. Dieses war hier, nahe der Gera, ausreichend vorhanden. Die mittelalterlichen Steuerlisten verraten, dass die Umgebung der Mikwe dicht bewohnt war. Wie überall im jüdischen Quartier lebten auch hier Juden und Christen Wand an Wand – eine Besonderheit in der Stadt Erfurt, in der es kein Getto gab.

Unter dem Naziterror

Die Kleine Synagoge war das religiöse Zentrum der im 19. Jh. wieder anwachsenden Gemeinde. Bald wurde sie aber zu klein. Daher errichtete man 1884 eine Große Synagoge im Stil des Historismus mit einer Kuppel und 500 Plätzen. In der »Reichskristallnacht« wurde diese von Nationalsozialisten zerstört. Ein Großteil der jüdischen Gemeinde, damals etwa 1000 Menschen, wurde bis 1945 in Vernichtungslager deportiert und ermordet. Etwa 250 Juden konnten auswandern, nur 15 überlebten die Deportation.

Erster Synagogenneubau

Nach dem Zweiten Weltkrieg erhielt die jüdische Gemeinde zunächst Zuwachs, zumeist aus Osteuropa. Doch wanderten gleichzeitig viele Gemeindemitglieder in das neu gegründete Israel aus. Im Ostblock herrschte trotz aller antifaschistischen Parolen ein ausgeprägter Antisemitismus. Dieser drückte sich nicht nur in einer allgemeinen Verunglimpfung des jüdischen Staates aus, sondern führte auch zu antisemitischen Prozessen. 1953 wurden in Prag und Moskau jüdische Intellektuelle angeklagt und zum Tode verurteilt.

Vor diesem Hintergrund verließen etwa zwei Drittel aller in der DDR lebenden Juden ihre Heimat. In Thüringen überlebte nur die jüdische Gemeinde in Erfurt, alle anderen wurden aufgelöst. 1952 wurde an der Stelle der zerstörten Synagoge am Juri-Gagarin-Ring die Neue Synagoge erbaut, der erste Synagogenneubau auf dem Gebiet der DDR.

Die Mikwe in der Kreuzgasse gehörte einst zur Alten Synagoge und ist bereits für das 13. Jh. belegt. Lange schlummerte sie im Verborgenen: Erst vor wenigen Jahren stieß man auf die Überreste des Ritualbads.

Spuren der Stasi

Was vom Verrate übrig blieb

›Die Firma‹, ›Horch und Guck‹ – um mehr oder weniger höfliche Umschreibungen staatstragender Organe war der gemeine DDR-Bürger nie verlegen. Und so gab es auch einige Spitznamen für die Stasi, wie das Ministerium für Staatssicherheit in Kurzform genannt wurde.

Ebenfalls einfallsreich, aber weit weniger harmlos waren die Methoden der Stasi: Erfurt ist die einzige Stadt auf dem Gebiet der früheren DDR, in der es gelang, die geheimen Trefforte der Inoffiziellen Mitarbeiter (IM) der Stasi mit ihren Führungsoffizieren zu lokalisieren. Bisher konnten 483 konspirative Wohnungen identifiziert werden, die auf das gesamte Stadtgebiet verteilt waren.

In den Räumen der Landesbehörde Thüringen des Beauftragten für die Stasi-Unterlagen auf dem Petersberg ist eine Dauerausstellung zu besichtigen, die Einblicke in die Arbeitsweise des Ministeriums für Staatssicherheit (MfS) gestattet. Schwerpunkte sind unter anderem die Geschichte des MfS, die Transitüberwachung, die Sicherung der deutsch-deutschen Grenze sowie Ausstellungsstücke, die verdeutlichen, wie die Stasi bei der Bespitzelung der Bürger vorging.

Was mit Menschen geschah, die der Stasi in die Quere kamen oder einfach nicht ins ›System passten‹, wird bei einem Besuch des ehemaligen Stasi-Untersuchungsgefängnisses in der Andreasstraße am Fuße des Petersbergs klar: Hier werden die Leiden der Inhaftierten spürbar. Mehr als 5000 Menschen waren zwischen 1952 und 1989 eingesperrt. Die 2013 eröffnete Dauerausstellung zeigt die Unterdrückung durch das SED-Regime, aber auch den Widerstand der Erfurter.

Viel Lärm um nichts

Vom Stasi-Gefängnis nicht weit entfernt, finden Sie bereits die ersten konspirativen Wohnungen. In der Andreasstraße 33 hatte ein Handwerker neben seiner Werkstatt einen Verkaufsraum, den er nur einmal in der Woche nutzte. Einen seiner Gewerberäume stellte er der Stasi zur Verfügung und wählte seinem Handwerk entsprechend den Decknamen »Glas«. Für alle konspirativen Treffpunkte musste zur Tarnung eine ›Legende‹ geschaffen werden. In diesem Fall war es die Arbeiter- und Bauerninspektion (ABI, sie sollte die Erfüllung der Wirtschaftspläne kontrollieren), die das Zimmer nutzte. Ein entsprechendes ›unauffälliges‹ Schild wurde draußen angebracht, die Wände des Zimmers mit passenden Postern dekoriert und Werbematerial ausgelegt.

Durch die Marktstraße gelangen Sie zur Allerheiligenstraße 11, einem der ältesten Häuser Erfurts. Im Haus zum Güldenen Stern wurde im Jahre 1473 der erste Druck nach Gutenbergs Art in Erfurt gefertigt. Zu Beginn der 1980er-Jahre hatte ein Erfurter Künstler hier sein Atelier und stellte es der Stasi zunächst für Beobachtungszwecke zur Verfügung. Später gab »Johannes« auch Berichte über den Verein Bildender Künstler, dessen Mitglied er war, an die Stasi weiter. Anfang

Im Kunsthaus Erfurt setzte sich auch eine Ausstellung mit dem Thema »Konspirative Wohnungen« auseinander. An einer Dokumentation über die geheimen Treffpunkte der Stasi in Erfurt waren deutsche und britische Künstler beteiligt.

Erfurt

Kurz vor der Eröffnung der neu gestalteten Gedenkstätte ›verkleidete‹ der Erfurter Künstler Simon Schwartz das einstige Stasi-Gefängnis mit Comics.

Exponat der Dauerausstellung im Stasi-Unterlagen-Archiv auf dem Petersberg: Geruchskonserve. Heute kann man sich kaum noch vorstellen, dass die Stasi tatsächlich mit solchen Methoden gearbeitet hat.

1988 musste die Stasi davon ausgehen, dass dieser Treff- und Beobachtungspunkt enttarnt worden war und gab ihn auf.

Schnaps und Kippen für 95 Mark

Im Haus Michaelisstraße 5 befand sich seinerzeit das Gästehaus eines Volkseigenen Betriebs. Die günstige Lage im Stadtzentrum und die Tatsache, dass das Objekt von mehreren Seiten unbeobachtet zu erreichen war, machten es für die Stasi besonders interessant. Der Deckname »Kugel« wurde sicher in Anlehnung an die benachbarte Gaststätte Feuerkugel gewählt. Die konspirative Wohnung, ein Zimmer in der ersten Etage, nutzte die Stasi für Werbegespräche und Aussprachen. Penibel wurde über alle Vorgänge in den konspirativen Wohnungen Buch geführt, auch über finanzielle Aufwendungen.

Über viele Jahre, von 1969 bis 1986, wurde die konspirative Wohnung »Roland« im Hinterhaus der Adresse Fischmarkt 12 genutzt. Offizieller Mieter war das »Büro für Wirtschaftsforschung Berlin, Außenstelle Erfurt«. Hier trafen sich 14 IM mit ihren Führungskräften. Wasserrohrbrüche machten im Januar 1982 die Nutzung der Büroräume allerdings unmöglich. Ein Schreiben der Stasi bzw. des »Büros für Wirtschaftsforschung« verdeutlichte das Ausmaß und die Konsequenzen: »Infolge (...) Wasserrohrbruchs (...) sind die durch unsere Einrichtung genutzten Gewerberäume so stark in Mitleidenschaft gezogen worden, dass sie durch die Staatliche Bauaufsicht (...) für eine weitere Nutzung gesperrt werden mussten. Es wird daher dringend um die Bereitstellung von Gewerberaum gebeten.« Da der bauliche Zustand nicht verbessert werden konnte, musste die Stasi die konspirative Wohnung 1986 aufgeben.

Enttarnt!

Unmittelbar an der Kreuzung Bahnhofstraße/Anger war 1984 im Haus Bahnhofstraße 1 eine konspirative Wohnung mit dem Decknamen »Arbeit« eingerichtet worden. Im Verlauf der folgenden Jahre trafen sich hier die Führungskräfte mit nicht weniger als 34 IM der Stasi. Im März 1989 flog »Arbeit« auf: Ein Inoffizieller Mitarbeiter berichtete, dass es in der Redaktion der Tageszeitung »Das Volk«, die im selben Gebäude untergebracht war, Mutmaßungen gegeben habe, dass die Stasi hier ein- und ausginge.

Mit der konspirativen Wohnung »Hafen« im Haus Anger 26 gelang es der Stasi tatsächlich, einen enttarnten geheimen Treffpunkt mit neuer Legende weiterzubetreiben. 1979 waren hier angeblich Büros des VEB Chemiekombinat Bitterfeld, der Deckname lautete »Zentrum«. 1982 ›übernahm‹ die Staatliche Archivverwaltung Potsdam die Räume. Eine Kleinigkeit vergaßen die Stasi-Mitarbeiter: das Klingelschild auszuwechseln. Neben dem Firmenschild »Archivverwaltung« prangte »Chemiekombinat Bitterfeld«. Vermutungen, dass die Stasi hier residierte, kursierten in der Folge rasch in der Nachbarschaft. Als die Situation zu eskalieren drohte, beschloss die zuständige Stasi-Abteilung, die konspirative Wohnung aufzugeben. Es wurde ein öffentlichkeitswirksamer Auszug veranstaltet, doch nur um gleich wieder einzuziehen, diesmal als »Außenstelle Erfurt des VEB Kombinat Seeverkehr und Hafenwirtschaft, Abt. Deutfracht/Seereederei«. Diese Rochade gelang: Die konspirative Wohnung, nun mit dem Decknamen »Hafen«, wurde bis zur Auflösung des Staatssicherheitsdienstes genutzt.

Mit dem Fahrrad entlang der Gera
Erfurt ›erfahren‹

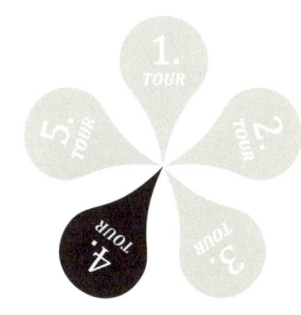

Sie wollen mal raus? Sich bewegen? Dann steigen Sie doch einfach um und auf: Im Fahrradsattel lernen Sie Erfurt noch einmal von einer anderen Seite kennen. Immer dem Stadtfluss nach, entdeckt man die schönen grünen Ecken der näheren Umgebung der Stadt.

Lassen Sie die Altstadt hinter sich. Zwar befinden sich hier die meisten Sehenswürdigkeiten, dafür sind aber auch viele Touristen unterwegs. Ihr Ziel: das Bachstelzencafé am Ende einer gemächlichen 6 km langen Tour. Der Weg beginnt am **Hauptbahnhof** 1 und verläuft in westliche Richtung durch eine gezogene Parklandschaft direkt am Ufer der Gera.

Ehre, wem Ehre gebührt

Auf dem Weg können Sie am **Denkmal für Richard Breslau** 2 (1835–97) Halt machen. Er war Bürgermeister von Erfurt und hat mit viel Engagement den Umbau des einstigen Festungsgrabens zum heutigen Flutgraben vorangetrieben. Seit der Fertigstellung des Flutgrabens 1898 blieb die Stadt weitestgehend von Überflutungen verschont.

Auch das **Denkmal für Christian Reichart** 3 (1685–1775) liegt auf der Route. Reichart, der am 4. Juli 1685 im Haus zum LohFinken an der Ecke Gartenstraße/Bahnhofstraße geboren wurde, gilt als Wegbereiter des Gartenbaus in Erfurt und Deutschland. Er erwarb seine Kenntnisse als Autodidakt und entwickelte eine Reihe von fortschrittlichen Methoden, die teilweise bis heute angewendet werden. Seine vielfältigen Erfahrungen kann man heute noch im sechsbändigen Werk »Land- und Gartenschatz« nachlesen.

Wunschkonzert im Grünen

Wenige Meter weiter wechseln Sie die Uferseiten über den **Wilhelmssteg** 4. Nun führt der Weg zwischen Flutgraben und Walkstrom entlang. In Fahrtrichtung rechts kommt bald ein kleines, hübsches Fachwerkge-

Erfurt

Idylle gefällig? Solch malerische Blicke erhaschen Sie von vielen Brücken über die Gera – hier an der Nonnengasse nahe der Langen Brücke.

bäude in Sicht, das einst das **Bademeisterhaus des Espachbades** ❶ war, eines von vier Freibädern in Erfurt. Es wurde Ende des 19. Jh. eröffnet und schloss knapp 100 Jahre später, Ende der 1980er-Jahre, seine Pforten wieder. Heute können Sie hier frisch gebackenen Kuchen und eine dampfend heiße Tasse Kaffee genießen, schließlich sind Sie ja schon eine Weile unterwegs.

Durch den **Luisenpark** ❺ führt der Weg weiter zur sogenannten Wunschbrücke. Glaubt man der Sage, gehen die hier geäußerten Wünsche in Erfüllung. Der Weg verläuft über die Brücke nach links weiter durch den Park, bis man nach etwa 100 m rechter Hand auf eine geologische Besonderheit stößt: eine **Lösswand** ❻.

Nicht weit entfernt finden sich die drei Quellen, die diesem Gebiet seinen Namen gaben: **Dreienbrunnen** ❼. Auch der Luisenpark gehört zum 3 ha großen Dreienbrunnenpark, der um 1900 angelegt wurde. Aus dem einzigen Mineralbrunnen Erfurts gelangt das Wasser aus Tiefen zwischen 64 und 46 m ans Tageslicht und gilt als gesundheitsfördernd, wie bereits die Brunneninschrift bekannt gibt: »Wer davon trinkt, wird lange leben / und wenig Geld dem Arzte geben / Drum kommt, ich lad Euch freundlich ein / und trinkt von diesem edlen Wein.« Die Brunnenanlage wurde 1912 errichtet und 1992 grundlegend saniert.

Nach der Erfrischung am Dreienbrunnen kehren Sie um, überqueren die Gera am Papierwehr und sehen rechts schon das **Dreienbrunnenbad** ❶. Wer Badesachen im Rucksack hat, kann sich hier eine Ganzkörpererfrischung abholen. Das Bad wurde 1888 eröffnet und ist somit das älteste Freibad in Erfurt. In seiner heutigen Form wurde es Anfang des 20. Jh. neu gebaut.

Aus dem Wasser auf das Wasser

Nach Ihrer Badepause führt der Weg weiter links der Gera in Richtung Hochheim. Nicht weit entfernt vom Dreienbrunnenbad wartet eine weitere Überraschung auf Sie: **Kanufahren** ❷ oder Stand-Up-Paddling auf der Gera! Das ist in den Sommermonaten ein echter Spaß und auch eine Herausforderung an Gleichgewichtssinn und Wagemut. Man hat hier schon einige gestandene Väter ›baden gehen‹ sehen, die versuchten, im Kanu aufzustehen... Leider können Sie diesen Spaß nur sonntags zwischen 14 und 18 Uhr erleben. Es gibt aber auch geführte Kanufahrten, die Sie bei der Tourist Information Erfurt buchen können.

Perspektivwechsel: Eine Paddeltour auf der Gera bietet ganz neue Aussichten auf Stadt und Fluss.

Entpanntes Finale

Radeln Sie immer stromaufwärts links neben dem Flusslauf weiter, bis Sie zur Motzstraße gelangen. Biegen Sie nach rechts ab, überqueren Sie die Gera, um sich am anderen Ufer gleich wieder links zu halten und unter der Unterführung der Eisenbahnbrücke hindurch weiter Richtung **Bachstelzencafé** ❷ zu fahren. Den gut ausgebauten Weg teilen Sie sich mit Fußgängern und Autos, doch nur auf dem ersten Teilstück. An einer Kleingartenanlage entlang führt der Weg wiederum über die Gera und biegt dann nach rechts Richtung Bischleben ab. Folgen Sie dabei der Ausschilderung des Gera-Radwanderwegs. Ihr Ziel liegt auf der linken Straßenseite. Das Bachstelzencafé ist eine beliebte Ausflugsgaststätte, die vor allem am Wochenende sehr gut besucht sein kann.

Egapark
Der Garten Thüringens

Nicht weniger als 75 Erwerbsgärtnereien existierten um 1780 in Erfurt. Als »Stadt des Gartenbaus« und als »Blumenstadt« wurde es gerühmt. Wen wundert es da, wenn sich Erfurt einen Garten anlegt, zur Erholung und Erbauung. Auf ins Grün!

Blumen, Pflanzen, Gärten – die Begeisterung der Erfurter für alles, was blüht, verdeutlicht sich besonders gut an der ega, die zur 1. Internationalen Gartenbauausstellung der sozialistischen Länder (iga) 1961 entstand. Der daraus hervorgegangene Garten ist 36 ha groß mit Ausstellungshallen und einem bemerkenswerten Schmetterlingshaus. Vom Aussichtsturm auf einem der beiden Türme der einstigen Zitadelle Cyriaksburg hat man einen guten Ausblick auf Stadt und Gelände. Im zweiten Festungsturm ist seit den 1950er-Jahren eine Sternwarte mit einem Zeiss-Teleskop untergebracht. Spaziergänge entlang der Wasserachse oder durch die verschiedenen thematischen Gärten – Rosen-, Lilien- oder Irisgarten – bieten nicht nur Erholung, sondern erfreuen auch das Auge. Ob Sie im Japanischen Garten Körper und Geist nach Zen-Manier wieder in Einklang bringen oder im Staudengarten Anregungen für Ihre eigenen gärtnerischen Unternehmungen suchen – Sie werden nicht enttäuscht werden. In der ehemaligen Zitadelle Cyriaksburg hat das Gartenbaumuseum seinen Sitz.

Jedes Jahr im August ist das Lichterfest im egapark ein Magnet vor allem für Kinder – sie dürfen nämlich lange aufbleiben!

Ein sanftes Ruhekissen

… ist nicht nur ein gutes Gewissen. Über eine zu schmale Bandbreite der Unterkünfte kann man sich in Erfurt nicht beklagen: Ob Hotel, Pension oder Gästezimmer, Hostel oder Jugendherberge – für jeden Geldbeutel, jeden Geschmack und Anspruch ist in der Innenstadt etwas Passendes zu finden.

Die vielen Veranstaltungen in der Altstadt und die späten ›Heimkehrer‹ aus den Kneipen können zwar manchmal den Schlaf stören, dafür ist man aber direkt im Stadtzentrum. Die Hotels haben hier meist eigene Parkmöglichkeiten, so können Sie getrost mit dem Auto anreisen. Wer außerhalb der Innenstadt nächtigt, ist mit Bus und Stadtbahn schnell wieder im Zentrum. Sollten Sie tatsächlich keine Unterkunft direkt in der Stadt bekommen, können Sie auch in den umliegenden Dörfern kleine, meist familiär geführte Pensionen finden. Der September ist übrigens der besucherstärkste Monat in Erfurt, es empfiehlt sich also, für diesen Zeitraum rechtzeitig eine Übernachtung zu buchen.

Auf www.erfurt-tourismus.de, der Website der Erfurter Tourismus- und Marketing GmbH, finden Sie ein Verzeichnis von Hotels, Pensionen und Gästezimmern, zu denen Sie Kontakt aufnehmen oder die Sie auf der Website auch direkt buchen können. Auch die bekannten Buchungsportale bieten Möglichkeiten, in Erfurt eine Bleibe zu finden.

Bratwurst und Klöße? Auch, aber nicht nur!

»In Erfurt ist gut wohnen« – so hatte einst Karl Theodor Anton Maria von Dalberg (1744–1817), der kurmainzische Statthalter, in seinem Loblied auf Erfurt gedichtet. Doch nicht nur gut wohnen lässt es sich in Thüringens Hauptstadt, sondern auch hervorragend speisen!

Eine große Zahl an Kneipen, Gasthäusern und Restaurants erwartet den Einkehrsuchenden. Die Köche bieten dem hungrigen Gast neben lokalen Spezialitäten wie Thüringer Klöße und gediegener deutscher Küche auch manch internationale Leckereien. Ob italienisch, chinesisch, thailändisch, mexikanisch, griechisch, andalusisch, böhmisch oder Bockwurst mit Brot: Für jeden Geschmack und Geldbeutel hält Erfurt etwas bereit.

Das Spektrum der Erfurter Gastronomie reicht von Sterneküche über Gault-Millau-Empfehlungen und handwerklich solide Angebote bis zum schlichten Imbiss. Eins ist sicher: Sie werden in Erfurt ganz sicher nicht verhungern. Dafür sorgen schon die zahlreichen Stände und Buden, an denen Sie die leckere Thüringer Bratwurst für wenig Geld erhalten. Und diese Würste sind definitiv das Original. Hier eine Empfehlung für die ›beste Bratwurst in Erfurt‹ auszusprechen fällt schwer: einfach ausprobieren und selbst entscheiden!

Nachts sind auch alle bunten Häuser grau.

Eine Legende im Brötchen…

Über kurz oder lang

Auch wenn man bei dem Namen anders denken würde: Die Lange Brücke ist die ›kürzeste Einkaufsmeile‹ in Erfurt. Sie verbindet den Hirschgarten mit dem Domplatz und liegt etwas abseits der ausgetretenen Touristenpfade. Hier können Sie nach Herzenslust in Antiquitätengeschäften, einem Hutladen und diversen Klamottenläden stöbern und haben gute Chancen, genau das Teil zu finden, von dem Sie bisher noch nicht ahnten, dass Sie es gern hätten. Auf nicht einmal 300 m sind 40 Geschäfte angesiedelt, von A wie Antiquitäten über D wie Dessous bis U wie Uhren. Zur Langen Brücke gehören noch die abzweigenden Straßen Kettenstraße und Paulstraße, wo es ebenfalls kleine Läden gibt, die Außergewöhnliches anbieten.

Die Lädchen auf der Krämerbrücke bieten ein ganz besonderes Stöber- und Shoppingerlebnis. Auf dem Anger, der Hauptgeschäftsstraße Erfurts, preisen Mode- und Schuhläden sowie Juweliergeschäfte ihre Waren an.

In der Schlösserstraße zwischen Anger und Fischmarkt sowie in der Marktstraße (zwischen Fischmarkt und Domplatz) gibt es ebenfalls zahlreiche Konsumverlockungen – lassen Sie sich einfach treiben! Alle bekannten Unternehmen sind auch in Erfurt mit Filialen vertreten, ob Lebensmitteldiscounter oder Bekleidungshäuser.

Junge Nächte in Erfurt

Erfurt ist durch die vielen jungen Leute, die an der Universität oder der Fachhochschule studieren, mit einem recht aktiven Nachtleben gesegnet. Die zahlreichen Kneipen in der Michaelisstraße sind ab dem frühen Abend geöffnet und haben teilweise open end bis spät in die Nacht. Generell laden in der Altstadt viele Lokalitäten zu Kurzweil, eine ausgesprochene Partymeile gibt es nicht. Eher ist die ganze Stadt ein Ort des Vergnügens.

Klassische Musik – u. a. regelmäßige Kirchen- und Orgelkonzerte – wird in vielen Kirchen aufgeführt, aber auch in der Kleinen Synagoge und in den unterschiedlichen Spielstätten des Theaters Erfurt. Livemusik verschiedenster Richtungen wird im Museumskeller, im Haus der sozialen Dienste (Juri-Gagarin-Ring 150) oder im Stadtgarten geboten. Die größeren Acts spielen in der Messehalle (Gothaer Str. 34), im Sommer gibt es Open-Air-Veranstaltungen in der Multifunktionsarena oder auf dem Domplatz.

Neben dem Theater Erfurt sind die traditionsreiche Puppenbühne im Waidspeicher, das Kabarett Die Arche (im selben Spielort) oder das Lachgeschoss in der Futterstraße gute Adressen für Liebhaber gepflegter Theaterunterhaltung. Comedy und Kabarett, Travestie und Kleinkunst gibt es im DasDie bzw. DasDie Brettl.

Vintage-Kameras und Zubehör für Fotografen gibt es auf der Krämerbrücke.

Am Ende einer langen Nacht

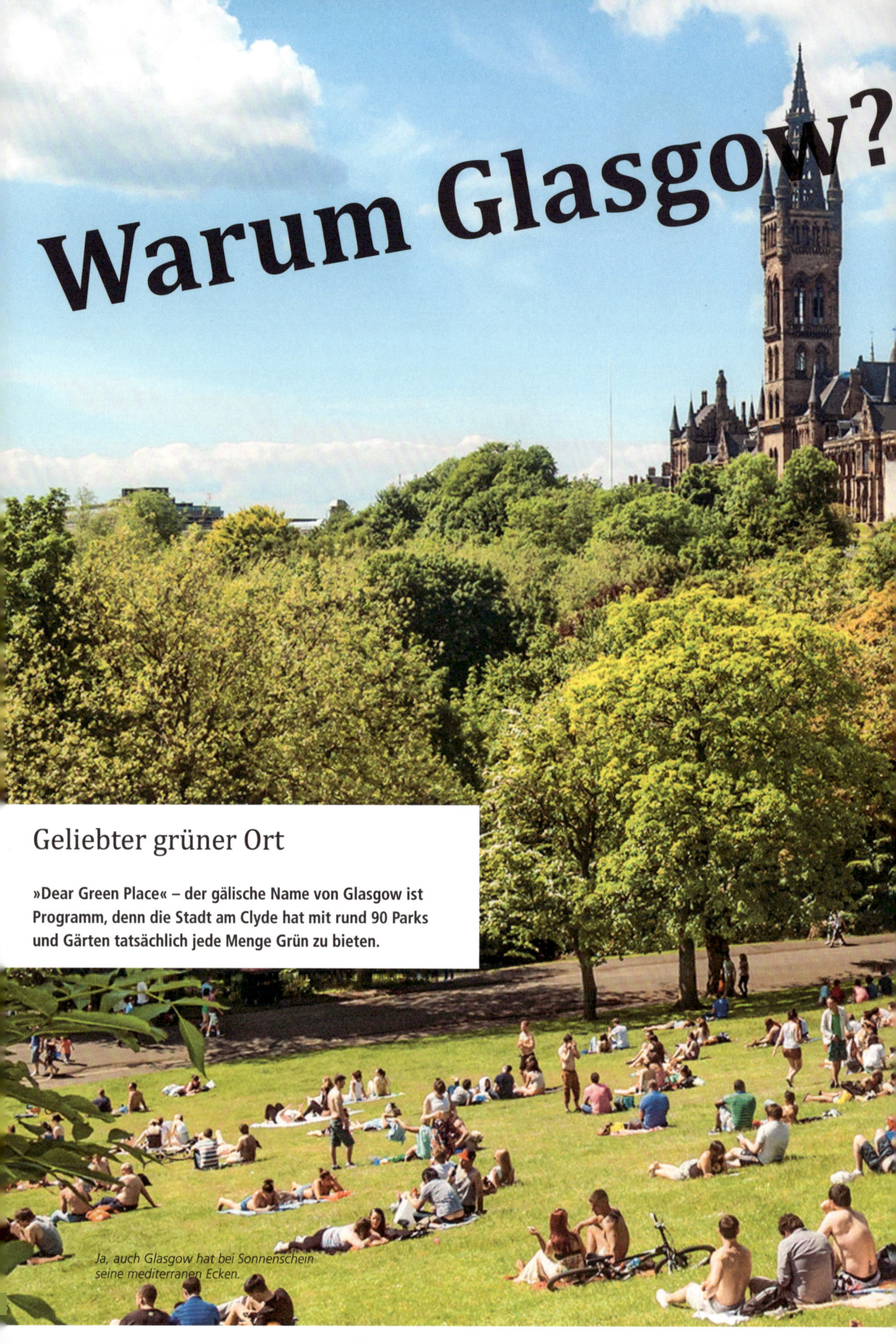

Warum Glasgow?

Geliebter grüner Ort

»Dear Green Place« – der gälische Name von Glasgow ist Programm, denn die Stadt am Clyde hat mit rund 90 Parks und Gärten tatsächlich jede Menge Grün zu bieten.

Ja, auch Glasgow hat bei Sonnenschein seine mediterranen Ecken.

Zurück ins Rampenlicht

Nach dem Niedergang der »Second City of the Empire«, in der früher die Schiffe für das Weltreich gebaut wurden, begann Mitte der 1980er-Jahre eine atemberaubende Neuausrichtung: Brachflächen wurden neu bebaut, das Clyde-Ufer revitalisiert, der Jugendstilarchitekt Charles Rennie Mackintosh wieder ins Rampenlicht gerückt, neue Museen gebaut. Glasgow hat sich neu erfunden und bis heute ist Schottlands größte Metropole weiterhin im Aufbruch – höchste Zeit, ihr einen Besuch abzustatten!

Installation in der Kelvingrove Art Gallery & Museum

Glasgow auf einen Blick

Glasgow ist eine Stadt, die sich je nach Stadtviertel äußerst unterschiedlich präsentiert. Manches Highlight – wie der Kathedralenbezirk oder der Pollok Country Park – wirken sogar wie Inseln in der Stadtlandschaft. Es lohnt sich also, nach einer Erkundung des Stadtzentrums und der schicken Merchant City rauszufahren ins universitäre West End, hinüber in die South Side oder einfach mal zum Loch Lomond am Rande der Highlands.

ERSTER ÜBERBLICK

Glasgows Reiz begrenzt sich definitiv nicht auf das Stadtzentrum und das einstige Viertel der Kaufleute. Selbst der historische Kathedralenbezirk liegt nicht in der heutigen Innenstadt, sondern östlich davon. Dennoch lassen sich hier sehr viele Attraktionen gut zu Fuß erkunden. Unbedingt lohnenswert ist der (lange) Weg zu Fuß oder mit der U-Bahn hinaus ins West End – jenseits der Stadtautobahn M 8. Dort angekommen, ist man am besten zu Fuß unterwegs. Etwas schlechter angebunden sind die Attraktionen entlang des Clyde. Und für die Ausflüge in die South Side zu den diversen Parks, Museen und Herrenhäusern oder noch weiter nach New Lanark bzw. zum Loch Lomond benötigen Sie Vorortbahnen und Busse.

STADTZENTRUM UND MERCHANT CITY

Das heutige Stadtzentrum und das Ausgehviertel Merchant City liegen Schulter an Schulter. Hier ist es gelungen, die zentralen Stadtteile wiederzubeleben und den baulichen Perlen neuen Glanz zu verleihen. Das großartige Rathaus, das Mackintosh-Design-Centre The Lighthouse, die von Mackintosh designten Tea Rooms oder auch das kuriose kinetische Figurentheater Sharmanka sind attraktive Besucherziele im Herzen der Stadt. Das Rückgrat bildet die Fußgängerzone Buchanan Street mit ihren zwei großen Einkaufszentren. Die Fußgängerzone ist auch für eine lebendige Straßenmusikerszene bekannt. Vielseitige Cafés, Bars, Restaurants und Pubs runden das Angebot ab.

Östlich der Merchant City sind der Park Glasgow Green mit dem People's Palace sowie der Flohmarkt The Barras interessante Abstecher.

Ü ÜBRIGENS

Glasgow ist eine Stadt der architektonischen Kontraste. Das lässt sich in der Innenstadt immer wieder beobachten. Ein gutes Beispiel ist die Gallery of Modern Art: Der frei stehende Bau, der auf das 18. Jh. zurückgeht, wirkt mit dem Säulenportal wie ein römischer ›Tempel‹. Einst residierten hier reiche Kaufleute, eine Bank und dann die Börse. Vom klassizistischen Eingangsbereich der Galerie gleitet der Blick heute auf die modernen Häuserfassaden am Rande der Merchant City.

Gallery of Modern Art

Die »Brücke der Seufzer«

KATHEDRALENBEZIRK

Lohnenswert ist östlich des zentralen George Square ein Abstecher zur Kathedrale, der Keimzelle der Stadt. Angeschlossen sind zwei interessante Museen, besonders aber der angrenzende denkmalgeschützte Friedhof Glasgow Necropolis. Als Kontrast wirken die beiden bekannten Brauereien Tennent's und Drygate unmittelbar südlich des Kathedralenbezirks.

WEST END

Das quirligste Stadtviertel ist eindeutig das West End, das von der Uni und den Studenten geprägt ist. Hillhead und Finnieston haben sich zu echten Szenevierteln entwickelt. Entlang von Great Western Road, Byres Road und dem westlichen Teil der Argyle Street finden sich viele angesagte Cafés, Restaurants, Pubs und kleine Fachgeschäfte. Hauptattraktionen sind die Kelvingrove Art Gallery & Museum, das palastartige Hauptgebäude der Glasgow University mit ihren Hunterian-Museen und der Botanische Garten.

CLYDESIDE

Der Strukturwandel ist am Ufer des Clyde deutlich spürbar. Statt Docks und Hafenbecken finden sich nun auf dem Scottish Event Campus ein Messegelände und zwei Veranstaltungshallen. Dazu kommen Fernsehsender, Hotels und der Aussichtsturm Glasgow Tower neben dem Glasgow Science Centre. Attraktiv sind auch die neue Clydeside Distillery und das markante Riverside Museum mit einem großen Segler am Kai. Auf der anderen Flussseite in Govan führt die Govan Old Church zurück in die Wikingerzeit und Fairfields in die alte Welt der Werften.

SOUTH SIDE

Auch südlich des Clyde bietet Glasgow viel Attraktives: Pollokshields war die erste geplante Gartenstadt Großbritanniens, im Bellahouston Park entstand das House for an Art Lover nach Plänen von Mackintosh und im Pollok Country Park locken hohe Kultur in der Burrell Collection sowie herrschaftliches Leben im Pollok House. Wo im Queen's Park städtische Erholung angesagt ist, verlor Maria Stuart 1568 ihre letzte Schlacht. Heute kämpft das schottische Fußballteam im Hampden Park um internationale Erfolge.

NEW LANARK UND LOCH LOMOND

Wer die Stadt verlassen will, hat zwei sehr attraktive Ziele: Die New Lanark Mills sind eine frühindustrielle Mustersiedlung am Oberlauf des Clyde, wo Robert Owen zu Beginn des 19. Jh. seine Ideen einer sozialeren Arbeitswelt verwirklichte. Die hervorragend restaurierte Siedlung ist heute UNESCO-Welterbe. Im Westen hingegen führt der Weg nach Balloch zum Loch Lomond direkt an den Rand der Highlands.

An der High Street in Sichtweite der Kathedrale

5 Touren durch Glasgow

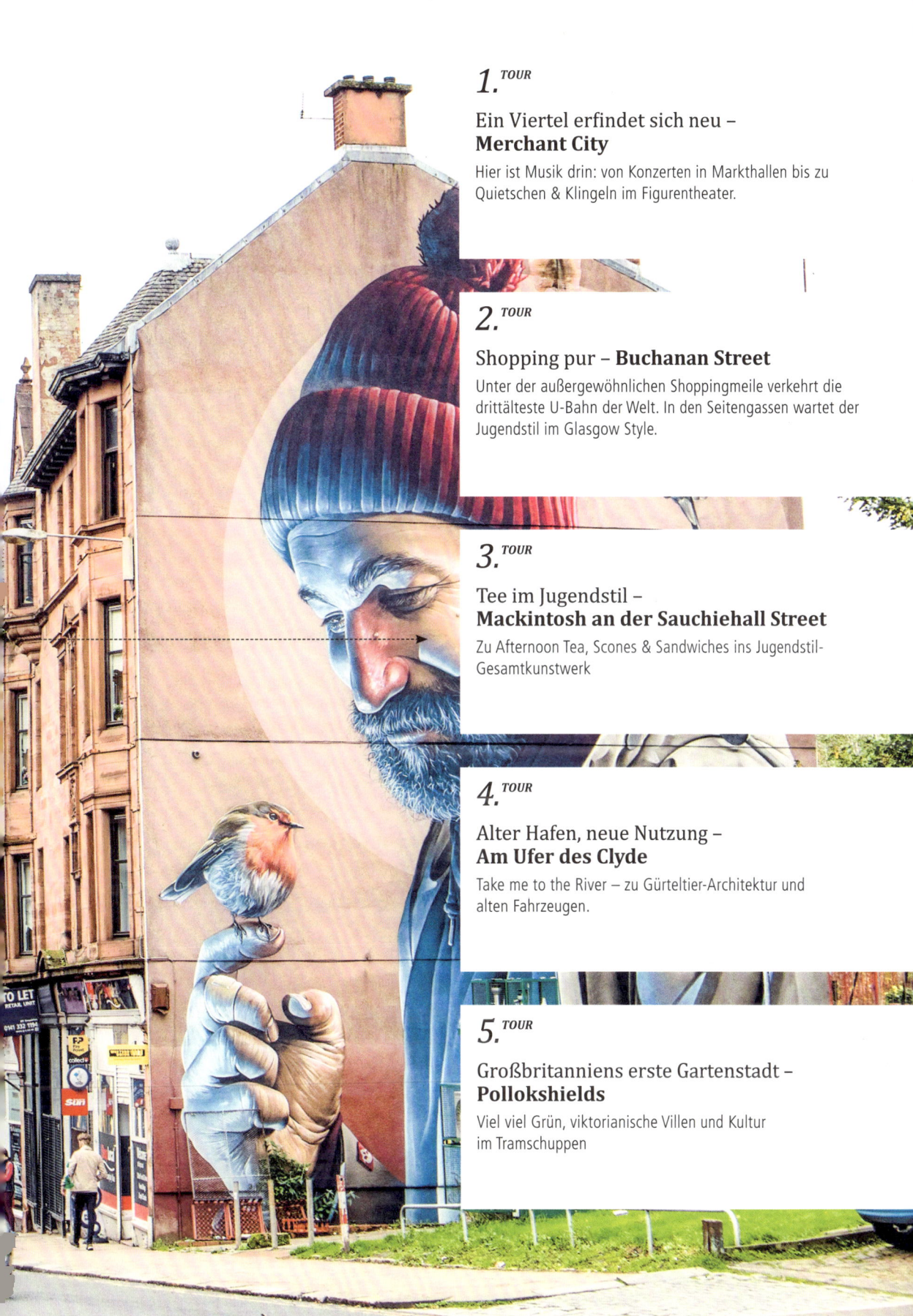

1. TOUR

Ein Viertel erfindet sich neu – **Merchant City**

Hier ist Musik drin: von Konzerten in Markthallen bis zu Quietschen & Klingeln im Figurentheater.

2. TOUR

Shopping pur – **Buchanan Street**

Unter der außergewöhnlichen Shoppingmeile verkehrt die drittälteste U-Bahn der Welt. In den Seitengassen wartet der Jugendstil im Glasgow Style.

3. TOUR

Tee im Jugendstil – **Mackintosh an der Sauchiehall Street**

Zu Afternoon Tea, Scones & Sandwiches ins Jugendstil-Gesamtkunstwerk

4. TOUR

Alter Hafen, neue Nutzung – **Am Ufer des Clyde**

Take me to the River – zu Gürteltier-Architektur und alten Fahrzeugen.

5. TOUR

Großbritanniens erste Gartenstadt – **Pollokshields**

Viel viel Grün, viktorianische Villen und Kultur im Tramschuppen

Merchant City
Ein Viertel erfindet sich neu

Südlich des George Square erstrecken sich die rechtwinklig angeordneten Straßenzüge der Merchant City. Im 18. Jh. waren die Kaufleute mit dem Handel von Tabak und Zucker, aber auch Sklaven reich geworden und legten planmäßig diese erste Stadterweiterung an. Heute ist das Stadtviertel mit seinen historischen Bauten durch Cafés, Restaurants, Theater und Kulturzentren sehr angesagt. Durch die Neunutzung wurden viele historische Gebäude vor dem Abriss bewahrt.

Erste Anlaufstelle für die Erkundung der Merchant City ist die Gallery of Modern Art (GoMA) am Royal Exchange Square, an dem einstigen Börsenplatz. Der römisch wirkende Palast mit einem mächtigen Säulenvorbau entstand Ende des 18. Jh. zunächst als stattliches Landhaus. Die reichen Kaufleute wollten raus aus der stickigen Enge der Altstadt an der heutigen High Street und legten sich großzügige Grundstücke mit Gärten zu. Doch die rasante Stadtentwicklung schluckte bald jeden unbebauten Quadratmeter. Und so wurde das Landhaus in einen klassizistischen Tempel für die Börse umgewandelt, umgeben von einem streng geordneten Stadtplatz – heute eine nette Adresse für eine Pause in einem der vielen Cafés.

Derzeit gibt es zwei Nutzer für das historische Gebäude: Im Erdgeschoss sind regelmäßig zeitgenössische Wechselausstellungen in der

Der Turm der einstigen Tron Kirk ist am Trongate eines der wenigen Relikte der früheren Altstadt.

GoMA zu sehen – ein echter Kontrast zum altertümlichen Baustil des Gebäudes. Im Keller ist eine Filiale der Stadtbibliothek angesiedelt.

Tabakbarone und Gilden

Die schnurgerade Ingram Street führt von der GoMA nach Osten zur alten High Street. Doch als erster Abstecher lohnt rechts die Miller Street, wo sich in Nr. 42 das kleine Tobacco Merchant's House von 1775 befindet, ein letztes Relikt aus der Zeit der Tabakbarone. Straßennamen wie Virginia Street, die durch den Durchgang Virginia Court erreicht wird, zeugen genauso von jenen Tagen wie das heutige Merchant City Inn.

Eine gute Whisky-Auswahl wie hier im schicken Corinthian Club ist in Glasgows Bars Standard.

Sehr ansehnlich ist auch das kuppelgekrönte einstige Gebäude der Versicherung Scottish Legal Life Assurance (1889) Ecke Wilson Street. Hundert Jahre älter ist gleich um die Ecke in der Glassford Street die Trades Hall, ein letztes Zeugnis des bedeutendsten schottischen Architekten des ausgehenden 18. Jh., Robert Adam. Das Haus der Gilden dient noch heute seinem ursprünglichen Zweck und kann besichtigt werden (mit Ausstellung unter dem Dach).

Gerichte und Märkte

Zurück an der Ingram Street war die kirchenähnliche Hutchesons' Hall zu Beginn des 19. Jh. u. a. für eine Waisenschule gedacht. Sie gehört heute dem National Trust for Scotland und beherbergt ein schickes Restaurant. Das elegante Interieur im 1. Stock ist sehenswert und wurde wunderbar renoviert.

Schräg gegenüber befand sich bis in die 1980er-Jahre der Sheriff Court, im 19. Jh. auch das Rathaus. Heute ist im Old Sheriff Court das Scottish Youth Theatre untergebracht. Völlig neue Besitzer fanden auch die alten Märkte zwischen Candleriggs und Albion Street. Der einstige Obstmarkt ist als Old Fruitmarket Teil des Veranstaltungszentrums City Halls. Hier verschmolzen zwei sehr unterschiedliche Gebäude zum heutigen Sitz des BBC Scottish Symphony Orchestra und des Scottish Chamber Orchestra. Neues Leben zog auch in einen anderen Teil des Markthallenkomplexes ein, wo unter dem Namen Merchant Square ein überdachter Gastrobereich entstand. Samstags und sonntags finden hier tagsüber auch kleine Kunsthandwerkermärkte statt.

> DER SCHORNSTEIN IST DAS WAHRZEICHEN GLASGOWS. DIESER HINWEIS GENÜGTE. VON EINER SEITE DES BAHNHOFS EILTEN WIR RASCH NACH DER ANDEREN HINÜBER, WO DER EDINBURGHER ZUG BEREITS UNGEDULDIG WARTETE.
>
> *Theodor Fontane über seinen sehr kurzen Glasgow-Aufenthalt 1858*

Zwei echte Kuriosa liegen direkt nebeneinander am Trongate: Das kinetische Figurentheater Sharmanka des emigrierten russischen Künstlers Eduard Bersudsky ist im Kulturzentrum Trongate 103 Glasgows ungewöhnlichste Attraktion. Die aus Metall entstandenen filigranen Fantasiekonstruktionen sind voller bizarrer Figuren und erzählen ganze Geschichten. Ein

NOBEL UND WEHRHAFT

Nur noch sehr wenige Spuren deuten darauf hin, dass Sie sich hier am Rande des mittelalterlichen Stadtzentrums befinden. Doch die High Street verband den Marktplatz am Tolbooth mit der Kathedrale weiter nördlich. Nur der 1626/27 erbaute Turm des einstigen Rathauses, Gerichts und Gefängnisses, der Tolbooth Steeple, blieb als Verkehrsinsel in der Mitte der belebten Straßenkreuzung Glasgow Cross erhalten. Daniel Defoe, Autor von »Robinson Crusoe«, hatte noch 1726 notiert: »Wo die Straße an der Kreuzung auf den weitläufigen Marktplatz trifft, (…) steht der noble und wehrhafte Tolbooth.«

Apparat heißt z. B. »Titanic«, einer anderer »La Strada« – und nahezu alles setzt sich bei den Aufführungen in Bewegung, quietscht und klingelt.

Buchanan Street
Shopping pur

Wie eine lange Perlenschnur erstreckt sich die quirlige Shoppingmeile Buchanan Street als Fußgängerzone von der Argyle Street bis zur Sauchiehall Street. Die beiden größten Einkaufszentren finden sich hier, aber auch zahlreiche kleinere Fachgeschäfte und natürlich Cafés für eine Pause. Unter der Straße verkehrt die drittälteste U-Bahn der Welt. In den Seitengassen warten mit dem Mackintosh-Lighthouse und der Gallery of Modern Art zwei spannende Ausstellungshäuser.

Die städtischen Rivalen Glasgow und Edinburgh vergleichen sich oft neidisch miteinander. In puncto Fußgängerzone gewinnt definitiv Glasgow mit der langen Buchanan Street und den angrenzenden Straßenzügen. Dadurch entfaltet die Stadt mitten im heutigen Zentrum viel urbanes Flair und lädt auch zum Bummeln ein. Das wissen die Glaswegians und die Bewohner der gesamten Region vor allem an Wochenenden zu ausgedehnten Einkaufstouren für sich zu nutzen.

Einst ländlich, heute geschäftig

Von Shopping war am Ende des 18. Jh. keine Rede, als die Buchanan Street entstand. Auf einem Grundstück des 1759 verstorbenen Tabakbarons Andrew Buchanan wurde 1777 Bauland vergeben. Die Lage wurde als »angenehm« gepriesen, weil »der Ausblick ländlich und gefällig ist«… Doch wie in der Merchant City fraß die rasante städtische Entwicklung jegliche Grünfläche auf, sodass von den Anfängen der nach Buchanan benannten Straße leider nichts erhalten blieb.

Stilistische Vielfalt

Ausgangspunkt für den Bummel durch die Fußgängerzone ist das südliche Ende an der Argyle Street an der U-Bahn-Station St Enoch. Hier dominiert das 1989 eröffnete Einkaufszentrum St Enoch Centre. Nach Osten zu zieht sich die Argyle Street noch ein Stückchen als Fußgängerzone hin, nach Westen ist bereits die markante Überführung der Central Station zu sehen.

Wie wenig einheitlich die Bebauung der Buchanan Street ist, zeigt sich schon auf den ersten Metern nach Norden. Zur Linken versteckt sich das noble Kaufhaus Frasers hinter den Fassaden gleich mehrerer Häuser. Das eigentliche Highlight ist jedoch zur Rechten in Nr. 30 die viktorianische Argyll Arcade von 1827. Diese historische Passage ist Schottlands Nobelmeile für Juweliere und Uhrmacher. Gleich am Anfang verraten z. B. die Wappen der Queen und von Prince Charles im Laden von Mappin & Webb, wer zur Kundschaft zählt.

Wenige Schritte weiter folgt in Nr. 34–58 das Einkaufszentrum Princes Square mit modernen Fassadenelementen. Gegenüber steht an der Ecke zur Mitchell Lane ein Kuriosum: Das schwarze Haus (Nr. 85) wurde Ende der 1960er-Jahre bewusst so gebaut, um sich farblich den rußverschmutzten, dunklen Fassaden der Innenstadt anzupassen. Nach dem großen Reinemachen wirkt das »schwarze Haus« farblich nun ziemlich deplatziert.

Die Fußgängerzone ist eine entspannte Shoppingmeile.

Mackinto an der Sauchiehall Street
Tee im Jugendstil

Die »Weidenallee« zieht sich wie ein langes Band vom Nordende der Buchanan Street hinaus ins West End zum Kelvingrove Park. Im ersten Teil ist sie noch Fußgängerzone und berühmt für den bekanntesten Tea Room des Jugendstilarchitekten Charles Rennie Mackintosh und seiner Frau Margaret Macdonald: die Willow Tea Rooms. Hier verwirklichten beide ein großartiges Gesamtkunstwerk.

2018 war ein hartes Jahr für den ersten Abschnitt der Sauchiehall Street und für Liebhaber des Jugendstils. Mehrere Brände sorgten für schwere Zerstörungen, am schlimmsten traf es die berühmte Glasgow School of Art (GSA) von Charles Rennie Mackintosh in der parallelen Renfrew Street. Aber Glasgow wäre nicht Glasgow, wenn man nicht mit aller Kraft an einem Neuanfang arbeiten würde.

Ein Juwel kommt zurück

Das hoffnungsvollste Signal kam schon wenige Wochen nach dem Brand in der Kunstakademie durch die Wiedereröffnung der großartigen Willow Tea Rooms unter dem neuen Namen Mackintosh at the Willow. Dieser präsentiert sehr ansprechend und ausführlich die Tea-Room-Kultur in Glasgow sowie die exquisite Arbeit von Mackintosh

Alles in Blau – auch der Chinese Room im Teesalon an der Buchanan Street wurde von Mackintosh entworfen.

Der alte Name von Mackintoshs Meisterwerk prangt nun vor zwei ähnlichen Tea Rooms in der Innenstadt.

und seiner Frau. Durch den schmerzhaften Verlust der GSA sind die Tea Rooms im Stadtzentrum nun das wichtigste Jugendstilbauwerk des international bedeutenden Künstlerehepaars.

Tee bei Miss Cranston

Cranston und Mackintosh waren 1900 eine künstlerisch bedeutsame Kooperation eingegangen, die dem Jugendstil in Glasgow zum Durchbruch verhalf. Der Startpunkt hatte überhaupt nichts mit Jugendstil zu tun. Catherine (Kate) Cranston (1849–1934) war sogar auf sehr traditionelles viktorianisches Outfit bedacht. Doch in Konkurrenz zu ihrem Bruder Stuart baute sie ab 1878 ein kleines Imperium an Teehäusern auf, um damit zunächst Frauen die Möglichkeit zu geben, sich in »respektabler« Umgebung bei nicht-alkoholischen Getränken öffentlich zu treffen. Bald fanden auch Männer Gefallen an den Tea Rooms.

Cranston suchte für ihre Teehäuser nach einem eigenen Design als Markenzeichen – und fand schließlich den jungen aufstrebenden Mackintosh. Er verwandelte mit äußerst formschönen Innendesigns seiner Frau die Tea Rooms in eine künstlerische Erlebniswelt. In den Willow Tea Rooms schufen die beiden von der Fassade bis zu den Durchgangstüren, den Stühlen, der Wanddekoration und den Lampen eine Komposition, die für jene Zeit extrem modern war.

Märchenland eines Zauberers

Die 1903 eröffneten Willow Tea Rooms verteilen sich auf vier Ebenen: Unten befindet sich der große Saal, es folgt eine Mezzanin-Zwischenebene und im 1. Obergeschoss dann der grandiose Salon de Luxe sowie unter dem Dach das Billardzimmer.

Mit seinen Wandspiegeln, den hohen und stilisierten Stuhllehnen und der komplett durchgestylten Tischdeko verrät sich insbesondere im Salon de Luxe der perfektionistische Anspruch des Künstlerpaares. Eine Besonderheit ist das märchenhafte Wandgesso über dem Kamin von Margaret Macdonald. »Tosh« und Margaret verstanden sich in ihrem künstlerischen Schaffen nahezu blind und fanden in Kate Cranston eine passionierte Unterstützerin.

Niedergang und Neuanfang

Doch 1919 gab Kate Cranston ihr Teehaus-Geschäft auf und es begann ein langer Niedergang. Teehäuser waren nicht mehr so in und Mackintosh wurde nicht gewürdigt – eine fatale Kombination, die zum Verlust vieler Tea Rooms führte. 1927 schlossen auch die Willow Tea Rooms. Erst 1983 fand sich eine neue Betreiberin, Mackintosh kam langsam wieder zurück ins öffentliche Bewusstsein.

2016 folgte dann ein großer Schnitt: Die bisherige Teehaus-Betreiberin zog mit dem urheberrechtlich geschützten alten Namen (»The Willow Tea Rooms«) in ein neues Lokal an der Ecke Hope Street/Bath Street um. In dem ursprünglichen Gebäude an der Sauchiehall Street begann eine Stiftung in Zusammenarbeit mit der CRM Society sowie dem Prince's Trust von Prince Charles unter dem neuen Label mit einer 10 Mio. Pfund teuren Renovierung.

ÜBRIGENS

Die Glasgow School of Art in der Renfrew Street soll trotz der verheerenden Brandkatastrophe vom 15. Juni 2018 wieder auferstehen. Eigentlich hatte man gerade erst die schweren Schäden eines Brandes im Jahr 2014 überwunden und die Wiedereröffnung wurde konkret. Doch nun muss man völlig neu anfangen – vor 2025 wird das Jugendstil-Meisterwerk von Mackintosh auf keinen Fall neu erbaut sein. Und über das Wie und auch die Frage, wer das Haus in Zukunft eigentlich führen soll, wird derzeit lebhaft diskutiert. Einen kleinen, aber nicht unwesentlichen Trost gibt es allerdings: Die gesamte Jugendstil-Inneneinrichtung, u. a. die großartige Bibliothek, war noch nicht wieder installiert, ist also weiterhin intakt eingelagert.

Am Ufer des Clyde
Alter Hafen, neue Nutzung

Hier sollen sich der wichtigste Hafen Schottlands und die bedeutendsten Werften des Empires befunden haben? Wer heute am SEC Armadillo den stillen Clyde beschaut, findet davon praktisch keine Spur mehr. Wo sich einst die Hafenbecken erstreckten, entstanden ein Messezentrum, zwei Eventhallen, das Hauptquartier der schottischen BBC, diverse Hotels, aber auch das spannende Verkehrsmuseum, eine neue Whiskydestille und eine erstaunlich dünne Turmnadel mit windiger Aussichtsplattform. Nirgends ist der Strukturwandel greifbarer als am Clyde.

Die Stadt hat sich viel vorgenommen. Mit einem auf 25 Jahre ausgelegten Masterplan und einem Investitionsvolumen von bis zu 7 Mrd. Euro startete Glasgow in das neue Jahrtausend, um die einstige Hafenlandschaft am Clyde völlig umzugestalten.

Angefangen hat Glasgows maritime Geschichte ganz bescheiden, denn der Clyde war hier einst ein sehr flaches Gewässer. Deshalb hatte der Stadtrat 1667 zunächst beschlossen, flussabwärts mit Port Glasgow einen eigenen Seehafen zu gründen. Die einflussreichen Kaufleute wollten von ihren Plantagen in Übersee direkt vor die Haustür beliefert werden. Glasgow konnte z. B. von den Teeklippern bis zu

Besuchermagnete am Clyde: Der Dreimaster Glenlee ankert vor dem Riverside Museum.

Glasgow

zwei Wochen vor London erreicht werden, ein nicht unwesentlicher Vorteil. Also veranlassten die Handelsbarone in den 1770er-Jahren das Ausbaggern und die Kanalisierung des Flusses. Ihr wichtigster Anlegepunkt wurde der heutige Broomielaw direkt am Stadtzentrum. Im 19. und 20. Jh. wanderten die Häfen dann nach Westen. Der 1931 erbaute massive Finnieston Crane ist ein letztes Zeugnis jener Tage. Bis zu 150 t Gewicht konnte der Kran heben. Enorm wichtig wurden die Werften: In Glasgow liefen vor dem Ersten Weltkrieg 20 % aller Schiffe weltweit vom Stapel – der Clyde untermauerte so den globalen Anspruch des britischen Empire.

Seit 2017 wird am Clyde auch wieder Whisky hergestellt.

Neue Nutzungskonzepte

Nach dem Zweiten Weltkrieg begann jedoch der Niedergang, das Empire löste sich auf, der Clyde war nicht mehr tief genug, Werften schlossen. In dieser Situation begann die Stadt, nach neuen Nutzungskonzepten zu suchen. Ein erster wichtiger Schritt: die Eröffnung eines Konferenz- und Veranstaltungszentrums auf dem Gelände der einstigen Queen's Docks, der heutige Scottish Event Campus (SEC). Zusammen mit dem wie ein Gürteltier aussehenden SEC Armadillo (Norman Foster, 1997) und dem 2013 eingeweihten SSE Hydro (Foster & Partners), mit 13 000 Zuschauern die größte Indoorarena Schottlands, ist das Ensemble für Großevents bestens geeignet. Am südlichen Ufer, dem Pacific Quay, siedelten sich alsbald die Fernsehsender

Postmoderne Skyline mit dem »Gürteltier« und dem SSE Hydro65s

STV und BBC Scotland an. Besonders ins Auge fällt neben dem Glasgow Science Centre die 127 m hohe Turmnadel des Glasgow Tower.

Am Nordufer schreitet die Umgestaltung rapide voran. 2017 öffnete im ehemaligen Pumpenhaus der Schleuse für die Queen's Docks eine neue Whiskybrennerei. The Clydeside Distillery (TCD) bringt die Whiskyproduktion zurück an den Clyde. Weiter westlich entwarf die Stararchitektin Zaha Hadid 2011 an der Mündung des Kelvin das allseits gelobte Riverside Museum, mit 1,4 Mio. Besuchern jährlich die beliebteste Attraktion Glasgows. Ausgestellt sind doppelstöckige Straßenbahnen, Dampfloks, Oldtimer, Motorräder, Fahrräder und Schiffsmodelle. Sogar ein ganzer Straßenzug wurde nachgebaut, um das städtische Leben zu Beginn des 20. Jh. nachzuzeichnen.

Pollokshields
Großbritanniens erste Gartenstadt

Mitte des 19. Jh. wuchs der Bedarf nach Wohnraum jenseits von Smog und Lärm enorm. Großgrundbesitzer Sir John Maxwell gab deshalb südlich des Clyde 1849 Land frei für den Bau einer Musterstadt im Grünen. Adrette Miethäuser und schicke Villen machen Pollokshields bis heute zu einer beliebten Wohnadresse. Bei einem Rundgang kommen Sie an vielen denkmalgeschützten Häusern vorbei.

Vom Bahnhof Dumbreck führt die Nithsdale Road zur schönsten Straße des Viertels, der Sherbrooke Avenue. Gleich an der Ecke thront etwas erhöht das mächtige Sherbrooke Castle Hotel. Erbaut 1896 im Baronialstil, ist es ein typisches Beispiel für repräsentative spätviktorianische Architektur.

Über die Hügelkuppe geht es nach rechts durch die alleeartige Straße. Manche Häuser sind in blondem Sandstein, andere in rotem gehalten. Einige liegen zurückgesetzt von der Straße sogar in einem eigenen kleinen Park. Hier ist Individualität angesagt. Viele Häuser verfügen auch über Buntglasfenster. Die schönste Kreuzung ist an der Springkell Avenue erreicht. Hier fallen rechts die Arts & Crafts-Villa Kelmscott (1902) und zur Linken eine weitere Baronialvilla ins Auge. Rechts am Straßenende sind zwei weitere schöne Villen einen kleinen Abstecher wert.

Die Springkell Avenue führt nach Osten zum erholsamen Maxwell Park mit eigenem Bahnhof (gut, um die Route abzukürzen). Im Park steht auch das einstige Rathaus, die Pollokshields Burgh Halls, das ein wenig wie ein verwunschenes Parkwächterhaus wirkt.

Der Glencairn Drive führt weiter nach Pollokshields East. Nun bestimmen für Glasgow typische Miethäuser das Bild. Zentrale Geschäftsstraßen sind die Nithsdale Road und der Albert Drive, die durch die Kenmure Street verbunden sind. Sehr schade, dass auf dem Albert Drive keine Straßenbahnen mehr verkehren!

Das House for an Art Lover wurde erst 1996 nach mehr als 90 Jahre alten Entwürfen von Charles Rennie Mackintosh im Bellahouston Park errichtet. Der Jugendstilmeister hatte sie 1901 bei einer deutschen Kunstzeitschrift eingereicht, nun sind sie in Glasgow tatsächlich detailgetreu verwirklicht worden. Besonders sehenswert ist das elegante und formschöne Musikzimmer, das ganz in Weiß gehalten ist, dazu gibt es eine kleine Ausstellung.

Nach Plänen von Mackintosh nachgebaut: das House for an Art Lover

Sleep well!

Die Übernachtungsszene in Schottlands größter Stadt ist breit gefächert: von gut gepflegten Hostels mit internationaler Atmosphäre über eher traditionelle Guest Houses bis zu einladenden Mittelklassehotels und hochwertigen Luxusherbergen. In Glasgow dürfte sich für (fast) jeden Geschmack und Geldbeutel etwas Passendes finden.

Im Allgemeinen ist es nicht schwer, in Glasgow ein freies Zimmer zu finden. Schwierig wird es eigentlich nur bei großen Kongressen oder Sportveranstaltungen. Natürlich sind da auch die zahlreichen internationalen Ketten, die sich problemlos über Onlineportale buchen lassen.

Im Budgetbereich gibt es einige wenige große Hostels, die im Sommer durch leer stehende Studentenwohnheime ergänzt werden. Traditionelle Guest Houses können von Charakter und Größe her alles zwischen einer Pension und einem kleinen Hotel sein. Noch gibt es in Glasgow vielleicht etwas weniger Ferienwohnungen als andernorts, aber natürlich Privatvermittler wie Airbnb.

Für ein Bett im Hostel müssen Sie ab 16 £ rechnen, für ein DZ mit Frühstück im Guest House ca. 65–85 £, Mittelklassehotels kosten ab ca. 80 £. Zimmer ohne Frühstück gibt es immer öfter, Zimmer mit/ohne eigenes Bad/WC sind zumeist als »ensuite« bzw. »standard« gekennzeichnet.

Von gemütlich bis gehoben – Glasgows Guest Houses

Mehr als Fish'n'Chips

Die Stadt am Clyde hat gastronomisch eine atemberaubende Entwicklung hingelegt. Schon lange brachten exzellente indische und italienische Lokale internationales Flair in die Szene, heute ist auch innovative schottische Küche angesagt. Dazu kommt eine Vielfalt von studentischen Cafés und eine gute Auswahl an vegetarischen/veganen Lokalen.

Vorbei die Tage, in denen vor allem schottische Dauerbrenner wie Fish'n'Chips, fleischhaltige Pasteten und schon zum Frühstück fettige Würstchen auf den Tisch kamen. Das findet sich zwar immer noch, doch vielerorts werden das heimische Lamm, Rind und Wild exzellent und kreativ zubereitet. Dazu kommen fangfrische Fische und Meeresfrüchte sowie leckerer Käse aus Farmhaus-Käsereien.

Fest verankert ist seit Jahrzehnten die indische Küche in Glasgow, der Curry-Hauptstadt von Schottland. Hier finden sich auch viele vegetarische und oftmals vegane Speisen. Eine Besonderheit sind natürlich die großartigen Mackintosh-Teehäuser. Die Qualitätsrevolution hat auch die Getränke erreicht: Neben den hochprozentigen Single Malts sind Craft Beers stark im Kommen.

Hauptgerichte kosten derzeit zumeist 10–20 £, Steaks und Meeresfrüchte auch mehr. Mittags und zwischen 17–18.30 Uhr gibt es wochentags günstige Menüs. Lassen Sie es sich schmecken!

Moderne und gesunde Küche ist auch in Glasgow in.

Shopping auf schottisch

Glasgow ist ein vielfältiges Shoppingpflaster, das mit sehr günstigen Angeboten wie auch exklusiven aufwartet. Die Bandbreite ist enorm und wesentlich weniger auf Touristen ausgerichtet als z. B. in Edinburgh. Dementsprechend muss man sich schon etwas mehr umschauen, um qualitativ hochwertige Wollerzeugnisse zu finden. Pullover, farbenfrohe Schals oder Decken sind sehr gute Mitbringsel. Eine Besonderheit ist der hochwertige Harris Tweed von den Äußeren Hebriden. Oder wollen Sie sich doch lieber einen Kilt schneidern lassen?

Gute Whisky-Geschäfte drängen sich nicht sofort auf. Schottlands Exportschlager Nr. 1 können Sie abgesehen von den Supermarktangeboten in einigen wenigen Fachgeschäften erwerben und sich dabei in Ruhe beraten lassen. Wer sich musikalisch betätigen möchte, findet in Glasgow natürlich auch klassische Dudelsäcke.

Kulinarisch sind Shortbread, Fudge, Oatcakes, aber auch Farmhaus-Käse, geräucherter Fisch sowie leckere Chutneys, Orangenmarmelade und Honig interessante Optionen zum Mitnehmen.

Generell ist sehr angenehm, dass die Innenstadt von Glasgow so attraktiv ist. So konnte sie sich bislang gut gegen mögliche Konkurrenz in den Vororten behaupten. In der Stadt dreht sich noch viel um die Fußgängerzone Buchanan Street.

Entspannt shoppen in der Buchanan Street

Cheers!

Worauf haben Sie Lust – Kino oder Konzert, Theater oder Pub? In Schottlands größter Stadt ist abends alles möglich! Neben den »klassischen« Ausgehangeboten hat sich die dynamische Unistadt mit Clubs und Discos auch bestens auf ein junges Partypublikum eingestellt – auf geht's in die Nacht!

Typisch für Glasgow ist das gute Angebot an netten Pubs, die sich von einst verräucherten Kneipen vielerorts weiterentwickelt haben zu einladenden und offeneren Gastro-Kneipen. Die Übernahme von alten Bankgebäuden im Stadtzentrum hat zudem etwas altehrwürdigen Glanz in die Pubszene gebracht. Auch in Glasgow macht sich die Craft-Bier-Revolution durch neue regionale Anbieter bemerkbar. Natürlich bieten zahlreiche Pubs Livemusik an, von Rock und Blues bis zu schottischer Folkmusic ist die Palette breit gefächert.

Mit mehreren hochkarätigen Theatern und Konzertsälen bietet Glasgow ebenfalls im Bereich Bühne und Konzert sehr ansprechende Ausgehmöglichkeiten – auch große Namen kommen gern nach Glasgow. Und zu Hogmanay (Silvester) feiert die halbe Stadt draußen auf der Straße.

Viele Pubs haben heute zumindest bis Mitternacht und am Wochenende bis 1 Uhr geöffnet, danach übernehmen die Clubs die Szene. Hier wird dann häufig Eintritt fällig.

Cheers – in der Ashton Lane

Warum Graz?

Herz der Steiermark

Am Kreuzungspunkt zwischen Wien und Salzburg, Ungarn, Slowenien und Italien gelegen, bildet Graz das Herz der sonnigen Steiermark. Hier findet zusammen, was lange als unvereinbar galt: Ost und West, Stadt und Land, barocke Kirchen und futuristisches Bauen.

Die Murinsel

Entspannen auf dem Schloßberg

Sonne satt!

Lebensfreude wird groß geschrieben in Graz: In der Innenstadt existieren mehr Kaffeehäuser als Murnockerl, wie die von den Wassern der Mur geschliffenen Pflastersteine genannt werden. Die lebendige Beisl- und Cafészene verdankt sich nicht nur den vielen Studenten, sondern auch den vielen Sonnenstunden, mit denen das Grazer Klima punktet: Wenn es in Wien oder Salzburg noch zugig kalt ist, öffnet in Graz schon der erste Schanigarten.

Graz auf einen Blick

Wer zum Städteurlaub ins überschaubare Graz kommt, ist am besten mit dem öffentlichen Verkehr und zu Fuß unterwegs. Sollten Wanderungen und Ausflüge auf dem Programm stehen, bewährt sich ein Auto, denn die gute Verkehrsanbindung endet an der Stadtgrenze. Aber keine Angst, nichts ist wirklich weit entfernt. Gefühlt am umständlichsten ist der Flughafen von der Innenstadt zu erreichen.

INNENSTADT

Begrenzt von der gegen Süden fließenden Mur im Westen, empfinden die Grazer alles als Innenstadt, was innerhalb der Ringstraße (die anfangs Wickenburggasse, später Glacis und am Ende Ring heißt) liegt. Unterhalb der einstigen Verteidigungsanlage Schloßberg verläuft die Sackstraße, mit den ältesten Palais und Gebäuden der Stadt. Sie mündet in den Hauptplatz, an dessen südlichem, breiterem Ende stolz das späthistoristische Rathaus thront. Von ihm gehen sternförmig die wichtigsten Straßen ab: die romantische Sporgasse mit ihrem Kopfsteinpflaster und den lauschigen Innenhöfen leicht bergauf gegen Nordosten, die teils ganz schön enge Murgasse mit der ratternden Bim gegen Westen, die ebenfalls die Herrengasse in Richtung Südosten mit ihren prachtvollen Bauten und Geschäften durchpflügt. Das Franziskanerviertel, das Bermudadreieck und noch andere hübsche Flanierviertel, die aus engen Gassen, verwunschenen Plätzen und Geheimtipps für Nachtschwärmer bestehen, sind durch Durchgänge oder schmale Gässchen mit dem Hauptplatz sowie der Herrengasse verbunden.

AM RECHTEN MURUFER

In der einstigen Murvorstadt hausten im 18. und 19. Jh. alle jene, die die Stadt zwar brauchte, aber nicht haben wollte. Die Mur überwinden an einigen Stellen Brücken, z. B. der Mursteg, der zur Murinsel führt, oder die Erzherzog-Johann-Brücke, die am UFO-förmigen Kunsthaus endet. Aus dem einstigen Schandfleck Lend wurde mittlerweile ein Kreativszeneviertel mit hippen Läden und Ateliers, Ausgehlokalen und dem bekannten Bauernmarkt am Lendplatz. Trotz mehrerer Reanimationsversuche scheint

Blick auf Graz

Im Speisesaal Wiesler

die einstige Haupteinkaufsmeile, die Annenstraße (sie endet kurz vor dem Bahnhof), klinisch tot zu sein. Nur das prunkvolle Schloss Eggenberg, jenseits des Hauptbahnhofs, glänzt wie eh und je.

Ausgehend vom Kunsthaus verläuft das einstige Epizentrum des Rotlichtmilieus, die Griesgasse, bis zum wenig ansehnlichen, lang gezogenen Griesplatz. Im lebhaften Bezirk Gries teilen sich Prostituierte, Sozialfälle, Studierende, Zuwanderer und einige wenige Alteingesessene die Gehsteige. Döner-Buden, Rotlicht-Institutionen, Barber Shops und rustikale Gasthäuser für Durstige gehen eine mühelose Koexistenz ein.

DER NORDEN

Wer von Salzburg oder der Obersteiermark anreist, verlässt entweder über Graz Nord (mündet in die Wiener Straße) oder über die Abfahrt Andritz (mündet in die Grabenstraße) die Autobahn. Die wenig ansehnliche Wiener Straße im Bezirk Gösting rechts der Mur steht im Bann der Burgruine Gösting und des Plabutsch-Höhenzuges. Sie passiert den Hauptbahnhof, die Annenstraße und verläuft weiter nach Süden. Andritz an der linken Murseite mit seinem Golfplatz und der Maschinenfabrik zählt zu den aufstrebenden Wohnbezirken, beliebt bei Familien. An der Grabenstraße weiter stadteinwärts gelangt man nach Geidorf, dem Akademiker- und Beamtenviertel mit hübschen Vorgärten und schmucken Villen. Wenn aus der zweispurigen Grabenstraße plötzlich eine große Kreuzung wird, ist der Schloßberg erreicht.

JAKOMINI UND DER SÜDEN

Als wichtiger Verkehrsknotenpunkt bringt der Jakominiplatz seit jeher Menschen zusammen, die sich eigentlich aus dem Weg gehen wollen. Die doppelspurig ausgebaute Conrad-von-Hötzendorf-Straße verläuft vorbei an der Stadthalle Graz schnurstracks zum größten Fußballstadion der Stadt, dem vor einigen Jahren Arnold Schwarzenegger untersagte, nach ihm benannt zu sein. Am linken Rand des Bezirks Jakomini befindet sich der Augarten, wo immer was los ist. Der Bezirk Puntigam rechts der Mur verdankt dem über die Stadtgrenzen beliebten Bier seine Bekanntheit. Lange war er durch die Sonderkrankenanstalt für psychische Erkrankungen im Sprachgebrauch der Steirer stigmatisiert. Wer nach »Puntigam links« musste, hatte nicht alle Tassen im Schrank.

GEN OSTEN – ST. LEONHARD, WALTENDORF

Im Dreieck zwischen den drei großen Universitäten (TU, Musikuniversität und Karl-Franzens-Universität), dem Universitätsklinikum und dem Ruckerlberg leben die Betuchten und deren Nachfahren. Ausgehend von der Elisabethstraße sind St. Leonhard und Waltendorf gut erreichbar, obwohl die Zinzendorfgasse viel charmanter ist.

5 Touren durch Graz

Was die Blaue Blase verbindet, darf der Mensch nicht trennen.

1. TOUR

Dschungel mit Aussicht – Schloßberg

Chillen in hängenden Weinbergen und fantastisch weit blicken.

2. TOUR

Verzaubert, verschollen – Im Bermudadreieck

Schleckermäulchen aufgepasst: Wer in Graz genießen und feiern will, trifft sich früher oder später hier.

3. TOUR

Von Mönchen und Mäzenen – Im Franziskaner- und Joanneumsviertel

Von der Oase der Ruhe bis in den Bauch des Kulturzentrums flanieren.

4. TOUR

Im hippen Kreativviertel – Am Lend

Immer dem Gewusel nach: Markttreiben, Blaue Blase, Kreativleben

5. TOUR

Glück auf zwei Rädern – Mit dem Fahrrad entlang der Mur

Flussaufwärts ins Grüne: Am liebsten radeln die Grazer an der Mur, fast ohne Verkehrsregeln, manchmal ein bisserl wild, aber immer mit Genuss.

Schloßberg
Dschungel mit Aussicht

Nach wenigen Minuten Bergaufkeuchen ist der Stadtlärm nur noch gedämpft zu hören. Stattdessen – fröhliches Vogelgezwitscher! Vorbei an moosbewachsenen Felsen und mit Efeu überzogenen Flächen geht es steil bergauf. Wie ein Baum, der immer neue Äste bildet, laufen schmale Gehwege mal links, mal rechts, mal bergauf, mal bergab von der Zufahrtsstraße ab. Als plötzlich ein Löwe auftaucht, ist es gewiss: Oberhalb von Graz dschungelt es sehr.

IN GRAZ LEBEN NUR ALTE UND DUMME, HAT DER PROFESSOR IMMER GESAGT. IN GRAZ IST NUR DER STUMPFSINN ZU HAUSE, ICH VERSTEHE NICHT, DASS ES LEUTE GIBT, DIE VON GRAZ BEGEISTERT SIND.

Thomas Bernhard: »Heldenplatz«

Wer es nicht auf den Schloßberg schafft, hat quasi Graz nicht besucht, sind sich die Grazer einig. Sie lotsen Besucher zuerst auf den Schloßberg, so wie Berliner ihre Gäste wohl zum Brandenburger Tor schleifen. Ab 1544 bauten die Stadtväter den Schloßberg zum Schutz der Stadt systematisch zu einer Festung aus, aber erst ab 1839 erhielt er sein jetziges grünes Gesicht sowie die Gehwege. Zuvor war der 123 m hohe Berg blank wie ein Glatzkopf.

Als die Stunden noch wichtiger waren als die Minuten

Ohne Schweiß viel Preis: Bequem mit dem gläsernen Schloßberglift liegt der Uhrturm einem in nur 30 Sekunden zu Füßen. Ein Blick nach links und da steht das 28 m hohe Wahrzeichen in seiner ganzen Pracht. Erstmals erwähnt im 13. Jh., erhielt er in den 1550er- und 1560er-Jahren sein heutiges Aussehen. Dass die im Durchmesser 5,4 m großen Ziffernblätter weithin sichtbar sein mussten, hatte Gründe. Die Bauern und Arbeiter sollten die vollen Stunden ablesen können, die damals nur einer, nämlich der große Zeiger, anzeigte. Erst später wurde der kleine Minutenzeiger hinzugefügt, weswegen die

Den Touristenherden ein Schnippchen schlagen jene, die von hinten den Schloßberg bezwingen.

beiden Zeiger vertauscht sind. Über den Zifferblättern verläuft rundum ein hölzerner Zubau, wo vormals ein Turmwächter wohnte und vor Gefahren, in aller Regel Feuer, warnte.

Chillen in den hängenden Weingärten

Kaum erwärmen die ersten Sonnenstrahlen im Frühling die Stadt, pilgert alles auf den Schloßberg. Verliebte treffen sich zum ersten Date am Uhrturm oder Freunde chillen in der weitläufigen Parkanlage. Das südliche Ende gilt als blumenreichster Teil. Unter dem Uhrturm erstreckt sich der Herbersteingarten, der einst mit dem Palais der Herberstein-Familie in der Sackstraße verbunden war und wo Wein kultiviert wurde. Heute lustwandeln Besucher unter Rosenspalieren entlang bunter, gepflegter Blumenbeete und akkurat geschnittener Grasflächen. Abgesehen davon sitzt man gern an der Ballustrade am Uhrturm, beim Starcke-Häuschen oder weiter oben hinter den Kasematten. Selbst eine Decke mitzubringen ist ebenso legitim. Ein paar Stunden Faulenzen hoch über Graz hat noch niemandem geschadet!

Fantastisch weit blicken

An klaren Tagen bis nach Slowenien, aber wenigstens bis zum Wildoner Buchkogel reicht der herrliche Blick gen Süden. Das wie eine Blubberblase aussehende Kunsthaus, die sich kräuselnde Mur samt Murinsel, die einheitliche Dachlandschaft (nur Kastner & Öhler sträubt sich trotz strenger Auflagen dagegen), dahinter die südliche Steiermark – all das verschmilzt zu einem stimmungsvollen Gesamtkunstwerk. Von vielen Standorten zeigt sich die Pracht, besonders vom chinesischen Pavillon oder von der Stallbastei aus. Letztere ist mit ihren 20 m hohen und bis zu 6 m starken Stützmauern imposant anzusehen. Hier waren bis zur Schleifung die Stallungen und die Kanonen untergebracht.

Dschungelkulisse mit Löwen

Den zweiten bequemen Zugang bietet die Panoramaauffahrt mit der Schloßbergbahn vom Kai aus. Hier gelangt man direkt zum Schloßbergrestaurant mit seiner Skybar. Gleich gegenüber wartet der Glockenturm, das zweite Gebäude, das Napoleons Erpressung überlebt hat. 34 m hoch und achteckig, beherbergt er die drittgrößte Glocke der Steiermark, die »Liesl«. Die 1587 erzeugte, 4633 kg schwere Glocke wird täglich um 7, 12 und 19 Uhr mit 101 Schlägen geläutet. Die Überlieferung erzählt, die »Liesl« wäre aus 101 Kanonenkugeln, die den Türken abgenommen wurden, gegossen worden. Eine Mär, denn der Schmied, der aus Eisenkugeln eine Bronzeglocke schmieden könnte, hätte auf dem Scheiterhaufen gelodert. Gleich daneben liegen die Kasematten, heute ein Veranstaltungszentrum, früher ein weitläufiger Keller für Vorräte und Gefangene.

Jenseits der Kasematten lässt der Touristentrubel nach. Hier beschützt ein Löwe die vornehmlich Einheimischen, die sich hier zum Tratschen oder Faulenzen treffen. Mangels eines Bildes des ruhmreichen Major Hackher errichtete man einen Löwen als Symbol für seine Unerschrockenheit gegen den Franzosen. Von hier aus hat man einen schönen Blick auf die Berge der nördlichen Steiermark.

Egal ob vom chinesischen Pavillon, vom Uhrturm oder dem Herbersteingarten aus, die Fernsicht im südlichen Teil sucht ihresgleichen.

Der Schloßberg scheint im Guiness-Buch der Rekorde als »stärkste Festung aller Zeiten« auf. Nicht einmal Napoleon konnte sie einnehmen, der die Grazer nur mittels eines faulen Tricks in die Knie zwang: Er erpresste die Stadtbewohner, die unter der Androhung, dass er die Hauptstadt Wien zerstören würde, die Burg 1809 eigenhändig abtrugen.

Im Bermudadreieck
Verzaubert, verschollen

Hinter der bürgerlichen Fassade der Herrengasse brodelt es: Latte-Liebhaberinnen und Biertrinker, Nachtschwärmer und Frühaufsteher, Genießer und Säufer, Gesellige und Stubenhocker. Und mittendrin tanzt ein Trachtenpärchen den Trinkfesten auf der Nase herum.

Woher das Grazer Bermudadreieck seinen Namen hat? Naheliegend ist, dass Nachtschwärmer möglicherweise aufgrund des eigenen Pegelstandes nicht den Weg nach Hause finden und zumindest für eine Nacht als verschollen gelten. Wer in Graz feiern will, trifft sich früher oder später im Bermudadreieck. Wo es anfängt und aufhört, ist dabei eigentlich Nebensache …

Plätzchenweise Heiterkeit

Kaum angekommen, möchte man verschollen bleiben. Bis 1904 stand am weitläufigen Färberplatz eine Kaserne. Nur der moderne Zubau zum imposanten Palais Inzaghi (Mehlplatz 1) verhinderte, dass nach dem Abriss ein perfekter, rechteckiger Grundriss übrigblieb. Besonders stimmungsvoll ist der Adventmarkt am Färberplatz mit hochwertigem Kunsthandwerk. Das 1561 erbaute, prachtvolle Palais Inzaghi trennt den Färberplatz vom Mehlplatz. Vielleicht erklären die ehemals hier ansässigen Mehlhändler die artverwandten Gaststätten heute am Platz? Der Komponist und Dirigent Robert Stolz wuchs im Haus Mehlplatz Nr. 1 auf. Die ersten Jahre seiner Karriere verbrachte er in Graz, bevor er musikalisch Wien, Berlin und die USA eroberte.

Gewiefte Weinseligkeit

Ums Eck, anschließend ans Schubertkino, folgt der Glockenspielplatz, dessen Trachtenpärchen Besucher verzückt. Dreimal täglich um 11, 15 und 18 Uhr tanzen ein kerniger Steirerbua und ein süßes Dirndl zu den Klängen des Glockenspiels. Der Spirituosen- und Weinhändler Gottfried Maurer brachte von seinen Geschäftsreisen die Idee zu einem Glockenspiel mit. Zu Weihnachten 1905 erklangen erstmals aus dem Giebel seines Hauses Nr. 4 Melodien von 24 Glocken. Ein cleverer Werbeschachzug, denn Neugierige kamen in Scharen, und viele verschlug es praktischerweise gleich in seine Weinhandlung. Seitdem klingen sie, nur im Zweiten Weltkrieg, als sie für Waffen eingeschmolzen wurden, war das Glockenspiel ausgesetzt. Wer genau schaut, erkennt, dass möglicherweise hier der Grundstein für das feuchtfröhliche Treiben im Bermudadreieck gelegt wurde. Wer bekommt nicht Lust auf ein Gläschen Wein beim Anblick der Fassaden?

Boutiquen und Brötchen

Die »Enge Gasse« markiert eigentlich das Ende des Bermudadreiecks, aber auf leidenschaftliche Stadtflaneure warten vorne ums Eck weitere Leckerbissen. Edelboutiquen und Shops mit exquisiter Ware liegen Tür an Tür, mittendrin tischt Frankowitsch belegte Brötchen auf.

Freie Plätze in einer lauen Sommernacht sind rar am Glockenspielplatz. Aber nicht verzagen: Das Bermudadreieck geizt nicht mit Lokalen!

Im Franziskaner- und Joanneumsviertel
Von Mönchen zu Mäzenen

Fromme Klosterbrüder drinnen und draußen das pralle Leben auf dem Vorplatz? Der Franziskanerplatz beweist, dass Flaniermeile, Schanigärten und christliche Besinnlichkeit koexistieren können. Die einen lockt die Oase der Ruhe im Klostergarten, die anderen kämpfen an Sonnentagen um freie Plätze in den Lokalen Don Camillo oder Peppone. Derlei gestärkt, können die Museen des Joanneumsviertels in Angriff genommen werden.

Hat man sich durch mittelalterliche, enge Gassen gezwängt, tut sich der Himmel auf (oder zumindest ein hübscher Platz am Franziskanerkloster): Kopfsteinpflaster, Vögel zwitschern aufgeregt, schwatzende Menschen in Schanigärten, köstliche Gerüche aus den Lokalen und historische Gebäude mit offenen Fensterläden. Sogar die Radfahrer bremsen (meist), um das Flair des Platzes kurz aufzusaugen.

Wehrhafte Klosterbrüder

Wie sehr die Stadt und das Kloster einander bedingen, beweisen schon allein die baulichen Gegebenheiten. Die dicken, massiven Mauern des seit 1239 existierenden Klosters nutzte man einst als wehrhafte Verstärkung für die Stadtmauer. Der auffallend schmucklose Turm mit der markanten Zwiebelhaube, die von Weitem zu sehen ist, wurde 1643 als Wehrturm fertiggestellt.

Wagen Sie einen Blick ins Innere des Klosters! Im Gegensatz zum quirligen Franziskanerplatz herrscht im Klostergarten, der vom Kreuzgang aus dem 14. Jahrhundert eingerahmt wird, meditative Stille (Eingang durch die Kirche, in der Mitte des Innenraumes rechts halten).

Verehrt wie ein Heiliger, geliebt wie ein Vater

Der Abt des Benediktinerstifts St. Lambrecht beauftragte den für seine Sakralbauten bewunderten Baumeister Domenica Sciassia damit, einen Stiftshof innerhalb der Grazer Stadtmauern zu bauen. Der 1674 fertiggestellte Repräsentationsbau in der Raubergasse 10 aus dem Frühbarock wurde Anfang des 19. Jahrhunderts zum innerösterreichischen Nationalmuseum Joanneum umgewandelt. Benannt nach dem steirischen Modernisierer Erzherzog Johann, der das Museum angeregt hatte, steht der Begriff Joanneum heute für eine Sammlung von 17 Museen in der ganzen Steiermark. Wie sehr der Erzherzog tatsächlich im Land verehrt wird, verraten die namensgleichen Fachhochschulen und die außeruniversitäre Forschungseinrichtung Joanneum Research.

Sinnbildlich reichen sich über den 2012 eröffneten Joanneumsviertelplatz Alt und Neu die Hand. Die futuristischen Löcher mit Glasreling dienen dem Lichteinlass, in einem führt die Rolltreppe direkt in den Bauch des Kulturzentrums und zu den Zugängen der Museen. Filmabende unter freiem Himmel, ein Adventmarkt samt Glühweinstandln, Gastronomie und diverse Events schlagen die Brücke zwischen Kunst, Geschichte und Alltagskultur.

Die Nacht zum Tag werden lassen funktioniert auch im Franziskanerviertel.

Am Lend
Im hippen Kreativviertel

Kunstbeflissene fotografieren die schwebende Blase, während Freigeister in flippigen Ateliers Kreatives schaffen. Am Rande des Grätzls (österreichisch für Stadtviertel) pocht der Lendplatz, am Vormittag voller Marktstandler, nach Sonnenuntergang voller Nachtschwärmer. Im mitreißenden Spirit des Unprätentiösen speist und trinkt es sich seit jeher gut. Schickimicki und Chichi finden Sie anderswo.

Hufe schlagen, die Räder der Fuhrwerke rattern über die Pflastersteine, marktschreierisches Getümmel. Nachdem ab 1728 die »Hauptpost- und Kommerzialstraße« die Residenzstadt Wien über den Lendplatz und Griesplatz mit Triest verband, entwickelte sich auf dem heutigen Südtiroler Platz ein Verkehrsknotenpunkt – direkt vor der wichtigsten Brücke über die Mur und doch weit genug weg, um der Citymaut zu entgehen. Der Name deutet darauf hin, dass Schiffe an der rechten Seite der Mur angelegt, also »angelendet« hatten.

Die unbürgerliche Seite

So entwickelte sich rechts der Mur ein Grätzl, wo all jene wohnten, die mit dem Transitverkehr ihr Geschäft machten. Gaststätten, Kneipen, Beherbergungsbetriebe und Dirnen deckten die Bedürfnisse des fahrenden

Die Entscheidung in der Mariahilfer Straße fällt schwer – lieber in den Lädchen stöbern oder doch in den Schanigärten chillen?

Volkes bestens ab. 111 Gaststätten sollen Aufzeichnungen zufolge für das Wohl der fahrenden Zunft gesorgt haben. Wohnraum war verglichen mit der Innenstadt billig, so zog es all jene in den Lend, die die Stadt zwar brauchte, aber nicht sehen wollte: Wäscherinnen, bei verarmten Witwen hausende Studenten, Amtsknechte und Handwerker. Erst im Sog des Kulturhauptstadtjahres 2003 erfand sich das Viertel neu.

Das Eiserne Haus, heute Teil des Kunsthauses, steht stellvertretend als Symbol für die Murvorstadt als Hort des Unangepassten. Inspiriert durch Studienreisen konstruierte ein Architekt ein spektakuläres Eisenskeletthaus und eröffnete im Obergeschoss das erste Szene-Café von Graz mit sonniger Panoramaterrasse und großflächigen Fensterscheiben. Die Gaststätte wich später einem Warenhaus und wurde im 20. Jahrhundert derart ideenlos modernisiert, dass das Kulturhauptstadtjahr 2003 als Rettung in letzter Sekunde gerade recht kam.

Die Blaue Blase kann man der Blob-Architektur zuordnen, die oft auf biomorphe Formen setzt.

S.O.S. aus dem Weltraum

Neben dem Eisernen Haus und dem 1742 erbauten Palais Thinnfeld, besteht das Kunsthaus aus einem dritten Element – der spektakulären Blauen Blase. Viele Namen hat die Konstruktion schon erhalten: Bubble, Friendly Alien, Luftblase, Seegurke, Walfisch. Aber die ästhetisch eingängige biomorphe Form des britischen Architektengespanns Peter Cook und Colin Fournier wollte vor allem eines erreichen: sich abheben vom Altbestand und doch damit verschmelzen. Von den 16 Lichteinlass-Rüsseln zeigt ein einziger auf den Uhrturm. Alle anderen sind nach schräg oben und Norden orientiert. Nachts leuchten die in der Fassade integrierten Lichtelemente und wirken wie ein überdimensionierter Bildschirm. Im Museum laufen wechselnde Ausstellungen mit moderner Kunst von 1960 bis heute.

Wie schnell etwas in Österreich, was zunächst nur als Provisorium gedacht war, zum fixen Bestandteil wird, beweist die Murinsel. Geplant vom Amerikaner Vito Acconci, sollte die an eine halb geöffnete Muschel erinnernde Stahlkonstruktion nur als Hingucker für das Kulturhauptstadtjahr 2003 errichtet werden. Doch die Grazer wehrten sich danach erfolgreich gegen die Demontage. Die Murinsel verbindet, was sich jahrhundertelang nicht verbinden lassen wollte, und betont den Erholungsraum Mur. In den 1970er- und 1980er-Jahren stank die Mur nämlich noch erbärmlich nach Kloake. Warum die Grazer die Murinsel heute lieben? Weil sie keines der beiden Ufer bevorzugt. Die Stege sowohl an den Lend als auch hin zur Innenstadt sind exakt gleich lang.

Fehlt nur noch der Piña Colada! Das Rauschen der Mur unter der Insel aktiviert für kurze Momente den Urlaubsmodus.

Immer dem Gewusel nach

Von Weitem sind die bunten Schirme und Marktstände des Lendplatzes erkennbar. Schon ab den frühen Morgenstunden herrscht reger Marktbetrieb. In Graz ist die Wahl des Bauernmarktes eine Gewissensfrage, ähnlich wie im Fußball. Entweder rot (GAK) oder schwarz (Sturm). Der Lendplatz-Markt gilt als erdiger, bodenständiger, weniger Prosecco, mehr Bier. So gegen 12 Uhr klappen die Marktbeschicker die Tische zusammen. Was die Konsumenten nicht davon abhält, weiter zu genießen. Zahlreiche In-Lokale finden sich hier, zu fast jeder Tag- und Nachtzeit geht es dem Hunger oder dem Durst an den Kragen.

Entlang und über der Mur radelt es sich gemütlich und vielerorts mit schönen Aussichten.

Mit dem Fahrrad entlang der Mur
Glück auf zwei Rädern

»Bei keiner anderen Erfindung ist das Nützliche mit dem Angenehmen so innig verbunden wie beim Fahrrad«, wusste schon Automobilentwickler Adam Opel. Und so lieben es die Grazer zu radeln: von zu Hause in die Arbeit, von der Arbeit danach zum Einkaufen und vom Einkaufen zum Bier. Am liebsten tun sie es an der Mur, fast ohne Verkehrsregeln, manchmal ein bisserl wild, mitunter singend, aber immer mit Genuss.

Sobald die Bäume im Frühling zarte Blüten treiben, füllen sich die beiden flachen Wege links und rechts der Mur mit Sonnenhungrigen. Im Schatten der Bäume bleibt es selbst im Hochsommer angenehm kühl und vielerorts lugt zwischen Gewächs und Häusern der Schloßberg durch.

Flussaufwärts ins Grüne

Sie starten z. B. beim **Kunsthaus** [1] in Richtung Norden. Ein kurzer Blick noch auf die **Murinsel** [2] und den Uhrturm, der durch die Häuserschlucht lugt, und dann nichts wie ab ins Grüne! Der Radweg verläuft flussaufwärts am Lendkai mit Zugängen zum **Mariahilferplatz** [3] und dem trendigen **Lend-Szeneviertel** [4]. Weiter vorne, unter der **Kep-**

lerbrücke 5, wechselt Teer zu Schotter über. Sie passieren Schrebergärten und Wohnsiedlungen.

Perspektivwechsel

Runter vom Radl, rauf auf den **Kalvarienberg** 6! Der Felsen, an dem die Kalvarienkirche liegt, ist ganzjährig öffentlich zugänglich. Der Boden mag zwar heilig sein, aber die meisten Besucher kommen wegen irdischer Freuden: Panoramen bis zum Schloßberg, zu dem Reinerkogel, dem Schöckel und bis zur Kirche St. Veit in Andritz locken. Ein paar Minuten Staunen können keine Sünde sein!

Am **Pongratz-Moore-Steg** 7 wechseln Sie die Seiten, die nächste Murüberquerung ist erst 1,7 km weiter vorn möglich. Willkommen im grünen Villenbezirk Geidorf! Flussabwärts fahrend, wird das Flanieraufkommen höher. Fahrradrowdies, sportlich wippende Jogger, aufgeregt herumrennende Kinder oder Hunde aller Couleur fordern Ihre Aufmerksamkeit.

Hinter der Keplerbrücke am Fuße des Schloßbergs haben Sie die Qual der Wahl: Raufkeuchen zum **Hackher-Löwen** 8 (Start bei Heels on Wheels) oder mit der **Schloßbergbahn** 9 raufgondeln – hoch hinauf auf den Schloßberg.

Augen und Ohren zu und durch

Um den Schandfleck **Andreas-Hofer-Platz** 10 wird seit Jahren gerungen. Dass die Tiefgarage als erste von Graz 1965 gebaut wurde, sieht man ihr an. Das **Joanneumsviertel** 11 links liegen lassend, zweigen Sie kurz vor der **Augartenbrücke** 12 und dem **Augarten** 13 rechts in die Unterführung ab.

Im Bezirk Jakomini erregt ein klinkerrotes Gebäude mit dem 50 m aufragenden Schornstein die Aufmerksamkeit der Vorbeikommenden. In den 1870er-Jahren existierte an dem Standort eine Poudrettefabrik, in der aus Fäkalien Dünger produziert wurde. Später wandelte man sie in eine **Seifenfabrik** 14 um.

Mut zur Lücke

Vorne an der nach dem Bier benannten **Puntigamerbrücke** 15 (oder war es umgekehrt?) wechseln Sie auf die rechte Seite der Mur.

Wer sein Rad liebt, der schiebt, denn hinter dem dunklen Durchgang durch die Karlauerbrücke auf Höhe des Augartens tut sich eine Radweglücke auf. Sie ist kein Ruhmesblatt für die Grazer Stadtregierung, aber der Bezirk Gries steht nicht allzu hoch im Kurs in der Politik. Bei der **Synagoge** 16 ist die Durststrecke dann Gott sei Dank vorbei.

Weiter vorne ist der **Nikolaiplatz** 17 von Häusern mit schönen Fassaden flankiert. Das Palais in der Griesgasse 16 wurde übrigens vom selben Mann wie das Neue Münchner Rathaus erbaut, nämlich vom Grazer Architekten Georg von Hauberrisser. Spätestens kurz vor der Hauptbrücke, wenn das Hotel Weitzer samt Café auftaucht, wissen Sie es: Selbst die weniger schmeichelhaften Seiten von Graz sind irgendwie charmant. Vor allem, wenn man weiß, dass ohnehin bald wieder der Uhrturm zu sehen ist.

Um die Ecke träumen

Nur wenige Schritte vom Frühstücks-Hotspot oder Szenelokal zum Hotel, wo gibt es denn so was? In Graz sind die Wege kurz. Wenn Sie in der Innenstadt nächtigen, liegen alle wichtigen Highlights vor der Haustür. Vergeuden Sie keine Zeit mit Öffis oder langen Fußmärschen, springen Sie rein ins pralle Leben!

Im Vergleich zu anderen Tourismusstädten sind die Übernachtungspreise moderat – wer früh genug bucht oder flexibel mit den Anreisetagen ist. Viele Hotels machen es den Airlines nach und passen den Preis an Angebot und Nachfrage an.

In der Hotelszene tut sich momentan zwar viel, aber leider nicht viel Interessantes. Von einer City of Design könnte man mehr Schaffenskraft erwarten. Zwar wurde eine Reihe altehrwürdiger Bettentempel kürzlich zeitgemäß revitalisiert, doch viele verharren im Old Style, in den meisten Fällen stark renovierungsbedürftig. Die neu errichteten Hotels machen einen eher langweiligen Eindruck. Glücklicherweise trotzen einige diesem Trend, speziell kleinere Betriebe punkten mit Esprit und Individualität.

Für einen Städteurlaub der kurzen Wege eignen sich Unterkünfte zwischen dem Dreieck Lend, Schloßberg und Jakomini. Wer mit dem Auto anreist, findet in der Peripherie bessere Parkmöglichkeiten, nur wenige Hotels in der Innenstadt verfügen über ausreichend Parkplätze.

Grundrecht auf gutes Essen

Nicht als Luxus, sondern als Selbstverständlichkeit betrachten die Grazer gutes Essen. Dabei braucht es keine Anlässe oder Feierlichkeiten, essen gehen gehört zum Grazer Lebensgefühl.

Dementsprechend gnadenlos kritisch bewerten die Einwohner die Gastroszene. Wer sich behaupten will, muss gute Qualität liefern. Alles andere würden die Grazer nicht akzeptieren. Wenn ein Lokal leer bleibt, dann aus gutem Grund. Seit 2008 Genusshauptstadt Österreichs, gipfelt das kulinarische Jahr im August in die Lange Tafel auf dem Hauptplatz, wo 750 Personen von 40 Spitzenküchenchefs bekocht werden.

Regionalität und Bioqualität der Lebensmittel haben in den letzten 20, 30 Jahren massiv an Bedeutung gewonnen, speziell in der heimischen Küche. In Graz gab es bereits gut besuchte vegetarische Restaurants Anfang der 1990er-Jahre, als noch keine Rede vom ökologischen Fußabdruck war. Wenn regionale Qualität und Service stimmen, darf die Rechnung ruhig mehr ausmachen.

Bei aller Liebe zur regionalen Küche kommt Trendfood nicht zu kurz, speziell in den jungen Stadtvierteln wie Lend, Jakomini oder dem Univiertel. Neues wird gern angenommen, so lange das Konzept stimmt. Lieblose Neueröffnungen von unerfahrenen Quereinsteigern eliminiert der Markt von selbst.

Das farbenfrohe, hippe Hotel Daniel belebt die ansonsten eher triste Gegend rund um den Bahnhof.

Hauptsache hausgemacht wie bei Oma lautet die Devise des Cafés Omas Teekanne.

Für jeden Geschmack

Flanieren unter Arkaden und in Innenhöfen, sich treiben lassen, staunen, stöbern und gustieren. Was wäre besser für entspanntes Shoppen geeignet als die erweiterte Innenstadt? Wer dort nichts findet, muss auf die großen Einkaufszentren in der Peripherie ausweichen.

Während die Konsumtempel außerhalb der Stadt mit internationalen Ketten, Franchiseläden oder nationalen Großunternehmen werben, punktet die Innenstadt mit Flair, Individualität und Historie. Die Betreiber der Läden tragen maßgeblich dazu bei, dass die Innenstadt belebt bleibt.

Dabei kann das Preisniveau nicht an einzelnen Straßenzügen festgemacht werden. Sicher, in der Herrengasse, der Sackstraße und der Sporgasse zielen die Auslagen auf ein zahlungskräftigeres Klientel ab, aber nicht nur. Jede Straße, jede Gasse eignet sich für jeden Geschmack und jedes Geldbörsel zum Shoppen. Da liegt eine Edelboutique neben einem öko-sozialen Laden und ein Trachtengeschäft gegenüber trendiger Lifestyle-Mode. Viel Abwechslung im kompakten Stadtzentrum, so könnte man Shoppen in Graz auf den Punkt bringen.

Nur eines darf beim Shoppen nicht zu kurz kommen: die leiblichen Genüsse. Egal ob bei einer Pause zwischendurch oder bei einem Zwischenstopp im Spezialitäten- oder Schoko-Paradies.

Als gäbe es kein Morgen

Es fällt nicht schwer, ein nettes Platzerl nachts für die letzte Runde zu finden. Folgen Sie in der Innenstadt einfach den Grüppchen von Nachtschwärmern, die in dunklen Durchgängen verschwinden. Dahinter tun sich Spielplätze der Ausgelassenheit auf, die bis 23 Uhr von Alt und Jung gern genutzt werden.

An lauen Sommernächten machen die Nachtschwärmer die Nacht zum Tag. Danach verschwinden Trinkfeste in den Indoorlokalen, die bis 2 Uhr morgens Gäste mit offenen Armen empfangen. Wer länger auf die Pauke hauen möchte, muss ins Univiertel ausweichen oder in die Clubs. In vielen Cafés und Beisln wird abends live aufgespielt, wobei speziell im Sommer die Konzertkultur auf öffentlichen Plätzen ausgeprägt ist. Die Trennung einzelner »Kategorien« verschwimmt in Graz, viele Lokale halten den ganzen Tag bis in die Nacht geöffnet und bieten Essen und Barbetrieb.

Wem der Sinn nach der Hochkultur steht, besucht die Oper oder das Schauspielhaus. Musik und Kleinkunst abseits des Mainstreams werden auf den Kasematten am Schloßberg oder im Orpheum geboten. Hin und wieder finden im Dom im Berg Club-Nächte statt. Internationale Stars verirren sich nur vereinzelt in die Stadthalle, stattdessen brütet in Graz eine kleine, feine Theaterszene, die schon Stars wie Michael Ostrowski hervorgebracht hat.

Dass Edles und faire Produktion kein Widerspruch sein müssen, beweist Chic Ethic am Tummelplatz.

Sie liegt auf 467 Höhenmetern und gilt damit als höchstgelegene Bar von Graz: die Skybar am Schloßberg.

Warum Helsinki?

Nah am Wasser

Vergessen, dass die Stadt an der Ostsee liegt? Das ist nahezu unmöglich. Von allen Punkten in der Innenstadt blickt man aufs Wasser, das sich – je nach Jahreszeit – als kühles, düsteres oder erfrischendes Nass präsentiert. Wie verliebt man sich sonst noch in Helsinki? Beim Stöbern in all den Läden mit finnischem Design? In den alten Markthallen, die ganz besonders viel über die Stadt erzählen? Vielleicht nach einer langen, durchtanzten Nacht durch die Clubs und Kneipen? Entscheiden Sie selbst!

Winterliches Hafenareal mit der Uspenski-Kathedrale im Hintergrund

Ein echter Finne kühlt sich nach dem Saunagang in der Ostsee ab.

Nur Mut!

Typisch für Finnlands Hauptstadt: die Vielzahl an Buchten, Inseln, Schären und Stränden. Dem Sprung ins kühle Nass (entweder mit oder ohne vorherigen Saunagang) steht also nichts im Wege …

Helsinki auf einen Blick

Helsinki ist ein Gebilde aus Land und Meer, umgeben von einem Kranz aus Inseln. Mit seinem neoklassizistischen Zentrum wirkt die Stadt kompakt. Und tatsächlich sind die meisten Hauptsehenswürdigkeiten vom zentralen Senatsplatz aus gut zu Fuß zu erreichen. Doch Helsinki ist größer als es scheint! Das bedeutet, dass manche Viertel und Quartiere, die ein völlig eigenes Gepräge haben, recht weit vom Zentrum entfernt zu finden sind.

HISTORISCHES ZENTRUM

Der Senatsplatz mit dem Dom ist Helsinkis Postkartenmotiv schlechthin. C. L. Engels architektonisches Meisterwerk gilt zu Recht als einer der ganz großen Würfe neuklassizistischer Stadtplanung und ist Helsinkis historischer wie urbaner Mittelpunkt. Auch Marktplatz und Esplanade gehören zum historischen Zentrum. Der ›Bauch‹ der Hauptstadt und ihre schönste Flaniermeile versprühen mit Skulpturen, mondänen Hotels, Brunnen, Einkaufsgalerien und Cafés fast ein wenig Pariser Atmosphäre!

BAHNHOFSVIERTEL

Oberirdisch einer der schönsten Kopfbahnhöfe Europas, unterirdisch ein Labyrinth aus Fußgängerpassagen – das Bahnhofsviertel bietet Großstadtleben mit viel Verkehr, Hotels, Kneipen und Shoppingmöglichkeiten ebenso wie verschwiegene Grünanlagen und Kultur.

MANNERHEIMINTIE UND KAMPPI

Die großstädtische Mannerheimintie ist die wichtigste Verkehrsader der Innenstadt, an der sich Sehenswürdigkeiten wie Reichstag, Nationalmuseum und Kiasma, aber auch Kinos, Kaufhäuser, Restaurants und Hotels aneinanderreihen. Westlich der Straße schließt sich der Kamppi-Komplex an mit dem gleichnamigen Viertel, Museen und ausgedehnte Parks.

DESIGN-DISTRIKT

Die Nahtstelle zum sogenannten Design-Distrikt bildet der Bulevardi – von hier nach Norden erstreckt sich das Viertel, das heute Mittel-

Blick hinüber zur Töölö-Bucht, zum Dom und zu den Schären

punkt der jungen kreativen Szene ist. Schicke Cafés, Bars, Clubs und Restaurants allerorten. Die Iso Roobertinkatu ist die beste Adresse für alle, die bis in die Morgenstunden tanzen und schwofen wollen.

KATAJANOKKA

Auf der Halbinsel Katajanokka ist man Russland nah! Hier steht die größte russisch-orthodoxe Kirche Nordeuropas, gibt es etliche Gebäude aus zaristischer Zeit und russische Gourmetrestaurants. Ansonsten: viel Jugendstil, eine beachtliche Eisbrecherflotte und insgesamt ein unaufgeregtes, ruhiges Wohnviertel.

KALLIO

Der Stadtteil Kallio war ein ärmlicher Arbeitervorort. Heute wird er nach und nach von Studenten, kreativen Köpfen und Start-up-Unternehmern erobert und in ein Hipster-Viertel verwandelt.

TÖÖLÖ-BUCHT

Die Töölö-Bucht war schon in der Stadtplanung der 1930er-Jahre als ›Neues Zentrum‹ vorgesehen. Heute setzen Finlandia-Halle, Musik-Haus, Nationaloper und Stadttheater kulturelle Akzente nahe dem Wasser. Nördlich der Bucht befindet sich der Vergnügungspark Linnanmäki.

KAIVOPUISTO UND EIRA

Der große Park Kaivopuisto mit dem Botschaftsviertel und das Jugendstilviertel Eira befinden sich am Südrand einer hügeligen Halbinsel. Diverse Einkehrmöglichkeiten, eine Uferpromenade und wunderbare Aussichtspunkte machen die Gegend attraktiv.

HIETANIEMI

Das Quartier Hietaniemi vereint Gegensätzliches: ewige Ruhe auf dem größten Friedhof der Stadt und quirliges Badeleben am populärsten Sandstrand, Architekturikonen wie die Felsenkirche und unspektakuläre Wohnsiedlungen, großstädtische Bebauung und Grünanlagen wie den Sibelius-Park.

SEURASAARI

Die Insel Seurasaari, durch eine Brücke mit dem Stadtgebiet verbunden, repräsentiert durch ihr Freilichtmuseum das ländliche Finnland und ist mit ihren Bade- und Wandergelegenheiten ein Fluchtpunkt für gestresste Großstädter.

SUOMENLINNA

Der Mini-Archipel von Suomenlinna steht als ehemalige Seefestung gleich dreier Mächte auf der UNESCO-Liste des Weltkulturerbes. Neben Geschichtshungrigen locken die Schären im Sommer Wanderlustige und Badefreunde an.

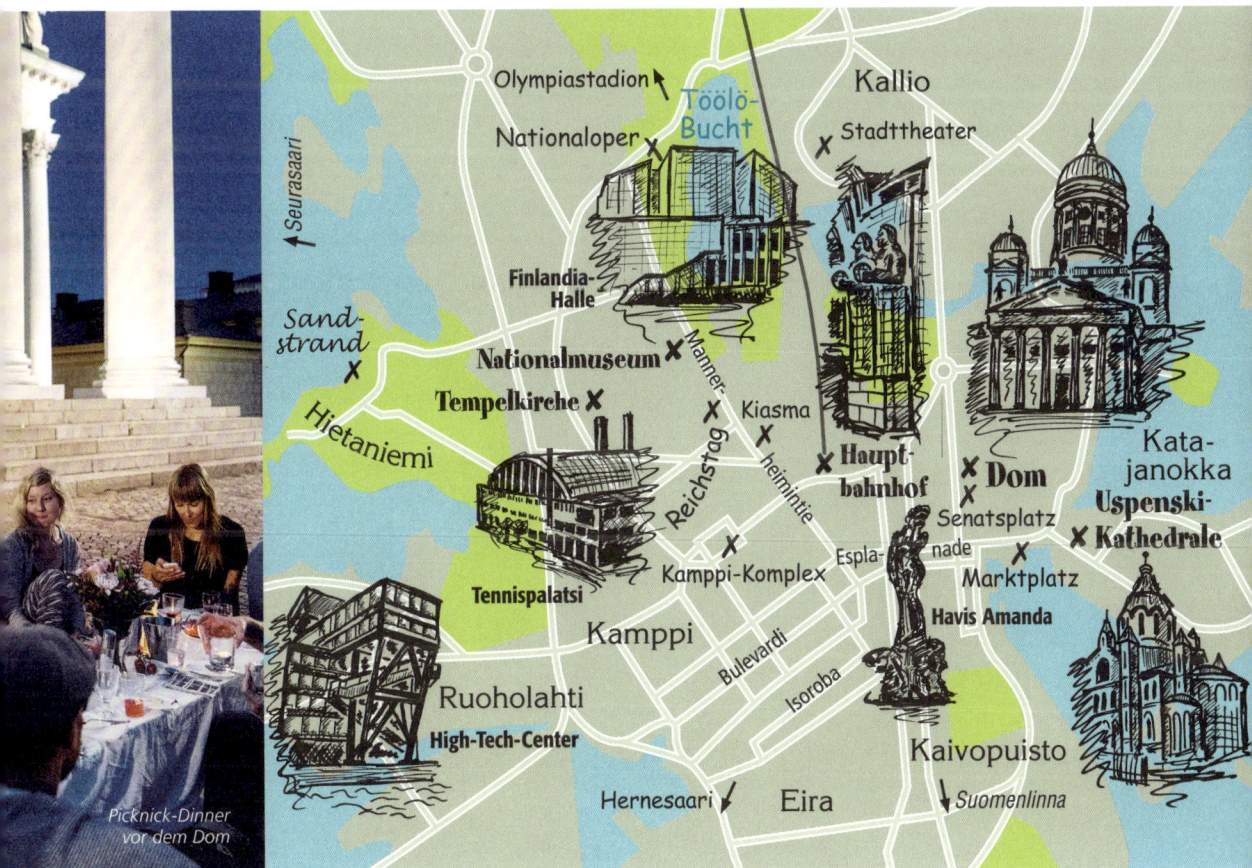

Picknick-Dinner vor dem Dom

5 Touren durch Helsinki

Sibelius-Park mit seinem orgelförmigen Denkmal

1. TOUR

Für die schönen Dinge des Lebens – **Im Design-Distrikt**

Hier sind sie alle: die größten Namen des finnischen und internationalen Designs und die aktuellen Trendsetter. Bitte endlos stöbern!

2. TOUR

Russland ganz nah – **Die Katajanokka-Halbinsel**

Charme statt Ostblock-Tristesse: Wo früher Thriller aus der Zeit des Kalten Krieges gedreht wurden, locken heute schicke Restaurants – und überall dieser Blick aufs Wasser.

3. TOUR

Weiße Bauten, blaues Wasser – **Entlang der Töölö-Bucht**

Weißer Marmorquader, spektakuläre Glasfassaden: Im Inneren dieser architektonischen Ausrufezeichen wird Musik gemacht und getanzt. Draußen am Wasser auch.

4. TOUR

Ein Tempel im Felsen – **Rund um Hietaniemi**

Vom Art Museum zum bekanntesten Sandstrand Helsinkis: Dieses Viertel vereint Kultur und Natur vom Feinsten.

5. TOUR

Strukturwandel live – **Am Länsisatama**

Das neue Stadtviertel am Westhafen lockt mit spannenden Locations, großer Kunst und Leckereien ohne Ende.

Im Design-Distrikt
Für die schönen Dinge des Lebens

Laufsteg für Designer, Trendsetter und Modeschöpfer, quirliger Szenetreff, angesagte Galerien, Restaurants, Cafés und viel Platz zum Shoppen – das ist der Design-Distrikt. Dieser gemütliche Stadtteil erstreckt sich über mehr als 20 Straßen und lockt zum entspannten Bummeln und Flanieren.

Nach Sauna und Mücken ist Design wohl das dritte Klischee, das man mit Finnland in Verbindung bringt. Doch man sollte darüber nicht vergessen, dass finnisches Design, seine Schlichtheit und Funktionalität, sein stimmiger Gebrauch beschränkter Ressourcen spätestens seit den 1930er-Jahren Weltruf genießen. Helsinki bietet hier den Anlaufpunkt, um in die Welt des Interior & Industrial Design einzutauchen. Praktisch, dass fast alle bekannten Markennamen mit einer Niederlassung oder Werkstatt in jenem Viertel vertreten sind, das aus diesem Grund den Beinamen Design-Distrikt trägt.

Kreativität im Überfluss

Bei so vielen kreativ-jungen Köpfen auf so engem Raum nimmt es nicht wunder, dass der Distrikt auch auf anderen Gebieten Energien freisetzt. Junge Mode, Accessoires, Möbel, Hair-Stylistik, Clubs und Hybridrestaurants, Boutiquehotels und Werbeagenturen – all das macht das Viertel für eine modebegeisterte Kundschaft interessant.
Helsinkis älteste Fußgängerzone, die legendäre Iso Roobertinkatu, wurde 2017 renoviert. Parallel dazu verläuft die Uudenmaankatu. Nördliche Grenze ist die breite Verkehrsachse Bulevardi – eine gute Adresse für Kunst, Antiquitäten und feine Lederwaren. Im Westen geht der Distrikt bis zur Fredrikinkatu und noch darüber hinaus. Hier werden in kleinen, persönlichen Boutiquen vor allem Mode und Innendekoration verkauft.
   Ein guter Startpunkt für eine Erkundungstour durch den Design-Distrikt ist die Esplanade, Helsinkis ›Autobahn‹ mit integriertem Grüngürtel. Am westlichen Ende der Eteläesplanadi (Südliche Esplanade) findet sich mit Artek ein Muss für Freunde der klassischen Designmoderne. Alvar Aalto (1898–1976) und andere junge finnische Designer gründeten die Firma 1935, um ihre Produkte besser vermarkten zu können.

Endlos entdecken

Weiter in Richtung Westen, vorbei am Schwedischen Theater, gelangt man zum tortenstückförmigen Kolmikulma-Park, der schon im Herzen des Trendviertels der Hauptstadt liegt. Ab hier wird es nach Süden hin ein wenig ruhiger – dennoch findet man zahlreiche Modeläden, Kunstgalerien, Design- und Antiquitätengeschäfte, darunter wichtige Namen des finnischen und internationalen Designs, die Klassiker der Moderne, aber auch aktuelle Trendsetter. Auch nur die wichtigsten Adressen aufzuzählen würde zu weit führen – hier ist Entdeckergeist angesagt!

Ein farbenfrohes Beispiel für echt finnisches Design im Alltag ist das Label Marimekko.

▶ INFOS & FÜHRUNG

Eine Übersicht über die interessantesten Läden und neusten Entwicklungen des Distrikts gibt die Website www.designdistrict.fi. Mit dem ›Design Walk‹ können Sie den Design-Distrikt und die Geschichte der bekanntesten Geschäfte kennenlernen sowie mit aktuellen Designern ins Gespräch kommen – alles unter sachkundiger Führung (auf Englisch, Buchung über Happy Guide Helsinki, happyguide-helsinki@gmail.com, www.designtourshelsinki.com).

Die Katajanokka-Halbinsel
Russland ganz nah

Hoch überragt die backsteinrote Uspenski-Kathedrale das Viertel Katajanokka, das früher gern als Kulisse für Thriller aus der Epoche des Kalten Krieges genommen wurde. Doch keine Angst: Statt düsterem Ostblock-Charme prägen hübsche Plätze, ansehnliche Gebäude, gute Restaurants und der stete Blick aufs Wasser die Halbinsel.

Als man in den 1840ern einen schmalen Kanal aushob, wurde aus der Halbinsel Katajanokka eigentlich eine Insel. Diese erreicht man vom Kauppatori aus am bequemsten über eine Fußgängerbrücke und überquert dabei eine unsichtbare Grenze: auf der einen Seite das kompakt bebaute neoklassizistische Stadtzentrum, auf der anderen eine ruhige Wohnumgebung mit einer interessanten Melange aus alten Zoll- und Packhäusern, Jugendstilgebäuden, neoklassizistischen Prunkbauten und neuerer Architektur.

Wahrzeichen auf der Kuppe

Das alles überragende Gebäude der Halbinsel, das bereits vom Kauppatori und von vielen anderen Stellen der Hauptstadt zu sehen ist, ist die Uspenski-Kathedrale, immerhin die größte russisch-orthodoxe Kirche Nordeuropas. Ihre monumentale Wirkung wird noch gesteigert, weil sie ähnlich wie der Dom auf einer Granitkuppe steht. Die der ›entschlafenen Jungfrau Maria‹ geweihte Kathedrale entstand 1868 im altrussischen Stil. Außen ist sie mit rotem Backstein verkleidet, darüber sieht man rings um den Turmhelm mehrere vergoldete Laternen.

Als wär's ein Stück Russland: Orthodoxes in der Uspenski-Kathedrale

Kasino mit Vergangenheit

Von hier aus kann man zum idyllischen Viertel am Kai des Nordhafens hinabsteigen. Dort sieht man den roten Backstein mehrerer restaurierter Hafenmagazine aus dem 19. Jh., vor denen nun die Fackeln edler Restaurants brennen. Direkt am Wasser entlang führt die Laivastokatu etwas weiter östlich zum hellgrünen Katajanokka-Kasino, einem ehemaligen Lagerhaus, das 1911 sein heutiges Aussehen als Kasino für die Seeoffiziere der Russischen Kaiserlichen Flotte erhielt. Während der Märzrevolution 1917 wurden im Festsaal die Offiziere von den aufständischen Soldaten hingerichtet. Heute beherbergt das Kasino ein beliebtes Restaurant mit Terrassencafé.

Uspenski-Kathedrale

Das Eis brechen

Den aussichtsreichen Weg im Süden überragen Häuser der Jahrhundertwende, die vielfarbig auf einer Klippe thronen. Danach passiert man Bootsanleger mit viel maritimer Atmosphäre, bis einige mächtige Schiffe auftauchen. Sie gehören zur Flotte der finnischen Eisbrecher, die hier am Nordufer ›übersommert‹, während sie in der kalten Jahreszeit die Schiffswege im Finnischen und Bottnischen Meerbusen frei hält. Die Insel dahinter ist übrigens Korkeasaari, auf der sich der Helsinkier Zoo befindet.

Entlang der Töölö-Bucht

Weiße Bauten, blaues Wasser

Schon in den 1950ern plante man rund um das blaue Wasser der Töölö-Bucht das Zentrum des neuen Helsinki. Doch erst die spektakulären Projekte der letzten Jahre ließen die Pläne Wirklichkeit werden.

Zwischen der verkehrsreichen Schneise der Mannerheimintie und der Töölö-Bucht erhebt sich inmitten eines kleinen Parks die markant konturierte Finlandia-Halle. Der Komplex aus weißem Carrara-Marmor und grauem Granit ist eine der auffälligsten Landmarken der Hauptstadt, er wurde 1971 fertiggestellt und 1975 erweitert. Bis in kleinste Details trägt die Halle die Handschrift ihres Erbauers Alvar Aalto. Wer sich für die Architektur interessiert, kann sie auf geführten Rundgängen besichtigen. Das Foyer und die Ausstellungen der ›Galerie Veranda‹ sind aber auch ohne Eintrittsgeld anzusehen.

Architektonisches Ausrufezeichen

Die Finnische Nationaloper ist das nächste Wahrzeichen des neuen Helsinki. Innerhalb der Parklandschaft rund um den See setzt das weiße, 1993 fertiggestellte Opernhaus ein architektonisches Ausrufezei-

Wie geschaffen für Performances und Kunst-Aktionen: der Platz vor der weißen Marmorfassade der Finlandia-Halle

chen. Angesichts leerer Kassen war der Bau der zur Töölö-Bucht hin komplett verglasten Oper seinerzeit umstritten. Mit seiner Experimentierbühne sowie mehreren Ballett-, Proben- und Chorsälen ist der Bau heute aus dem hauptstädtischen Kulturleben nicht mehr wegzudenken. Die Preise sind moderat, viele Vorstellungen jedoch oft lange im Voraus ausgebucht – also rechtzeitig Karten besorgen!

Training unter Bäumen

Hinter der Oper sollte man den kleinen Schlenker nach links nicht scheuen, wo im Viertel jenseits der Helsinginkatu eindrucksvolle Sportstätten und Arenen konzentriert sind. Umgeben ist das Ganze von Fichten, Kiefern und glattgeschliffenen Granitkuppen, die die Nähe der Großstadt vergessen lassen. Eine Art sportliches Entree bildet die von Wäino Aaltonen gestaltete Nurmi-Statue, die an eine Ikone des finnischen Sports erinnert. Der Langstreckenläufer Paavo Nurmi (1897–1973), dessen vergoldete Schuhe im nahen Sportmuseum aufbewahrt werden, nahm in den 1920ern an drei Olympischen Spielen teil und gewann dabei neun Gold- und drei Silbermedaillen.

Ganz in der Nähe huldigt eine weitere Statue dem Langstreckenläufer Lasse Viren (geb. 1949). Von der Nurmi-Statue (besser noch: von dem Hügel zur Rechten) hat man einen guten Blick auf das Olympiastadion, das bereits für 1940 geplant und im Wesentlichen fertiggestellt worden war – wegen des Zweiten Weltkriegs mussten die Olympischen Spiele damals aber ausfallen und wurden erst 1952 nachgeholt. Die Modernität dieser landesweit größten Sportarena erschließt sich wohl am ehesten, wenn man sie mit dem ›Vorgängerbau‹, dem Berliner Olympiastadion, vergleicht. Das denkmalgeschützte, 40 000 Zuschauer fassende Stadion wird nun überdacht und gründlich modernisiert. Währenddessen bleiben alle Institutionen geschlossen, auch das Sportmuseum und der 72 m hohe Aussichtsturm.

Für Bewegungsfans: An der Töölö-Bucht können Sie am Wasser entlangjoggen, unter Bäumen wandern und zwischendurch eine Partie Schach mit Großfiguren im Hesperiapark spielen. Genauso gut können Sie die Picknickdecke ausbreiten, sonnenbaden, Enten füttern, Fahrrad fahren oder den See – je nach Jahreszeit – mit Kanu oder Schlittschuhen erkunden und dabei fantastische Blicke auf die Gebäude rundherum genießen. Kajaks, SUP-Boards und Boote kann man an der Südspitze der Bucht bei Hakuna Matata ausleihen.

Für jede Jahreszeit

In unmittelbarer Nähe sind weitere Sportstätten angesiedelt: u. a. die moderne Telia 5G -areena, die Eissporthalle, das Schwimmstadion und mehrere Fußballplätze. Von diesen Arenen im Grünen spaziert man nur wenige Hundert Meter südöstlich auf den idyllischen Eläintarha-Park zu, der gegen Ende des 19. Jh. angelegt wurde und mit einigen Statuen geschmückt ist. In seinem Zentrum befindet sich die Eisen-Glas-Konstruktion des Wintergartens von 1893, dessen Besuch durchaus lohnt. Davor fällt das Gelände in mehreren Terrassen mit Rosengärten und anderen Blumen wieder zur Helsinginkatu und zur Töölö-Bucht ab.

Alles auf einen Blick

Auf der Ostseite der Bucht führt ein Weg erhöht am Ufer entlang, mit tollem Blick auf die Wasserfontäne, auf Reichstag, Musik-Haus, Finlandia-Halle, Nationaloper und Nationalmuseum. Jetzt versteht man, warum in der Stadtplanung von Alvar Aalto und anderen die Töölö-Bucht die wichtigste Rolle spielte. Dabei gibt es auf dieser Seite, im Distrikt Linnunlaulu, so gut wie keine repräsentativen Bauten, dafür aber manche schön restaurierte, herrschaftliche Holzvilla, darunter alte Kapitänshäuser und das idyllische Café Sininen Huvila.

> HELSINKI ISN'T ALL THAT BAD (...).
> IT'S A VERY NICE CITY,
> AND IT'S COLD REALLY ONLY
> IN WINTERTIME.
>
> Linus Torvalds

Rund um Hietaniemi
Ein Tempel im Felsen

Ein Sandstrand, ein Friedhof, Museen und ein ganz normales Wohnviertel – Schlaglichter einer Wanderung durch einen Stadtteil, der von Natur bis Kultur alles in sich vereint. Das eher unbekannte Helsinkier Quartier Etu-Töölö, in dessen Herzen die berühmte Tempelkirche in den finnischen Granit gesprengt wurde, erstreckt sich von der Mannerheimintie bis zur Halbinsel Hietaniemi.

Direkt hinter dem Kamppi-Komplex steht eine auffällig gewölbte Halle, die Tennispalatsi heißt – tatsächlich waren hier einmal vier Tennisplätze untergebracht. Nach Jahren des Verfalls konnte die Anlage renoviert und umfunktioniert werden. Das weiße Gebäude im lupenreinen funktionalistischen Stil war 1938 im Vorgriff auf die geplanten Olympischen Sommerspiele von 1940 eröffnet worden. Als diese dann 1952 nachgeholt wurden, war der ›Tennispalast‹ Schauplatz des Basketballturniers. Gleich über dem Kino – eingehüllt in den Duft frischen Popcorns – präsentiert hier das Helsinki Art Museum (HAM) in den beiden oberen Stockwerken finnische und internationale Kunst der Jetztzeit, Installationen und Happenings. Sehenswert ist die permanente Ausstellung, die ganz andere Seiten der finnlandschwedischen Künstlerin Tove Jansson als ihre berühmten Mumin-Comics zeigt.

Nicht nur schön anzusehen: Die Kupferkuppel der Tempelkirche sorgt als Klangschale auch für optimale Akustik.

›Schienenverkehr‹ im Untergrund

Vom Hauptbahnhof bis zum Westhafen durchschneidet ein 5 m tiefer Graben das Stadtbild – ein Relikt aus den Zeiten, als hier noch eine Bahnlinie zum Transport von Gütern an den Hafen entlangführte. Als 2008 der Schiffstransport in die Gegend Vuosaaris verlegt wurde, war der Transportweg auf einmal überflüssig und wurde 2012 in einen 1,5 km langen tiefer gelegten Korridor für Fußgänger und Radfahrer umfunktioniert, ›Baana‹, finnisch für Schiene, genannt.

Über die Baana führt eine Brücke; wenn Sie sie überqueren und sich rechts halten, gelangen Sie zum Naturhistorischen Museum (Luonnontieteellinen Museo), einem sehr schönen Bau im Stil der Neorenaissance. Davor steht ein Bronze-Elch und vom Balkon begrüßen zwei Giraffen die Besucher. Im Inneren entführen umfangreiche Ausstellungen anschaulich auf eine Reise durch die finnische Natur oder durch die Evolution seit dem Urknall.

Helsinkis Architekturikone

Über die leicht ansteigende Fredrikinkatu geht es zur Tempelkirche, auch Felsenkirche genannt. Von außen ist die flache Kuppel kaum zu sehen, und auch der Eingang mit dem diskreten Charme einer Tiefgarage lässt nicht ahnen, welch fantastischen Raumeindruck das Innere bietet: Rauer Fels, eine von Betonrippen getragene Kupferdrahtkuppel und die schlichte Einrichtung liefern eine eindringliche Bühne für den sich ständig wandelnden Lichteinfall. Zu Recht gilt die moderne Kirche als eine der schönsten Skandinaviens.

Sie ist das Ergebnis eines Architekturwettbewerbs, bei dem die Aufgabe zu bewältigen war, einen von hohen Mietshäusern gesäumten und mit einem Granitbuckel besetzten Platz mit einem Gotteshaus zu schmücken. Erst im dritten Anlauf fand sich 1961 mit dem Konzept der Brüder Timo und Tuomo Suomalainen eine eigenwillige Lösung: Mit ihrem Plan strebten sie nicht in die Höhe, sondern in die Tiefe und sprengten eine Kirche in den Felsen! Am schönsten ist es hier in den frühen Morgenstunden, wenn die Sonne schräg durch die Fenster fällt und der Raum noch nicht von Touristen überflutet ist. Oder Sie genießen den fantastischen Klang während eines der regelmäßig stattfindenden Konzerte: Wegen ihrer besonderen Stimmung und guten Akustik zählt die Felsenkirche zu den beliebtesten Konzertsälen des Landes.

Ruhestätte neben Badestrand

Hietaniemi – die grüne Halbinsel, die im Westen der Stadt in die Bucht ragt, wird fast zur Gänze vom Friedhof Hietaniemi besetzt, dem größten des Landes. Seit 1829 ist er letzte Ruhestätte für viele bedeutende Persönlichkeiten. Westlich der Kapelle befindet sich der Kriegsgräberfriedhof, ebenso die Grabstätten fast aller finnischen Präsidenten. Auch andere Berühmtheiten wie Tove Jansson ruhen hier. Interessant ist ein Vergleich der Gräber mit denen auf dem orthodoxen, jüdischen oder islamischen Teil des Friedhofs. Ein Spaziergang jenseits der Friedhofsmauern am Ufer entlang ist besonders idyllisch. Doch die Halbinsel Hietaniemi ist nicht nur den Toten vorbehalten, sondern auch ein lebendiges Ausflugsziel. Dem Uferweg nach Norden folgend gelangen Sie nach Hietaranta, dem bekanntesten Sandstrand Helsinkis.

Heftige Kontroversen löste das abstrakte Monument zu Ehren des wohl berühmtesten Komponisten Finnlands, Jean Sibelius, nach seiner Enthüllung im Jahr 1967 aus. Der Künstler Eila Hiltunen versuchte sie zu entschärfen, indem er das Werk kurzerhand um eine konventionelle Büste des Musikers ergänzte. Die über 600 geschweißten und polierten Stahlröhren erinnern an Orgelpfeifen, doch Sibelius komponierte nie für die Orgel. Das Denkmal soll wohl eher an Baumstämme denken lassen und somit die nordische Natur als Inspirationsquelle für die Musik von Sibelius einfangen. Am besten kommen Sie in den Abendstunden, wenn die Röhren das

rötliche Sonnenlicht einfangen und die Fotografen und Touristengruppen verschwunden sind. Manchmal pfeift dann der Wind durch die Hohlräume – hören Sie die Musik?

Am Länsisatama
Strukturwandel live

Am Hietalahdentori, dem Markt des Westhafens, spielt die finnische Hauptstadt mit großen und repräsentativen Bauwerken noch einmal Metropole. In Sichtweite dazu wird mit der Werft die ökonomische Grundlage des Reichtums deutlich. Doch der Strukturwandel hat längst Einzug gehalten: Aus der ehemaligen Kabelfabrik von Nokia ist das größte Kulturzentrum Finnlands, auf dem Boden alter Industriebrachen das neue Stadtviertel Ruoholahti entstanden.

Mit der Tram oder auch zu Fuß über den Bulevardi oder die Baana gelangen Sie schnell zum Westhafen, der sowohl eine Bezeichnung für den Hafen selbst als auch für den gesamten Stadtteil ist. Der Westhafen in seinem heutigen Erscheinungsbild entstand Anfang des 20. Jh., indem mehrere kleine Inseln durch Landaufschüttungen mit dem Festland verbunden wurden. Das Gebiet am Rand der Stadt rückt seitdem immer weiter ins Zentrum.

Wie aus Bier Kunst wird

Am westlichen Ende der Flanierstraße Bulevardi, kurz nachdem man das Alexander-Theater aus den 1870ern passiert hat, fällt links ein großer Industriekomplex aus rotem Backstein auf. Dabei handelt es sich um die ehemalige Brauerei Sinebrychoff, die 1819 vom gleichnamigen Braumeister aus St. Petersburg ins Leben gerufen wurde. Die Familie Sinebrychoff sammelte in ihrer neuen Heimat von Anfang an auch Kunst, bis sie dem finnischen Staat 1921 die Kunstsammlung vermachte. Im selben Jahr wurde das Kunstmusem Sinebrychoff eröffnet, das seit 2013 neben dem Ateneum und dem Kiasma Teil der Finnischen Nationalgalerie ist. Neben der beachtlichen Sammlung alter europäischer Meister sowie russischer und karelischer Ikonen ist vor allem das Hausmuseum als Herz der Ausstellungen sehenswert. Das repräsentative Wohnhaus der Brauereifamilie wird vom Sinebrychoff-Park im Stil eines englischen Gartens umgeben.

Imbiss-Mania

Architekturfans sollten sich das High-Tech-Center (HTC) an der Tammasaarenkatu nicht entgehen lassen, dessen fünf markante, am Wasser aufgereihte und 2001 fertiggestellte Bürogebäude nach den Schiffen berühmter Entdecker benannt sind, etwa der Santa Maria von Kolumbus oder der Kon-Tiki von Heyerdal. In dem ersten Komplex dieser Art in Finnland arbeiten rund 1500 Menschen in 30 unterschiedlichen Firmenbüros an internationalen Technikprojekten. Die Untergeschosse dreier Gebäude sind miteinander verbunden und bilden ein gemeinsames Auditorium.

Um die Ecke breitet sich der Hietalahdentori aus, einer der größten Plätze der Stadt. Umringt wird er von respekteinflößenden hohen Gebäuden wie der ehemaligen Technischen Hochschule (1877), die im Hollywoodstreifen »Gorky Park« als Regierungspalast von Moskau zu sehen ist. Der Platz selbst wird von der Hietalahti-Markthalle dominiert, einem ausnehmend schönen Jugendstilgebäude. Besonders im Sommer lohnt sich ein Abstecher hierher, wenn sich vor der Halle die Schatzsucher auf dem Flohmarkt tummeln. In der Markthalle kann man von Suppe bis Sushi alles für einen Imbiss finden.

Tor zum Osten

Über die Hietalahdenranta, vorbei am kleinen Hafenbecken und über die Uferpromenade südwärts gelangt man zum Länsiterminaali

(West-Terminal), der seit der Verlegung des Containerverkehrs nach Vuosaari 2008 hauptsächlich touristischen Zwecken dient: Hier legen vor allem die Fähren zum pittoresken Tallinn ab, aber auch das eine oder andere Schiff nach St. Petersburg. Immer wieder schweift der Blick nach Süden zum großen Komplex der Arctech-Helsinki-Werft, die seit 2014 der United Shipbuilding Corporation (USC), dem größten Schiffsbauunternehmen Russlands, gehört, aber über Jahrzehnte hinweg als Wärtsilä-Werft weltbekannt war.

Musterknabe der Umgestaltung

Auch entlang der anderen Kais am Westhafen sah man früher Werften, Magazine und Kräne, später hauptsächlich Industriebrachen. Ab den 1990ern wurde das Hafengelände saniert. Der entstandene Stadtteil Ruoholahti (Grasbucht) ist allerdings nicht ganz so grün, wie der Name es vermuten ließe. Alte Industrieareale, der Hafen, neue Architektur und Wasser gehen eine attraktive Verbindung ein. Heute leben hier Sozialhilfeempfänger ebenso wie Beamte, es gibt innovative Kreativfirmen genauso wie Fabriken und Hafenterminals. Um die alte Nokia-Kabelfabrik breitet sich ein Business-Distrikt aus, in dem sich viele Hightechfirmen niedergelassen haben. Seit der Umwandlung des Alko-Gebäudes nahe der Metrostation in das Einkaufszentrum Ruoholahti Kauppakeskus (2003) kann man nun auch ausgelassen shoppen.

> ### KABEL ADÉ
>
> Ein ganz besonderes Highlight in Ruoholahti ist die alte Nokia-Kabelfabrik (Kaapelitehdas). Bis 1980 wurden in dem ehemaligen Industriekomplex Kabel für die Firma Nokia hergestellt, 1991 wurde er in das größte Kulturzentrum des Landes umgewandelt!
> In der Kabelfabrik gibt es Kunstschulen, zwölf Galerien und drei interessante Museen: Das Finnische Museum für Fotografie inspiriert mit wechselnden Ausstellungen, das Theatermuseum (Teatterimuseo) lässt das Publikum in einer Kreuzung zwischen Informations- und Aktivitätszentrum in die Welt hinter der Bühne eintauchen und im Hotel- und Restaurantmuseum erfährt man mehr über die spannende Geschichte des Alkohols in Finnland. Neben diesen Attraktionen ziehen Tanztheater die Besucher an, es gibt Restaurants und Imbisse, Events und viele multikulturelle Veranstaltungen. Junge Musiker und Künstler können Hobby-, Atelier- und Studioräume mieten.

Strukturwandel geschafft: entspannter Blick auf ehemalige Werften in Länsisatama

In fremden Betten

Wie man sich bettet …

Wer reiste früher schon nach Helsinki? Geschäftsleute, Diplomaten und natürlich bei den Olympischen Sommerspielen viele internationale Gäste. Für diese Klientel wurden Helsinkis Hotels gebaut. Kleine, gemütliche Pensionen für Individualreisende findet man deshalb so gut wie gar nicht.

Ab den 1980ern entstanden große, praktische und komfortable Häuser, die meist einer Kette (Sokos, Scandic) angehören. Erst seit jüngerer Zeit gibt es vermehrt Boutique- oder Art-Hotels, die mehr auf Individualität setzen.

In allen Unterkünften ist ein recht hoher Standard, aber auch ein hohes Preisniveau zu erwarten. Eine verbindliche Preisliste hat jedoch kaum noch ein Hotel in Helsinki. So kann man mit etwas Glück selbst ein Zimmer im Fünf-Sterne-Edelklassiker-Hotel Kämp zum Schnäppchenpreis ergattern. Die Faustregel, sich frühzeitig um eine Unterkunft zu kümmern, weil man so die besten Tarife kriegt, stimmt auch nicht mehr. Manchmal bekommen Sie die wahren Schnäppchen nur *last minute*!

Erstaunlich groß ist das Angebot an Ferienwohnungen oder Apartments! Damit bekommen Sie eine größere Wohnfläche und die Möglichkeit, sich das Essen selbst zu kochen. Auch bei Airbnb sind viele privat vermietete Unterkünfte zu finden, oft zentral gelegen und modern eingerichtet.

Keine Architekturperle: Die Fassade des Arthur ist typisch für einen Großteil der Helsinkier Hotellerie.

Satt & glücklich

Ohrfeigen für Naschkatzen

Einst eine gastronomische Wüste, wimmelt es in Helsinki mittlerweile von Restaurants, die die ganze Welt hierherbringen. Dazu verströmen lappländische Spezialitätenrestaurants den Reiz des Exotischen.

Die Lage zwischen Ost und West hat auch auf der Speisekarte ihre Spuren hinterlassen. Zum Erbe der Schweden gehören die marinierten Heringe, die Hausmannskost *pyttipannu* aus gebratenen Kartoffeln, Zwiebeln und Speck sowie das traditionelle Krebsessen. Die Pirogge (*piirakka*) stammt aus der finnisch-russischen Traditionslandschaft Karelien. Die herzhaften Teigtaschen mit Kartoffel oder Reis kann man günstig im Supermarkt kaufen – ein prima Snack für zwischendurch! Generell bevorzugen die Finnen eine saisonal geprägte Küche aus dem, was Wald (Beeren, Pilze, Rentierfleisch) und Meer (Fisch, Meeresfrüchte) hergeben. Ein allgegenwärtiges Grundnahrungsmittel ist das Roggenbrot (*ruisleipä*).

Nach der Sauna essen die Finnen am liebsten eine Wurst (*makkara*), die sie mit Bier (*olut*) hinunterspülen. Und wenn man vom Teufel spricht: Die Finnen sind berühmt-berüchtigt für ihren Alkoholkonsum. Wegen der enorm hohen Preise für Alkoholika und des Monopols der staatlichen Alko-Läden spart man sich diesen Genuss oft für das Wochenende auf, holt dann aber alles nach.

Rentier (›poro‹) in Dosen

Mal keine Heringe shoppen

Dass in- und ausländische Touristen einmal in die finnische Hauptstadt pilgern sollten, um zu shoppen, war lange Zeit undenkbar. Was sollte man hier schon kaufen – Heringe? Wirtschaftlicher Aufschwung, vor allem aber die ›Erfindung‹ des finnischen Designs, sorgten für einen tiefgreifenden Wandel.

Beispielhaft dafür steht die Esplanade, ursprünglich als reine Flaniermeile gedacht. Heute ist sie Drehkreuz für Besucherströme, die vor Ort die Auslagen inzwischen weltbekannter finnischer Labels betrachten oder den unterschiedlichen Shopping-quartieren entgegenstreben, die die Esplanade verbindet. Zwar gibt es sie noch, die kleinen Tante-Emma-Läden, die ungeordneten Krimskrams-Shops und Märkte, in denen das Finnland der Vergangenheit durchschimmert. Ihnen gegenüber aber stehen glitzernde Einkaufspassagen, gut gefüllt mit (oft russischer oder fernöstlicher) Kundschaft, elegante Boutiquen, boomende Modehäuser und eine Vielzahl junger, unabhängiger und unkonventioneller Geschäftskonzepte, über die sich selbst weit größere Städte freuen würden. Auch in seinen Einkaufswelten gelingt Helsinki also der Spagat zwischen mondänen Konsumtempeln und bodenständigen Märkten, zwischen kreativer Avantgarde und ländlicher Tradition.

Das Marimekko-Muster Unikko (›Mohn‹) ist über 50 Jahre alt.

Nordische Partykönigin

Früher war Helsinki abends nicht gerade die lebendigste Stadt. Das hat sich deutlich geändert, inzwischen ist eine quicklebendige Club-, Kneipen- und Nightlifeszene entstanden. Die angesagten Stadtteile wechseln und das Leben tobt selbst in mausgrauen Arbeitervierteln.

Wer am Freitag oder Samstag ausgeht, sieht und hört Livemusik satt, kann bis nach 4 Uhr abtanzen und lernt mit Helsinki eine neue europäische Partykönigin kennen.

Zu den Hotspots der Szene gehört der Bahnhofsplatz, wo man auf eine (Night)Club-Konzentration stößt, die man auch an mehr als einem Wochenende nicht ausschöpfen könnte. Nur wenige Hundert Meter weiter westlich sind unterhalb der Kamppi-Station etliche Künstlerlokale, schräge Bars, Rockclubs und Irish Pubs auf engstem Raum versammelt.

Im Töölö-Viertel ist das Publikum älter und die Lokale sind gediegener. Ähnliches gilt für die Esplanade, wo man auf einen Mix von durchgestylten Chill-out-Oasen, rustikalen Pubs und gehobenen Nightclubs trifft. Südwestlich davon, entlang der Iso Roobertinkatu, ist Clubbing angesagt: in Clubs mit Weltmusik, Hybridrestaurants, Cafés, Musiklokalen. Weiter nördlich ist das ehemalige Arbeiterviertel Kallio mit Cafés, Restaurants, und Clubs der neue und angesagte Party-District für Studenten.

Von wegen nordisch unterkühlt!

Warum Mannheim?

Neu im Kunst-Himmel

Einer der spektakulärsten Museumsneubauten entstand 2018 nicht in Berlin oder München, sondern in Mannheim! Als Kunst-Mekka war die Stadt bis dahin nicht bekannt, als lebendige Kulturstadt mit vollem Veranstaltungskalender hingegen schon. In all der Moderne behauptet sich der in Sichtweite zum Museum gelegene Wasserturm schon lange – als Sinnbild für Fortschrittlichkeit (er sicherte die Versorgung mit Trinkwasser) und zugleich als architektonische Augenweide.

Wasserturm auf dem Friedrichsplatz

Quadratisch, praktisch, multikulti

Die Mannheimer leben in Quadraten zwischen schnurgeraden Straßen. Das ›Manhattanhenge‹ ist einzigartig in Europa. Mit New York verbindet Mannheim auch die große Offenheit: Zuwanderung? Multikulti? Integration? In Mannheim schon seit 400 Jahren. Gut, dass sich Dinge manchmal nicht ändern!

Schachbrettartiger Städtebau

Mannheim auf einen Blick

121 m über dem Meeresspiegel reichen, um mit Klischees aufzuräumen: Vom Fernmeldeturm am Luisenpark aus wirkt die angeblich so graue Industriestadt Mannheim grüner als gedacht. Nur einen Katzensprung sind Odenwald und Pfalz entfernt.

DIE QUADRATE

Dass Mannheim eine Stadt zwischen zwei Flüssen ist, zeigt sich bereits an der Struktur der Innenstadt: Die Quadrate liegen in einer Gabelung am Zusammenfluss von Rhein und Neckar. Die Landspitze dazwischen hat fast vollständig die Industrie in Beschlag genommen. Das schachbrettartige Grundmuster ist vollkommen auf das Schloss ausgerichtet. Dieses war im 18. Jh. als ›Krone der Stadtanlage‹ anstelle einer geschliffenen Festung errichtet worden und bildet noch heute den Abschluss der Quadrate zur Rheinseite hin.

Die Quadrate werden von zwei breiten Hauptachsen durchschnitten: von den Planken von Ost nach West und von der Breiten Straße von Süd nach Nord. Gezählt wird vom Schloss aus mit dem Quadrat A1, denn hier liegen die A-Quadrate links der Breiten Straße. Aufsteigend geht es dann weiter in Richtung Norden und Neckar bis zum Buchstaben K. L ist wiederum auf der rechten Seite der Breiten Straße direkt am Schloss zu finden. Ach ja, und damit Sie gar nicht erst danach suchen und nicht fündig werden: Ein I-Quadrat gibt es nicht. Und nach U6 ganz im Nordosten Richtung Neckar ist Schluss mit der Zählerei …

JUNGBUSCH

Der Jungbusch hat nur 15 Straßenzüge, dafür eine der höchsten Dichte an Menschen mit Migrationshintergrund und Kneipen. Unmittelbar am Verbindungskanal von Rhein und Neckar lebten im einstigen Hafenviertel zunächst wohlhabende Händler, Reeder und Kapitäne, ehe in den 1960er-Jahren vor allem Arbeitsmigranten in die unsanierten Gründerzeitbauten zogen. Heute beflügeln Studenten und Kreative den Strukturwandel – dazu tragen auch die Popakademie, das Kunsthaus Port25 und das Kreativwirtschaftszentrum C-Hub bei. Das ist eine große Chance für die

Ü ÜBRIGENS

Die Kelten nannten ihn »böser, schneller Fluss«. Heute ist der Neckar nüchtern betrachtet eine der wichtigsten Verkehrsadern im Südwesten, von Industriekränen flankiert und mit den Lichtern des weltweit größten Chemiekonzerns BASF am Horizont. Davor rauscht der Stadtverkehr über die Jungbuschbrücke. Und dahinter? Wartet die Industrieromantik dieser Stadt. Nicht nur, wenn die Sonne untergeht …

Die Jungbuschbrücke über dem Neckar

Stadtentwicklung, andererseits sorgen steigende Mieten und Immobilienspekulanten auch dafür, dass der ›Kiez‹ sein Gesicht verändert.

SCHWETZINGERSTADT UND OSTSTADT

Im Anschluss an die Innenstadt trennt die große Verkehrsachse Augustaanlage – als Boulevard angelegt – zwei Stadtteile: Im Südwesten des Straßenzugs liegt die Schwetzingerstadt. Vormals Gartenland, wurde sie im späten 19. Jh. zu einem Mix aus Gewerbe und Wohnvierteln, heute finden sich hier schöne Läden, Bars, Cafés und Restaurants. Anders präsentiert sich die eher mondäne Oststadt auf der anderen Seite der Augustaanlage: Sie grenzt an den großen Luisenpark und war ein Geschenk, das sich erfolgreiche Unternehmer zum 300. Geburtstag der Stadt um 1907 selbst machten. Nach dem Motto ›Schöner Wohnen‹ schufen sie sich ein Quartier mit Jugendstilvillen, Palais und schönen Mehrfamilienhäusern. Quasi als Tor zur Oststadt liegt daneben der Wasserturm, den die Kunsthalle und das Kongress- und Konzertzentrum Rosengarten flankieren – inmitten eines der schönsten Jugendstilensembles Europas.

NECKARSTADT

Dieses im 19. Jh. angelegte Wohngebiet unmittelbar am Fluss beherbergt Arbeiterfamilien, aber auch immer mehr Studenten. Gleich nach der Kurpfalzbrücke, rund um den Alten Meßplatz, haben sich die Veranstaltungshäuser Alte Feuerwache und Capitol, ehemals Kino, heute Bühne für Kleinkunst und Konzerte, zu den ›Leuchttürmen‹ eines lebendigen Ausgehviertels entwickelt. Grundsätzlich ist der östliche Teil bürgerlicher und ruhiger als der westliche. Hinzugekommen ist das Marchivum: Das Stadtarchiv, direkt am Fluss, thront regelrecht über der Neckarstadt-West – in einem gläsernen Aufsatz als Erweiterung eines alten Weltkriegsbunkers.

INDUSTRIE UND GRÜNES AM STADTRAND

Jenseits des Neckars haben die großen Industriebetriebe (in Teilen von Wohlgelegen, Käfertal, dem Waldhof oder der Vogelstang) ihren Platz. Gleiches gilt für die südlichen Stadtteile Rheinau und Neckarau, deren alte Arbeiterviertel auch hübsche Straßenzüge bereithalten. Mit dem Waldpark gibt es hier eines der schönsten Naherholungsgebiete Mannheims.

IWWER DIE BRIGG

In einer Stadt, die durch zwei Flüsse geprägt ist, ist es zur Streckenplanung sinnvoll, die Brückennamen zu kennen. Von der Innenstadt in die Neckarstadt führen von West nach Ost die Jungbusch-, die Kurpfalz- und die Friedrich-Ebert-Brücke. Über den Rhein nach Ludwigshafen stehen dem Auto- und Radverkehr die Kurt-Schumacher- und die Konrad-Adenauer-Brücke zur Verfügung.

Mannheims neues Mekka für zeitgenössischen Tanz: das Eintanzhaus

Reiss-Museum (Museum Weltkulturen)

5 Touren durch Mannheim

1. *TOUR*

Bunt und bodenständig –
Die Schwetzingerstadt

Erinnerungen an früher werden wach: von der Vintage-Eisdiele bis zur charmant-nostalgischen Apotheke.

2. *TOUR*

Wo die Flamingos frühstücken –
Der Luisenpark

Hier kann man gar nicht oft genug hin: Teehaus, Oasen und viel, viel Grün!

3. *TOUR*

Die Vermessung des Himmels –
Mannheim im Barock

Als die Zeit noch vom Hofastronom berechnet wurde und Mannheim quadratisch wurde – eine Zeitreise

4. *TOUR*

Multikulti am Meßplatz – Die Neckarstadt

Wenn hier etwas konstant ist, dann der Wandel – das kann man sehen, spüren und schmecken.

5. *TOUR*

Für Sternegucker und Schiffsverkehr –
Die Friesenheimer Insel

Mit der alten Fähre schippern, Schiffe gucken und sich in spannenden Ecken satt und glücklich futtern

1. TOUR

Die Schwetzingerstadt
Bunt und bodenständig

Von hier aus reiste der Kurfürst einst in die Sommerfrische: über die ›Schwetzinger Chaussee‹. Dazu passt das französische Flair, das man im Viertel zwischen Friedrichsplatz und Hauptbahnhof noch heute findet – mit schönen Straßencafés, guten Restaurants und interessanten Läden.

»In der Bewegung liegt die Kraft« – diese Zeile aus einem Lied der Fantastischen Vier würde auch auf die Schwetzingerstadt passen. Denn Mobilität ist seit jeher der Motor in der Entwicklung des Viertels. Schon in der Barockzeit reiste Carl Theodor mit seiner Entourage die ›Schwetzinger Chaussee‹ entlang zu seiner kurfürstlichen Sommerresidenz. Ab 1840 standen hier die hölzernen Hallen des ersten Mannheimer Kopfbahnhofs, ehe er 1876 seinen heutigen Standort in Richtung Rhein erhielt. An seiner Stelle wurde eine Reithalle mit Ställen errichtet, die dem Platz seinen Namen gab: Tattersall. Er erinnert an den englischen Unternehmer Richard Tattersall (1724–95), der in London den ersten Reitstall mit Mietpferden betrieb. Zum Ende des Ersten Weltkriegs zogen dann mit der Daimler-Benz AG andere Pferdestärken ein. Sie nutzte den (heute abgerissenen) Backsteinbau an der Ecke Seckenheimer Straße als Garage. Heute hat sich am Platz ein Wartehäuschen im Stil der Neuen Sachlichkeit erhalten, das man als ›Bahnsteighalle mit Bedürfnisanstalt‹, Zigarren- und Milchladen errichtete.

Wie in alten Zeiten: Frank Didwißus in seiner außergewöhnlichen Raben-Drogerie

Holzofen in der Eisdiele

Der Tattersall ist ein guter Ausgangspunkt für einen Spaziergang durch die Schwetzingerstadt. Ganz zu Anfang der beiden Längsachsen Seckenheimer und Schwetzinger Straße ist das schnörkellose Feinschmeckerrestaurant Dobler's zu finden, in dem sich Norbert Dobler regelmäßig mit seinen mediterranen Fischgerichten einen Michelin-Stern erkocht. Etwas weiter ist aus einer Siebzigerjahre-Eisdiele das gemütliche Café Lido geworden, das die Mannheimer Stilikone Jürgen Tekath mit Vintage-Fundstücken eingerichtet hat.

Die Seckenheimer Straße, in der sich schöne Läden, Bistros und Restaurants aneinanderreihen, folgt dem Verlauf eines alten Neckararms. Kaffee Kult verspricht das gleichnamige Café-Bistro an der Ecke zur Augartenstraße, deren Name noch an die Zeiten vor der Industrialisierung erinnert, als es hier nur Felder und Gärten gab.

Wie ländlich das Areal der Schwetzingerstadt einst war, lässt sich rund um die Kirche St. Peter ablesen: Im Bereich der Burgstraße stand im frühen Mittelalter die Zollburg Rheinhausen, die später ein Gutshof mit Mühle wurde – ein Kapitel, an das die Burg-, Rheinhäuser-, Krapp- und Windmühlstraße mit ihren Namen erinnern.

Der Name ist Programm: Bei Wohnhunger finden Sie Design und Kulinarisches.

Wohnen und Würste

Bei Wohnhunger ist nicht alles Wurst, hier werden auch Bücher, trendige Einrichtungsgegenstände und Kaffeespezialitäten verkauft. Warum es dazwischen auch Fleischwaren gibt, hat mit einem Stück Quartiergeschichte zu tun: Als auf der anderen Straßenseite ein Traditionsmetzger schließen musste, übernahm Uwe Schellbach kurzerhand einen Teil des Sortiments. Auch im benachbarten Arte e gusto kann man beides finden: Accessoires und Aperitivo, eine Mischung aus Café und Laden, den man für eine Pause durchqueren sollte, denn der Innenhof ist eine Oase der Ruhe. Hinterhöfe als Gastraum nutzen auch das Bernstein oder zwei Parallelstraßen weiter die Blum Coffee Bar, in der Tartes zwischen Designermöbeln verkauft werden.

Die kleine Schwester der Oststadt

Die Schwetzingerstadt als ›kleine Schwester der Oststadt‹ zu bezeichnen, mag etwas übertrieben sein. Dafür ist ihre Mischung aus verschiedenen Baustilen, Handwerksbetrieben, Cafés und Läden zu bunt und bodenständig. In Richtung Otto-Beck-Straße öffnet sich die Seckenheimer Straße zu einem kleinen Platz, auf dem es freitagvormittags einen netten Wochenmarkt gibt. Mit ihren alten Platanen und Gründerzeitbauten bildet die Otto-Beck-Straße einen schönen Übergang zum Villenviertel nebenan. Am Platz liegt auch das Kinderhaus Dorothea Wespin, dessen begrünter Hof deutlich unter dem übrigen Straßenniveau liegt – ein letzter Hinweis auf den einstigen Uferverlauf des Neckars.

Die Kirche St. Peter aus den späten 1920er-Jahren

Von hier aus sind es nur wenige Schritte bis zum charmantesten Laden des Viertels: In seiner Raben-Drogerie empfängt Frank Didwißus seine Kunden wie zu Großmutters Zeiten: mit Fliege, Hemd und weißem Kittel. Die nostalgische Ladeneinrichtung ist für ihn nicht Kür, sondern Pflicht: Der ›Drogist‹ verkauft vieles seiner Waren lose, darunter an die 500 getrocknete Heilkräuter und 190 ätherische Öle.

Der Luisenpark
Wo die Flamingos frühstücken

Der Luisenpark ist die grüne Lunge der Stadt. Ein Ort, an dem chinesische Teezeremonien genauso auf der Agenda stehen wie die Fischfütterung der Pinguine.

Eine Parkanlage bekam selbst die Tochter von Kaiser Wilhelm I. nicht alle Tage geschenkt. Zum 58. Mal jährte sich 1896 der Geburtstag der Großherzogin von Baden, als die Mannheimer ein Stück Grün nach ihr benannten. Tatsächlich reichen die Anfänge des Luisenparks bis in diese Zeit zurück. Schon bald nach Fertigstellung der ersten Abschnitte 1892–1903 war ein Ausflug hierher fester Bestandteil der sonntäglichen Familienausflüge.

Die Stadt von oben

Vom Fernmeldeturm lässt sich die Mischung aus zoologisch-botanischem Garten und Erlebnisraum auf 42 ha am besten betrachten. Von oben, versteht sich. Dafür wählt man nicht den Haupteingang, sondern den an der Neckarseite. Wer seine Blickrichtung ständig ändern möchte, besucht das Skyline, denn das Restaurant in 121 m Höhe dreht sich kaum merklich um seine Achse. Von hier aus sind es wenige Schritte zum Bootshaus mit seiner schönen Terrasse – kinderfreundlich ist man hier auch. Auf der anderen Seite des Neckars liegt ein weiteres gutes Lokal direkt am Wasser: die Maruba.

Füße hochlegen erwünscht: Wer vom Eingang des Fernmeldeturms links in den Luisenpark abbiegt, kommt in die Klangoase, für die der Musiker Peter Seiler Stücke komponiert hat. Hier und im chinesischen Teehaus kann man heiraten. Geplant wurde die Anlage im östlichen Parkteil mit Wasserfall und Blumenpavillon nach den Grundsätzen des Feng Shui – 30 Teesorten gibt's hier zum Testen.

Längst Kult sind die Gondolettas, die auf dem Kutzerweiher ihre Runden drehen. Die 50 Boote, die von einer Grundkette über den Kunstsee gezogen werden, fahren so ruhig, dass man nicht nur die schöne Seenlandschaft – vorbei an einer der größten Flamingokolonien Europas – studieren kann, sondern auch die riesigen Schlünde der Karpfen. »Alles aussteigen«, heißt es dann an der Festhalle Baumhain, in der auch Nachtflohmärkte stattfinden. Über eine Treppe und vorbei an Vogelvolieren geht's dann zum Pinguingehege.

Im Pflanzenschauhaus des Luisenparks

Ein Meer aus Seerosen

Das Pflanzenschauhaus nebenan bietet sich mit seinem Restaurant gut für ein Mittagessen an. Wie eine subtropische Oase präsentieren sich außen große Wasserbecken, im Innern Liszt-Äffchen oder eine Tigerpython in einer Art Tropenlandschaft. Besonders eindrucksvoll ist das Schmetterlingsparadies mit seinen frei fliegenden Faltern. Gleich daneben gibt es für Familien einen Lichtblick für verregnete Tage: einen Indoorspielplatz.

Mannheim im Barock
Die Vermessung des Himmels

Nur die mit Ohren gehören dazu: Gemeint sind die typischen Fensterlaibungen an Barockhäusern, die man in der Stadt finden kann. An der Jesuitenkirche, an der Sternwarte, am Zeughaus. Oder am Schillerhaus, wo es schon vor 400 Jahren etwas Grün gab – aber nie einen Dichter. ▼

Einbahnstraßen. Wer denkt schon beim Thema Barock an Wege, die nur in eine Richtung gehen? Und dennoch ist der Mannheimer Grundriss ein Relikt der Geschichte. Denn die Quadrate sorgen bis heute dafür, dass die Wege oft schmal und einspurig sind. Eine barocke Planstadt, die auf dem Reißbrett entstand, war Mannheim zwar nie – auch wenn das oft erzählt wird. Denn schon 1607 hatte Friedrich IV. wichtige Punkte der Stadtplanung festgelegt, die man dann einfach beibehielt: etwa den Standort des Schlosses direkt am Rhein. Oder eben die schachbrettartige Stadtstruktur, die man erst später Quadrate nannte.

Vor dem Barock wurde Mannheim im Zuge der Religionskriege mehrmals stark zerstört. Das hatte den Vorteil, dass Karl Ludwig 1652 beim Wiederaufbau nur wenig Rücksicht auf bestehende Bauten nehmen musste. Andererseits war die Bevölkerung derart ausgedünnt, dass dem Kurfürst die Bürger fehlten. Die kamen schließlich in Gestalt von Heerscharen französischer, wallonischer und flämischer Kolonisten, angelockt mit steuerlichen Entlastungen, Zunft-, Religionsfreiheit und einer Portion Toleranz. Und so ist es geblieben, heute leben in Mannheim Vertreter von über 160 Nationen.

Riesige Augen am Zeughaus

Das kurfürstliche Zeughaus, 1777/78 von Peter Anton von Verschaffelt errichtet, war erst ein Waffenarsenal, dann eine Kaserne. Heute ist es Hauptsitz der Reiss-Engelhorn-Museen und Projektionsfläche für eine monumentale Lichtinstallationen: LUX von Elisabeth Brockmann füllt alle Fenster aus und ergibt mit seinen 50 Elementen ein riesiges Augenpaar, das vom Innern des Gebäudes nach draußen schaut.

Die Vermessung des Himmels

Dass Carl Theodor auch ein Freund der Wissenschaften war, zeigt sich an der Sternwarte. Der Kurfürst hatte den achteckigen Turm 1772–74 für den Hofastronom Christian Mayer errichten lassen, der sich nichts weniger als die Vermessung des Himmels vornahm – und die Festlegung eines Kurpfälzer Meridians. Zu seinen Aufgaben gehörten »die tägliche und jährliche genaue Zeitrechnung, die Berichtigung der Uhren, die Unterhaltung des Briefwechsels mit auswendigen Gelehrten«. Ende des 19. Jh. wurde die Sicht immer schlechter – die Industrialisierung verwandelte die Region in ein Lichtermeer. Seit 1908 lebten Künstler im Turm, der im Krieg zwar beschädigt wurde, seit 1958 aber als Atelierhaus dient.

In barockem Glanz und mit farbigen Säulen erstrahlt die Jesuitenkirche.

Mannheim

Die Sternwarte wird bei Führungen vom Verein Stadtbild zugänglich gemacht.

Jenseits der Kalten Gass

An der Nordseite der Jesuitenkirche führt die Kalte Gass zwischen A4 und B4 entlang. Warum sie im Volksmund so genannt wird, wird schnell klar – die Kirche ist derart dominant in die Straßenflucht gerückt, dass der Weg daneben der schmalste (und wohl auch schattigste) im ganzen Quadrate-Netz ist.

Um die Schauseite der Kirche zur Geltung zu bringen, wurde die Straße zwischen A3 und A4 zum Asamplatz erweitert, der an ein Erfolgsduo des Spätbarocks erinnert: Während Cosmas Damian Asam das monumentale Deckengemälde in der Schlosskirche schuf, gestaltete sein Bruder Egid Quirin die Kuppel und Decke des Langhauses der Jesuitenkirche – alle Werke gingen allerdings im Zweiten Weltkrieg verloren. Durch Restaurierungen ist der barocke Glanz der Kirche heute wieder zurückgekehrt. Davon zeugen der 20 m hohe und 243 t schwere Hauptaltar von Peter Anton Verschaffelt, der auch auch die Seitenaltäre schuf, oder die kurfürstlichen Hoflogen von Paul Egell.

Malaria, Karrieresprung und Liebe

So ließen sich die Etappen, die Friedrich Schiller 1783–85 in Mannheim durchmachte, zusammenfassen. 1782 hatte sich der damals noch unbekannte Autor mit seinen »Räubern« ins Zentrum der Sturm-und-Drang-Epoche geschrieben und endlich seinen künstlerischen Durchbruch geschafft. Die Uraufführung seines Bühnenerstlings am Nationaltheater wurde ein riesiger Erfolg: »Das Theater glich einem Irrenhaus, rollende Augen, geballte Fäuste, heisere Aufschreie im Zuschauerraum. Fremde Menschen fielen einander schluchzend in die Arme, Frauen wankten, einer Ohnmacht nahe, zur Tür« – so beschrieb ein Augenzeuge die Aufführung, die auf solch emotionale Weise von den Zuschauern aufgenommen wurde.

Neben derartigen Erfolgen erlebte Schiller in Mannheim auch Tiefs: Zwar wurde er 1783 Hausautor des Nationaltheaters und verliebte sich unter anderem in Charlotte von Kalb, dann aber erkrankte er schwer.

Dass er vor seiner Abreise nach Leipzig zuletzt in einem Hinterhaus in B5 wohnte, daran erinnert das Museum Schillerhaus. Da sein eigentliches Domizil, das ›Hölzelsche Haus‹ in B5, 8, abgerissen wurde, kauften die Reiss-Engelhorn-Museen ein vergleichbares Gebäude nebenan, das mit seinem idyllischen Innenhof und Gartenhaus schon fast zu pittoresk wirkt – denn Schiller lebte in eher ärmlichen Verhältnissen. Hier wird bei Lesungen und Literaturveranstaltungen an ihn und die Mannheimer Theatergeschichte erinnert (auch im Zeughaus, in dessen drittem Obergeschoss etwa das Soufflierbuch der »Räuber«-Uraufführung zu sehen ist).

Daran, dass das Nationaltheater bis zu seiner Zerstörung 1943 in B3 stand, erinnert das Dichterdenkmal von 1862 auf dem Schillerplatz. Alle zwei Jahre lädt das Nationaltheater Ensembles ein, Schillers Stücke zu spielen. Zudem wird seit 1954 der Schillerpreis der Stadt an bedeutende Persönlichkeiten verliehen.

Die Neckarstadt
Multikulti am Meßplatz

Es gibt Abende in der Neckarstadt, da wird mehrstimmig Musik gemacht. Da spielt eine Jazzband vor der Alten Feuerwache, während Indie vom Einraumhaus und Schlager aus Kneipen herüberdudeln. Wer das Viertel mit Musik beschreiben will, dem käme wohl ein Mixtape in den Sinn: Über 100 Nationalitäten leben hier.

Herrlich, dieser Beton! Meterhoch ragen die Hochhäuser der Neckarvorlandbebauung am Alten Meßplatz empor. Ein wenig wirkt die Alte Feuerwache davor wie ein Fremdkörper. Dabei war es eigentlich sie, die in den 1980er-Jahren hätte weichen sollen. In der schönen neobarocken Wagenhalle gehen Konzerte, Lesungen und Partys über die Bühne, Festivals wie Enjoy Jazz oder die Figurentheatertage Imaginale. Wer sich für Musik und Kunst interessiert, sollte das Einraumhaus am Neckar besuchen. Hier hat der Bildhauer Philipp Morlock eine begehbare Skulptur errichtet, wo er mit der Künstlerkollegin Myriam Holme auch international renommierte Kollegen zu Gast hat. Im Sommer gibt's Open-Air-Konzerte.

Stadtgeschichte für Stadtentwicklung

Wenn in der Neckarstadt etwas konstant ist, dann der Wandel: Das einstige Arbeiterviertel ist heute eines der am dichtesten besiedelten Zuwandererquartiere. Die Neckarstad-Ost gilt als bürgerlicher und ruhiger als der westliche Teil, in dem mit dem Zwischenraum-Kiosk ein Ort für Open-Air-Lesungen und Konzerte entstanden ist. Auch das Marchivum ist ein Motor in Sachen Stadtentwicklung: 2018 ist das Stadtarchiv in einen aufgestockten Weltkriegsbunker an den Neckar gezogen. Hier gibt es nicht nur die Archive, sondern auch ein NS-Dokumentationszentrum. Zudem ermöglicht eine multimediale Ausstellung einen Streifzug durch die Stadtgeschichte.

In der Neckarstadt-West liegt das ungewöhnlichste Café Mannheims: die Klokke.

Kultur unterm Kuppelbau

Kurz hinter dem Alten Meßplatz wurde 1927 das Capitol als Lichtspieltheater gegründet, heute kommen in das schöne Backsteingebäude jährlich über 150 000 Menschen zu Konzerten, Comedy und Kindertheater. In der Waldhofstraße findet sich auch die Buchbinderei Schrimpf. Annette Schrimpf gibt Einblicke in ihr Handwerk und verkauft Schreibwaren an der Theke, hinter der schon ihr Urgroßvater Friedrich Schrimpf zur Geschäftsgründung 1913 stand.

Multihalle im Herzogenriedpark

Ruhe und eine Architekturikone finden Sie im Herzogenriedpark. Angelegt schon 1934, war die Grünanlage zur Bundesgartenschau 1975 umgestaltet worden. Dazu gehörte auch der Bau der Multihalle, der größten freitragenden Holzgitterschalenkonstruktion der Welt, die Frei Otto mit Joachim Langner und Carlfried Mutschler wie einen amorphen Riesenpavillon in die Parklandschaft setzte.

Die Friesenheimer Insel
Für Sternegucker und Schiffsverkehr

Abseits des Stadtzentrums wird Tango neben Containerschiffen getanzt, Kaffee in einer ehemaligen Bettfedernfabrik geröstet oder mit der Emma die Langsamkeit zelebriert.

Alltäglich ist der Arbeitsplatz des Fährmanns zur Friesenheimer Insel nicht: Im Winter bewirtet er die Gäste im benachbarten Fischrestaurant Dehus, im Sommer schippert er Emma über den Altrheinarm, an dem sich nur wenig verändert hat. Und das ist gut so: Durch eine Übereinkunft von 1825 hält die Stadt den Betrieb der ältesten noch funktionierenden Fähre Deutschlands aufrecht. Denn seit der Rheinbegradigung ist das Areal zwischen Alt- und Neurhein nicht mehr Teil von Ludwigshafen-Friesenheim oder Oppau, sondern in der Tat eine Insel. Die Bauern, die schon vor der Rheinbegradigung hier ihre Äcker hatten, brauchten also eine Möglichkeit, um überzusetzen. Fünf Minuten dauert die Fahrt auf der Emma, die an einer Grundkette entlang hinüber bis nach Sandhofen tuckert.

Zanderklößchen vom Spätzle-Opa

Die Fähre und Debus – auch das ist seit etwa 100 Jahren eine Einheit. Denn die Betreiber des rustikalen Restaurants hatten auch immer die Jagd- und Fischrechte des Areals. »Das ist meine Insel«, sagt Georg Wetzel, und man glaubt es ihm sofort. Viele Gäste nennen ihn den »Spätzle-Opa«. Denn die macht der gelernte Koch selbst, so wie viele Wild- und Fischgerichte, bei denen man sicher sein kann: Alles, was hier auf den Teller kommt, war vorher auf den Rheinwiesen oder im Strom unterwegs.

Schließen einander nicht aus: Liegestühle und Industrieromantik auf und rund um die Friesenheimer Insel

Kilometerlanges Lichtermeer: die BASF

Der westliche, unbebaute Teil der Friesenheimer Insel ist Landschaftsschutzgebiet. Durch den Schiffsverkehr haben sich hier seltene Pflanzenarten wie der Seidelbast oder die riesige Eselsdistel angesiedelt. Auf dem gegenüberliegenden Rheinufer erstreckt sich kilometerlang die BASF. Die weltweit größte zusammenhängende Chemiefabrik ist von der Friesenheimer Insel aus in fast voller Länge zu sehen.

Ständig passieren große Schiffe. Eine eindrucksvolle Kulisse, besonders bei Sonnenuntergang und nachts – vor der man gern ein Getränk ordert. Davon hat die Orderstation ihren Namen aber nicht: In der heutigen Shisha-Bar hatten sich einst Reedereien eine Passierstelle eingerichtet, um durchfahrende Schiffe zu registrieren und Anweisungen an die Kapitäne zu übermitteln. Ein Foto von Robert Häusser von 1955 zeigt den damaligen Betreiber der Orderstation mit Fernglas und Telefon bei der Arbeit. Überliefert ist, dass die Kommunikation auch über Megafon funktionierte – 1970 wurde der Betrieb eingestellt.

Eine Burg auf der Insel

Besonders für die Friesenheimer Insel ist auch, was sich hier an Architekturgeschichte erhalten hat – ausgerechnet an einem Ort, der sich durch den Zeit- und Erfolgsdruck der Firmen eigentlich immer aktualisiert. So gibt es noch das neogotische Klärwerk, das der Bildhauer Rüdiger Krenkel als Atelier nutzt. Wie ein Monument der Moderne ragt in der Friesenheimer Straße 14 die Genossenschaftliche Burg empor. Anfang der 1930er-Jahre als Fabrik für Mehl, Teigwaren und Malzkaffee entstanden, sind hier heute Lager und Ateliers untergebracht, die nur im Rahmen von Führungen des Vereins Rhein-Neckar-Industriekultur öffentlich zugänglich sind. Ganzjährig ist die Geschichte des Hafenareals auf 31 Infotafeln nachzulesen, die der Verein auf einem ›Weg zur Industriekultur‹ eingerichtet hat.

Manches lässt sich erst vom Wasser aus entdecken: Etwa eine barocke Sandsteinpyramide, die Kurfürst Carl Theodor als astronomischen Messpunkt für seine Sternwarte hatte aufstellen lassen. Sie steht auf dem (nicht zugänglichen) Gelände einer ehemaligen Autofabrik, umgeben von Industrielärm und brackigem Kanalwasser. Daraus resultiert auch der Name ›Pyramidenstraße‹.

Wo der Teufel Prada trägt

Viele Gebäude aus der Gründerzeit sind heute keine Industriestandorte mehr. Wer über die Diffenébrücke mit ihren mächtigen roten Auslegern in die Industriestraße fährt, erreicht unter der Hausnummer 47 die ehemalige Kartonagenfabrik, in der das international bekannte Modelabel von Dorothee Schumacher sitzt. Ein geschichtsträchtiges Gebäude, das die jüdischen Besitzer Alfred Hirschland und Robert Steger 1938 unter dem Druck der Nazis verkaufen mussten. 1998 verwandelte es der Architekt Yves Bayard in ein lichtdurchflutetes Industrieloft, in dem die Produktentwicklung, der Einkauf und Vertrieb untergebracht sind – für 140 Mitarbeiter aus 16 Nationen. 2006 war es das Mannheimer Label, das den Filmset von »Der Teufel trägt Prada« ausstattete.

In Zusammenarbeit mit der Kurpfalz Personenschiffahrt organisiert der Verein Rhein-Neckar-Industriekultur von April bis Oktober einmal im Monat Dämmer- oder Morgentouren durch den Industriehafen – mit Hintergrundinfos aus der Hafengeschichte.

Ein Wasserglas und ein Stuhl – das sind die Dinge, die man zur Erinnerung an Ferdinand von Zeppelin (1838–1917) bei Dehus hütet. Beides soll der Graf benutzt haben, als er am 15. September 1909 auf der Friesenheimer Insel landete.

Häuser mit Geschichten

»Wer ein Hotel betritt, weiß nicht, wer er sein wird, wenn er es wieder verlässt.« Ganz so geheimnisvoll, wie die Schriftstellerin Vicki Baum in den 1920er-Jahren »Menschen im Hotel« beschrieb, dürfte es heutzutage in Mannheim wohl kaum zugehen. Denn die Stadt ist zunächst einmal ein wichtiger Wirtschaftsstandort – das bekommen auch diejenigen zu spüren, die hier eine Unterkunft suchen.

Vornehmlich sind es Ketten, die sich ansiedeln und den inhabergeführten Unterkünften Konkurrenz machen – Häusern, die seit Generationen von ein und derselben Familie betrieben werden: etwa das Hotel Am Bismarck, in dem an einer Bar im Eingangsbereich Pfälzer Weine verkauft werden – Hintergrundinfo zum Winzer inklusive. Oder der Speicher7, den Jürgen Tekath zu einem der schönsten Hotels Europas gemacht hat – auch weil Karl-May-Bücher zur Grundausstattung eines jeden Zimmers gehören. Zum Schmökern mit Blick auf den Rhein, der wiederum seine eigenen Geschichten mit sich trägt. Oder die Goldene Gans, wo schon zu Zeiten des Großvaters der Familie Krämer Familien aus dem Odenwald übernachteten – ein letztes Mal in der alten Heimat, bevor es weiter zum Hauptbahnhof und dann Richtung Norden ging – zu den Auswandererschiffen nach Amerika. Damals wie heute wurde in der ›Gans‹ gut gegessen und gefeiert.

Aber bitte mit Sahne!

In Mannheim ist manch Nützliches erfunden worden: das Auto, das Fahrrad, das Raketenflugzeug – und das Spaghetti-Eis. Auch wenn unter ernährungstechnischen Gesichtspunkten diese Kreation nicht unbedingt notwendig war – probieren sollte man es!

Sicher, jeder kann Vanilleeis auf einem Sahnehaufen durch eine Spätzlepresse drücken und das Ganze als Spaghetti-Eis verkaufen. Das Original allerdings hat sich 1969 Dario Fontanella ausgedacht: Am Rande eines Skirennens im italienischen Cortina D'Ampezzo hatte der damals 17-Jährige einen Nachtisch gegessen, für den Esskastanienpüree durch eine Spätzlepresse gedrückt worden war. Zurück in der heimischen Eisdiele probierte er es mit Pistazien-, Zitronen- und Erdbeereis, bis sein Vater nudelfarbiges Vanille vorschlug. Der Parmigiano entstand aus einem geriebenen weißen Schokoladen-Osterei. Viele Kinder weinten zunächst, weil sie keine Nudeln, sondern doch lieber ein Eis wollten …

Inzwischen hat Dario Fontanella an die 200 Eissorten erfunden, vier Filialen und eine Eismanufaktur eröffnet, in der frische italienische Früchte verarbeitet werden. Für sein Engagement hat man ihn unlängst mit dem ›Bloomaul-Orden‹, der höchsten bürgerschaftlichen Auszeichnung der Stadt, geehrt. Sein Eis ist längst ein Aushängeschild für die Stadt: Ein Import, der zum Exportschlager wurde.

Tradition und echte Gastfreundschaft erfahren Sie im Hotel und Gasthaus Goldene Gans.

Eislos glücklich? Unvorstellbar bei Fontanella

Stöbern & entdecken

Made in Mannheim

Natürlich rauschen auch durch Mannheim die Paketzusteller und der Onlinehandel nimmt zu. Doch international und kaufkräftig war diese Stadt schon immer. So hat sich als eine Besonderheit ein vielfältiger Einzelhandel mit manch schöner Manufaktur erhalten – und eine Gründerszene etabliert.

Socken. Es gibt sicher aufregendere Dinge als zwei Stück Stoff für die Füße. Doch um sie herzustellen, betreibt von Jungfeld erfolgreich eine eigene Sockenmanufaktur und erfindet Designs, die anders sind, witzig und bunt. Dass der Handel des kleinen Start-ups floriert, ist symptomatisch für eine Stadt, in der Gründer schon immer gut durchstarten konnten – international und kaufkräftig, wie sie nun mal ist. Vor allem was die Einrichtungs- und Modebranche angeht. Das renommierteste Aushängeschild der hiesigen Fashionszene ist Designerin Dorothee Schumacher, die Modeschule Kehrer hingegen sorgt für Nachwuchsdesigner. Und dass beim Blick in die Zukunft auch Tradition ihren Platz hat, davon künden zahlreiche Handwerksbetriebe in der Schwetzinger-, Neckar- und Oststadt, aber auch in den Einkaufsstraßen – mit Unternehmensgeschichten, die nicht selten über mehrere Generationen reichen und manchmal auch einen zweiten Blick verdienen. Denn für ›Made in Mannheim‹ stehen auch sie – abseits der großen Marketingmaschinen.

Ältester Betrieb seiner Art in der Quadratestadt: die Buchbinderei Schrimpf

Wenn die Nacht beginnt

Immer was zu feiern

Festivals, Festivals, Festivals. In Mannheim wird eigentlich ständig irgendetwas gefeiert: Weltmusik oder Jazz, Theater oder Techno, Folk, Fotografie, Film. Schließlich versammelt die Stadt nicht nur ungewöhnlich viele Musiker und Kreative, es gibt auch ein entsprechend anspruchsvolles Publikum.

Allein das Nationaltheater verzeichnet 1300 Aufführungen pro Jahr, dazu passt, dass auch hier – genau! – laufend Festivals über die Bühne gehen – von den Internationalen Schillertagen bis zum Mozartsommer. Tagsüber ist das Straßenbild bunt und international – nachts natürlich auch. Die Töchter und Söhne Mannheims, die Licht und Leben ins Dunkel der Nacht bringen, haben oft nicht nur deutsch-deutsche Elternpaare. Direkt oder indirekt sind es die Enkel einer Musikszene, die in den Nachkriegsjahren mit US-Army-Locations in der Stadt Einzug hielt. Ihnen folgten erste ›Tanzdielen‹, die sich mit der Zeit in Clubs und Open-Airs verwandelten. In den 1980er- und 1990er-Jahren wurden die Alte Feuerwache und das Capitol zu dem, was sie heute noch sind: sympathische Veranstaltungsorte für einen Kulturbegriff, der auch mal gern gegen den Strich gebürstet ist. Und weil die Kneipenszene der Stadt studentisch ist, nehmen viele Bars und Clubs auch Rücksicht auf den schmalen Geldbeutel.

Sockengeschäft war mal: Heute gibt's im Strümpfe großartige Kunst zu guten Kaltgetränken.

Warum Marseille?

Gott und die Welt

Marseille lässt sich ohne seinen Hafen nicht denken. Doch der war in jüngster Vergangenheit eher eine Bürde als eine Freude – bis sich Marseille durch das Städtebauprojekt ›Euroméditerranée‹ neu erfand: Wo die Fähren nach Korsika oder Nordafrika anlegen, haben internationale prominente Architekten von Jean Nouvel bis Zaha Hadid Marseille eine hypermoderne façade maritime verpasst. Und über Allem wacht das Auge Gottes in Form der Kathedrale Sainte-Marie-Majeure.

Hafenansicht mit dem MuCEM

Aussicht von der Notre-Dame-de-la-Garde auf Mittelmeer und Stadt

Große Klappe

Die grande gueule der Marseiller ist legendär. Die Bewohner preisen ihre Stadt als die wichtigste, schönste, größte Metropole Frankreichs, ach was: der Welt! Bloß nicht widersprechen. An diesem Punkt verstehen die Marseiller keinen Spaß. Ansonsten scherzt man gern, zu jeder Gelegenheit, über Gott, die Welt – und sich selbst.

Marseille auf einen Blick

Der Großraum Marseille-Provence-Metropole ist mit knapp 1,7 Mio. Einwohnern Frankreichs zweitgrößte Stadt. Die wichtigsten Sehenswürdigkeiten liegen im fußläufigen Kern. Weit draußen überrascht das Naturwunder der Calanques. Die von Buchten zerklüftete Felsküste am südöstlichen Stadtrand ist ein Wanderparadies mit Bademöglichkeit und Frankreichs jüngster Nationalpark.

DER ALTE HAFEN

Ein Marseille-Besuch beginnt unweigerlich am Vieux Port, dem alten Hafen. Die Kais bilden eine Open-Air-Bühne, auf der die menschliche Komödie als eine Art Daueinszenierung läuft. Küsschen links, Küsschen rechts, der Aperitif steht auf dem Cafétisch, die Stühle sind in Richtung Sonne ausgerichtet. Die wichtigsten Sehenswürdigkeiten sind nicht weit entfernt, konzentriert auf das erste, zweite und siebte Arrondissement. Alle drei liegen pieds dans l'eau, mit den Füßen im Wasser. Soll heißen: direkt am Meer.

LINKS UND RECHTS DER CANEBIÈRE

Die Prachtmeile La Canebière teilt die Stadt in eine Nord- und in eine Südhälfte. Wuchtige Second-Empire-Fassaden bestimmen den breiten Boulevard. Auf der Nordseite liegt das Belsunce-Viertel, einst wichtigster Textilmarkt der Provence. Noch immer trifft man viele Schmuck- und Textilhändler, die in der Regel nur en gros verkaufen und die heute immer öfter aus Asien statt wie einst aus Nordafrika stammen. Jetzt wird das Viertel hip und zieht junge Kreative an. Das Noailles-Viertel liegt auf der Südseite der Canebière. Hier taucht man in eine exotisch fremde Welt: Afrika und die Provence treffen sich an den bunten Ständen des Capucins-Marktes. Im Nordosten schließt sich La Plaine, der ›Prenzlauer Berg von Marseille‹, an: Rund um den Cours Julien erprobt die Stadt alternative, unkonventionelle Lebensformen.

Gesettelt wirkt im Vergleich das Viertel Longchamp-Cinq-Avenues. Der Boulevard de la Libération führt als Verlängerung der Canebière schnurstracks auf das mit Kolonnaden und Wasserspeiern aufgedonnerte Palais de Longchamp zu. Das Viertel rundherum entstand ab 1830 mit Bürgervillen und repräsentativen Avenuen.

Vieux Port

Ü ÜBRIGENS

Der Lieblingsstrand der Marseiller bleibt die Plage des Catalans. Vom Vieux Port braucht man eine Viertelstunde bis in die Bucht. Auf dem Sand trainiert der älteste Volleyballclub Frankreichs. Vom Strand schaut man auf die Frioul-Inseln. Pensionäre schwatzen, Kinder rennen, Jugendliche geben sich ›très cool‹, Touristen staunen über die Mischung aus Freibad, Côte d'Azur und Coney Island. Bademeister wachen darüber, dass niemand untergeht. Und jetzt ab unter die Dusche!

ALTSTADTHÜGEL UND NEUE SEAFRONT

Treppen und Passagen überziehen den Panier-Altstadthügel. In den malerischen Gassen bestimmen die Ateliers von Kunsthandwerkern, Szenecafés, Bistros und Boutiquen das Bild. Städtebauliche Krönung bleibt die zum Museumskomplex umgewidmete Vieille Charité, deren barocke Kuppel dem Panier eins draufsetzt. Zu Füßen des Panier bildet die Place de la Joliette mit den ehemaligen Docks das Zentrum des städtebaulichen Großprojekts ›Euroméditerranée‹. Mit Blick auf die Hafenbecken haben Stararchitekten von Jean Nouvel bis Zaha Hadid an Marseilles neuer Seafront gebaut. Dazu gehören spektakuläre Museumsbauten wie das MuCEM, der schwarze Kubus stieg im Nu zum neuen Wahrzeichen der Hafenstadt auf. Vollendet ist auch die Sanierung der Rue de la République, hinter deren Second-Empire-Fassaden sich die üblichen Verdächtigen unter den großen Modeketten ausbreiten.

›LES BEAUX QUARTIERS‹ SÜDLICH DES VIEUX PORT

Sowohl das Quartier de l'Opéra als auch das Carré Thiars sind im Schachbrettmuster angelegt, doch während rund um die Oper Marseilles wichtigste Einkaufsmeilen Rue Sainte, Rue de Rome und Rue St-Ferréol verlaufen, punktet das an den Vieux Port grenzende Carré Thiars mit der höchsten Restaurantdichte der Stadt. Wie eine italienische Piazza wirkt mittendrin der Cours d'Estienne d'Orves. Vom Pomp des Second Empire zeugt die Préfecture. Großbürgerliche Allüre verströmt die Banque de France an der nahen Place Estrangin. Den Geschmack der Bourgeoisie trifft auch das Quartier des Antiquaires hinter der Préfecture. Das bourgeoise Viertel rund um den Palais de Justice liegt im Schatten der Kathedrale Notre-Dame-de-la-Garde. Steil steigen die Treppen zum 162 m hohen Hügel an, auf dem die bonne mère (gute Mutter) der Marseiller thront.

›MARSEILLE-SUR-MER‹

Vorbei an Buchten und Villen verläuft die Uferstraße La Corniche in Richtung Südosten. Auf Höhe des Borély-Viertels ist mit dem Aushub für die Métro ein kalifornisch anmutendes Strandparadies entstanden, das Surfer und Sonnenanbeter anzieht. Cabanons, einfache Häuschen, säumen die Gassen von Les Goudes. Das Fischerdorf mit dem Massif de Marseilleveyre im Rücken markiert den Beginn der Calanques. Bis ins 20 km entfernte Cassis reiht sich eine naturbelassene Felsbucht an die nächste. Ein spektakulärer Küstenwanderweg erschließt das zum Nationalpark erklärte Stück Traumküste. Ganz anders wirkt die Küste auf der anderen Seite. Den proletarischen Charme des ehemaligen Fischer- und Arbeiterdorfs L'Estaque im Nordwesten hat Robert Guédiguain filmisch (»Marius und Jeanette«) verewigt. L'Estaque ist zugleich das Tor zur Côte Bleue, der 25 km langen ›Côte d'Azur‹ der Marseiller.

5 Touren durch Marseille

Die Passerelle, ein skulpturaler Betonsteg, verbindet das MuCEM mit dem mittelalterlichen Fort St-Jean.

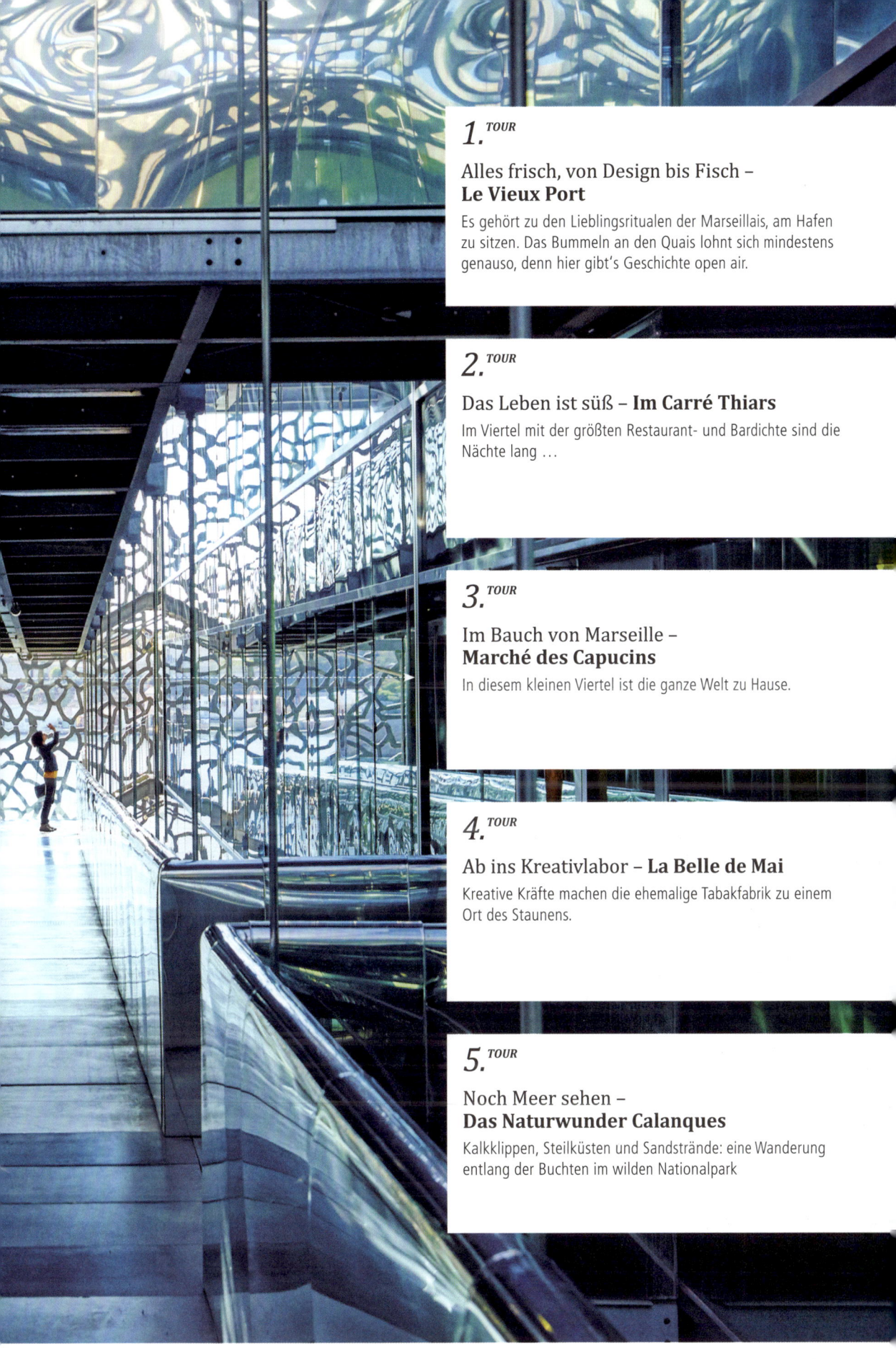

1. TOUR
Alles frisch, von Design bis Fisch – **Le Vieux Port**
Es gehört zu den Lieblingsritualen der Marseillais, am Hafen zu sitzen. Das Bummeln an den Quais lohnt sich mindestens genauso, denn hier gibt's Geschichte open air.

2. TOUR
Das Leben ist süß – **Im Carré Thiars**
Im Viertel mit der größten Restaurant- und Bardichte sind die Nächte lang …

3. TOUR
Im Bauch von Marseille – **Marché des Capucins**
In diesem kleinen Viertel ist die ganze Welt zu Hause.

4. TOUR
Ab ins Kreativlabor – **La Belle de Mai**
Kreative Kräfte machen die ehemalige Tabakfabrik zu einem Ort des Staunens.

5. TOUR
Noch Meer sehen – **Das Naturwunder Calanques**
Kalkklippen, Steilküsten und Sandstrände: eine Wanderung entlang der Buchten im wilden Nationalpark

Le Vieux Port

Alles frisch, von Design bis Fisch

Vom Quai des Belges schweift der Blick über schaukelnde Jachten, zwei Forts, schicke Bars, die neudesignten Kais und im selben Zug zu den Bürgersteigen, breit wie Flaniermeilen. Doch die größte Aufmerksamkeit beanspruchen die Fischverkäuferinnen. Vor ihnen liegen auf einem Bett aus Eis Doraden, Rotbarben, Thunfisch, Seebarsch, Drachenkopf, Seeteufel, Sardinen.

> DIE LUFT IN DIESER STADT IST IM GROSSEN UND GANZEN EIN WENIG SCHURKISCH.
>
> Madame de Sévigné (1626–1696)
> über Marseille und den Mistral

Unweit des Métro-Eingangs zur Station Vieux Port/Hôtel de Ville erinnert am Quai des Belges eine Bodenplakette an die Gründung von Marseille 600 v. Chr. durch Griechen aus Kleinasien. Der britische Stararchitekt Sir Norman Foster hat die Kais dahinter zum verkehrsberuhigten, baum- und strauchlosen Plateau aus weißem Granit umgestaltet. Am Quai des Belges ist die Weite mit der spiegelgleißenden, futuristischen Ombrière möbliert. Unter dem gigantischen Schattendach machen Skater Pause, lümmeln sich Verliebte, warten Touristen auf die Fähre zu den Frioul-Inseln. Nebenan bieten die Fischerfrauen ab 8 Uhr den Fang an, der ihren Männern nachts ins Netz gegangen ist.

Quai des Belges heißt der Kai erst seit 1915: Mit dem Namen sollte an den Widerstand der Belgier gegen die Deutschen im Ersten Welt-

Der geschäftige Hafen ist seit Jahrhunderten der Platz, an dem Fisch angelandet und verkauft wird. Seit Sir Norman Foster im Vieux Port Hand angelegt hat, kommt dieser in ganz neuem Gewand daher.

krieg erinnert werden. Die Kirche St-Ferréol auf der Nordseite des Kais wurde im Baufieber der Belle Époque um einige Querschiffe verkürzt. Hinter der geweißten neobarocken Kirchenfassade verbirgt sich ein gotischer Innenraum.

Geschichte open air

Die Gartenanlage des Jardin des Vestiges ist die älteste griechische Ausgrabungsstätte Frankreichs. Bei Abbrucharbeiten stieß man hier auf Reste der griechischen Siedlung Massalia inklusive Bollwerken, Stadttor und Hafen. Das Areal gehört zum Musée d'Histoire de Marseille, dem Museum zur Stadtgeschichte im ungeschlachten Centre Bourse, und verlängert als eine Art Open-Air-Saal die Dauerausstellung.

Im Norden viel Neues

Wiederaufbaublöcke aus den 1950er-Jahren prägen den Quai du Port auf der Nordseite des Hafenbeckens. Mitten drin: das von den Sprengungen 1943 verschonte barocke Hôtel de Ville. Das im Genueser Barock 1656–1673 erbaute alte Rathaus ist ein zweiflügeliger Bau mit noblem Mittelbalkon. Auf der Rückseite blieb eines der wenigen Reederpalais der Stadt erhalten: Die Maison Diamantée von 1570 verdankt ihren Namen den in Form von geschliffenen Diamanten vorkragenden Fassadensteinen. Ein Schlenker über die Place Vivaux, und wir stehen vor dem Musée des Docks Romains. Das Museum wurde über den ausgegrabenen römischen Hafenanlagen eingerichtet.

Den Durchblick haben: Jeden Morgen bringen Marseilles Fischer die Grundlage für die berühmte Bouillabaisse an Land: Doraden, Rotbrassen, Sardinen ...

Sonne satt!

Als Wohnlage sind die nüchternen Häuserzeilen am Quai du Port nicht nur wegen des Hafenblicks begehrt – die Sonne scheint fast den ganzen Tag auf den Kai! Großzügige Wohnungen, in denen es an luxuriöser Ausstattung wie Parkett und bodentiefer Fensterfront nicht fehlt, zeichnen die in den 1950er-Jahren erbauten Blöcke aus. Loggien, Balkons und Skulpturenschmuck lockern das Ensemble auf.

Auf ein Glas ...

Die *Marseillais* lieben es inbrünstig: das alte Pendelbötchen namens ›César‹, das von der barocken Pracht des Hôtel de Ville am Quai du Port rüber zur umtriebigen Place aux Huiles am Quai de Rive Neuve auf der Südseite des Hafenbeckens tuckert. Wieder gibt es viele Cafés – deren Terrassen allerdings lange Stunden im Schatten liegen. Macht nichts: Es gehört zu den Lieblingsritualen der *Marseillais*, am Hafen zu sitzen, um mit Blick auf den Mastenwald ein Glas zu trinken. Kurzum, auch hier brummt's. Erst recht, wenn sich am Kai Scharen von Besuchern vor oder nach einer Aufführung im Théâtre National de Marseille La Criée tummeln. Das für seine experimentierfreudigen Inszenierungen bekannte Theater residiert in der ehemaligen Fischauktionshalle La Criée, und so wird es auch von den meisten *Marseillais* genannt. Ringsherum laden Cafétérrassen mit knallbunten Stühlen dazu ein, eine kleine Pause einzulegen.

Groß war 2008 die Bestürzung, als die betagte, 50 Passagiere fassende alte Fähre der Linie ›Le Ferry-Boat‹ den Dienst quittierte. Zwei Jahre später nahm ein neues Boot Fahrt auf. Das mit Sonnenenergie betriebene Vehikel ist genauso lang wie die gute alte ›César‹, trumpfte jedoch mit hypermodernem Design auf. Und erwies sich bald als sehr reparaturanfällig. 2013 wurde die alte ›César‹ nach aufwendiger Restaurierung schließlich wieder eingesetzt. Seither ist der Service nicht mehr gratis: 50 Cents kostet die Passage.

Im Carré Thiars
Das Leben ist süß

Zwischen Place aux Huiles und Cours d'Estienne d'Orves brummt es. Die vielen Flaneure lassen keinen Zweifel daran, dass im Carré Thiars die größte Restaurant- und Bardichte der Stadt zu finden ist. Das im Schachbrettmuster angelegte Viertel entstand vor gut 200 Jahren auf dem Gelände des Arsenals der königlichen Marine.

Ein Kanal trennte das Viertel von der Stadt, erst in den 1920er-Jahren wurde das Becken zugeschüttet. Die Maison du Capitaine in Hausnummer 21–23 ist eines der wenigen verbliebenen Zeugnisse aus der Zeit des Arsenals. Hier residierte der oberste Befehlshaber über Galeeren und Sträflinge. Heute stellt die Maison de l'Artisanat et des Métiers d'Art unter den wuchtigen Gewölben und dem beeindruckenden Gebälk der Kapitanerie in thematischen Ausstellungen provenzalisches Kunsthandwerk aus.

›Une metamorphose marsaillaise‹

Das Ende des Arsenals war der Startschuss für eine umgreifende Veränderung. 1784 wurden die acht *îlots* genannten Häuserblöcke um die Place Thiars mit dreistöckigen Lagerhäusern bebaut. Im Erdgeschoss entstanden Lager und Kontore, die zum Wohnen bestimmte

Was heute so friedlich und charmant daherkommt, war früher das Arsenal. Hier begannen die Qualen für die Galeerensklaven, die im Anschluss monatelang zu fünft in einem nur 2,30 m langen und 1,30 m breiten Abteil auf den Galeeren leben und arbeiten mussten.

erste Etage wurde mit schlichtem Fassadenschmuck wie etwa Säulen an den Fenstern verziert. Mit dem Zuschütten des Kanals 1923–26 verloren die Lagerhäuser ihre Direktverbindung zum Vieux Port. Das Carré Thiars durchlief erneut eine Umwandlung. Fisch- und Gemüsehändler zogen in die Lagerhäuser. Wichtiger noch, Journalisten, Verleger, Schriftsteller kamen. Die Redaktion der Tageszeitung »La Marseillaise« fand hier ihren Sitz, schließlich auch die literarische Zeitschrift »Les Cahiers du Sud«, in der von Paul Éluard, Marguerite Yourcenar über Céline bis zu Paul Valéry oft erstmals Artikel erschienen.

Eine Frau packt an

Mit der heutigen Gestalt des Viertels ist kein Name enger verbunden als der von Jeanne Laffitte. Die Verlegerin und Sammlerin antiquari-

Zehn Tage lang wird die Seifenmasse aus Olivenöl, Natron, Alkali und Meersalz bei 100 °C gekocht, dann muss sich die Masse eineinhalb Tage setzen und wird im Anschluss mehrmals mit klarem Wasser gewaschen. Getrocknet wird sie an der frischen Luft, so manches Mal hilft der Mistral dabei. Schließlich wird sie geschnitten und gestempelt – ›et voilà‹: Da haben wir die echte Savon de Marseille.

scher Kostbarkeiten setzte sich in den 1970er-Jahren für den Abriss eines monströsen Parkhauses ein, das den Cours d'Estienne d'Orves verschandelte. Ihre Kunstbuchhandlung Les Arcenaulx in Nr. 25 ist bis heute die tonangebende Adresse zu Geschichte, Kultur und Küche von Marseille und der Provence. Im selben Gebäude betreibt ihre Schwester Simone ein Restaurant, das mit seinen Bücherregalen wie eine Bibliothek wirkt, und einen Salon de Thé mit viel Verweilqualität. Wer wissen möchte, wie das Carré Thiars einmal ausgesehen hat, kann die Fotos und Erklärungen im Porche des Arcenaulx, dem Bogendurchgang zwischen Buchhandlung und Restaurant, studieren.

Durch die Nacht

Das südliche Ende des Cours d'Estienne d'Orves trifft auf die zum Vieux Port abknickende Place aux Huiles, an der früher das Olivenöl für die Seifenmanufakturen von Marseille vom Schiff gelöscht wurde. Auf der Platzmitte thront die Büste des Komponisten Vincent Scotto (1874–1952), dem Frankreich 4000 Chansons verdankt, darunter das durch Josephine Baker berühmt gewordene »J'ai deux amours«. Bäume beschatten die Terrassen von Bistros, Cafés und Bars. Abends steht man vor den Eingängen von Jazzklubs und Musikkneipen Schlange. Lang wird die Nacht in jedem Fall – denn das Viertel mutiert mit fortschreitender Nacht von der Restaurant- zur Ausgehmeile.

Marché des Capucins
Im Bauch von Marseille

Willkommen im ›Bauch von Marseille‹. So nennen die Marseiller den Marché des Capucins. Wer an der Station Noailles aus der Métro steigt, stolpert sofort in das Treiben auf den Markt. Afrika, Asien und die Provence treffen sich an den Ständen, über denen ein Duftschwall aus frischer Minze, eingelegten Oliven und fangfrischem Fisch hängt.

Das Quartier de Noailles umfasst nur einige wenige Straßenzüge zwischen Cours Lieutaud und Cours St-Louis, doch lebendiger als dieses Viertel wirkt in der Innenstadt kein anderes. Von Dienstag bis Sonntag belagern die Stände des Marché des Capucins die alte Halle der Gare de Noailles, die seit 1839 die dreieckige Place du Marché des Capucins beherrscht. Der ehemalige Ostbahnhof von Marseille dient heute als Métro-Station Noailles. Wer aus dem Métroschacht neben der noblen, hellen Steinfassade ans Tageslicht kommt, wird quasi in eine andere Welt katapultiert.

Kleines Viertel, große Welt

Draußen im Gedränge kämen derweil kein Bus und keine Straßenbahn durch. Die Rue des Capucins und einige Nebengassen sind ohnehin ausgewiesene Fußgängerzonen. Alles drängelt, schiebt sich vorbei an baumelnden Hammelkeulen, Auberginenhalden und Pfirsichpyramiden. Viele Stände werden von Nord- und Schwarzafrikanern betrieben. Im Angebot sind daher ebenfalls scharfe Harissasauce, Süßkartoffeln, bunte Stoffe. Die Läden hinter den Ständen wirken wie in einem nordafrikanischen Souk. In bis zur Decke vollgestopften Regalen wird bunter Plastikkrimskrams zum Pauschalpreis von 1 € angeboten.

Im Ali-Baba-Labyrinth

Im Umfeld des Marktes halten sich in der Rue d'Aubagne neben den vielen exotischen Läden wie der nordafrikanischen Épicerie d'Ali (Gewürze, Hülsenfrüchte, Arganöl, Karitébutter …) auch einige alteingesessene Fachgeschäfte. Die Maison Empereur wurde 1827 als *quincaillerie* gegründet und führt folglich alles für den Haushalt: Gartenwerkzeuge, Messer, Heimwerkerartikel und vieles mehr. Zum Ali-Baba-Labyrinth aus Gängen und Regalen ist ein schicker Eckladen hinzugekommen, der nobles Küchengerät wie Töpfe von Le Creuset führt.

Denkmalgeschützt ist die Inneneinrichtung der Pharmacie-Herboristerie du Père Blaize. Es riecht nach Kräutern und Tee im 1815 gegründeten Geschäft, dessen gediegene Originaleinrichtung liebevoll gepflegt wird. Die mit Kitteln bekleideten Verkäuferinnen halten für egal welches Zipperlein die richtige Heilpflanzenmischung bereit. Und die richtige Kopfbedeckung für jeden Anlass findet man in der Chapellerie de Marseille. Die Zeit hinter der großen Jugendstilauslage scheint stehen geblieben zu sein, und zwar genau in dem Augenblick, als alle Männer der Stadt noch das klassische *béret* (Baskenmütze) und coole Schlägermützen trugen.

Über dem Marché des Capucins liegt stets ein verwirrender Duft, der von den Küchen dieser Welt kündet. An sechs Tagen in der Woche bringen die Marktbeschicker hier ihre Waren an die Frau oder an den Mann.

La Belle de Mai
Ab ins Kreativlabor!

Stolze 45 000 m² umfassen Gelände und Hallen der ehemaligen Tabakmanufaktur Seita im Quartier Belle de Mai. Anfang der 1990er-Jahre ist auf dem Fabrikareal die Friche Belle de Mai entstanden, ein Labor freier und alternativer Künstlergruppen.

Zur Nachbarschaft der Friche (dt. Industriebrache) gehört der Pôle Médias, in dem die Daily Soap »Plus belle la vie« gedreht wird: Um den Eingang in der Rue Guibal 25 lungern regelmäßig Fans der Kultserie.

Kreative Kräfte

Die Friche feierte 2016 ihr 25-jähriges Bestehen. Mehr als 60 Vereine oder Initiativen bevölkern das Gelände. Die meisten davon zählen zur alternativen Kulturszene, etwa das Cabaret Aléatoire in der ehemaligen Verpackungsstelle der Fabrik oder das Théâtre Massalia, ein aufmüpfiges Marionettentheater. Radio Grenouille, Marseilles frechster Radiosender, ist hier mit seinen Studios zu Hause. Die künstlerischen Fäden in der Hand hält der Verein Système Friche Théâtre, die Dachorganisation der Friche. Wer über das Gelände spaziert, wird mit etwas Glück Zeuge von Theaterproben oder Gesangs- und Tanzeinlagen. Bei 600 Events pro Jahr und 400 Anwohnern, viele davon Artists in Residence, ist die Wahrscheinlichkeit hoch.

White Box

Auch als Ausstellungsort ist die Friche eine allererste Adresse. 2013 eröffnete die Tour Panorama. Im Erdgeschoss befinden sich Empfang und Kasse, dazu ein Café. Es folgen zwei Ausstellungsebenen, dann ein gleißender, weißer Kubus mit 500 m² Ausstellungsfläche und 9 m hoher Decke. Gezeigt wird zeitgenössische Kunst. Von der Dachterrasse überblickt man die ganze Stadt!

Den Aufstand proben

An die tausend Arbeiterinnen rollten früher in den Seita-Hallen Zigarren. Zündholzfabriken und Zuckerraffinerien zogen in die Nachbarschaft. Binnen 15 Jahren verdreifachte sich die Einwohnerzahl im Dreieck Boulevard National, Rue Guibal und Boulevard Plombière. Die meisten Zuwanderer stammten aus Italien. La Belle de Mai stand bald synonym für ein Arbeiterviertel, in dem der Aufstand geprobt wird. 1871 liefen hier die Fäden der Marseiller Kommune zusammen. Kein Wunder, dass in der Nähe die Caserne du Puy gebaut wurde, deren Soldaten in den großen Streik von Januar 1887 verwickelt waren.

Das berühmteste Kind des Viertels ist César (1921–98). Das Geburtshaus des Bildhauers steht in der Rue Loubon 71, wo er als César Baldaccini 1921 das Licht der Welt erblickte. In derselben Straße wird das ehemalige Kino Gyptis von der Friche La Belle de Mai als Theaterbühne genutzt (Nr. 136).

In der ehemaligen, 45 000 m² großen Tabakfabrik La Friche herrscht heute eine chaotisch-fortschrittliche Kreativszene mit ordentlich Potenzial.

▶ INFOS

Alles über die Aktivitäten auf dem Gelände unter: www.lafriche.org/en

Das Naturwunder Calanques
Noch Meer sehen

Im 9. Arrondissement überrascht ein Küstenabschnitt von wilder Schönheit. Gut 400 m ragen die Kalkklippen der Calanques empor. Die in der letzten Eiszeit entstandenen, an die 2 km tiefen Buchten zerschneiden eine 28 km lange Felsküste. Kein Haus, kein Mast stört das Bild schroffer Klippen und zugewucherter Talfurchen. Seit 2012 ▼ sind die Calanques Nationalpark.

Die zwei Dutzend Buchten zwischen dem Stadtrand von Marseille und dem Hafenstädtchen Cassis sind fast ausnahmslos naturbelassen und unbewohnt. Einige wenige kann man mit Bus oder Auto erreichen, die meisten nur zu Fuß oder mit dem Boot. Felsnadeln rahmen das türkisfarbene, smaragdgrüne oder nachtblaue Wasser der Buchten. Bereits in der Antike abgeholzt, entwickelte sich im subariden Klima der ausgebleichten Steinlandschaft eine endemische immergrüne Vegetation, die Brutkolonien von Zugvögeln Schutz bietet. Habichtsadler, Wanderfalken, Uhus, Felsenschwalben, Blaumerlen oder Fahlsegler bevölkern die Felsen. Perleidechse und Mittelmeergecko hasten über den Weg. Mit etwas Glück kreist sogar ein Bonelli-Adler über den Köpfen.

Erst seit 1975 steht das gesamte Gebiet unter rigorosem Naturschutz, seit 2012 sind die Calanques sogar Nationalpark. Autos haben auf den Staub- und Schotterpisten des Hinterlands nichts mehr zu suchen, bei Brandgefahr werden Teile des Gebiets auch für Wanderer abgeriegelt.

Nichts für Weicheier: von Calanque zu Calanque

Der mit einem rot-weißen Doppelbalken markierte Fernwanderweg GR 98 folgt ab der **Calanque Callelongue** 1 der Felsküste. In Kehren und Kurven geht es von einer Calanque zur nächsten, mal hoch über Steilfelsen oder am Strand entlang bis ins Hafenstädtchen Cassis. Gouffé-Kraut wuchert an Geröllhängen. Wo sich in Felsklüften Humus sammeln konnte, sprießen Zwerggiris, Rosmarin, Kermeseiche, Myrte und Steinlorbeer. Achtung: Die 23 km lange Wanderung ist anstrengend (8–9 Std.). Unbedingt Wasser, Verpflegung, Kopfbedeckung und ein Handy mitnehmen!

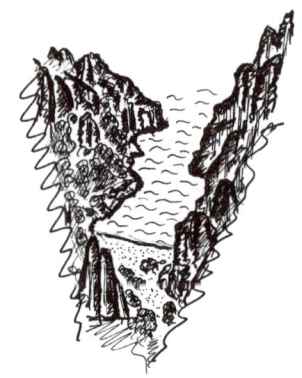

Die Calanque d'En-Vau

Wanderer, kommst du nach Sormiou ...

Von Callelongue über einen breiten Geröllweg ist in knapp einer Stunde die **Calanque de Marseilleveyre** 2 erreicht. Das Szenario mit der Strandbar **Chez le Belge** 1, ausgeblichenen Holztischen und windzerzausten Bougainvilleen erinnert an Griechenland. In der **Calanque de Sormiou** 3 überschatten Pinien den Sandstrand. Dahinter bilden Fischerhütten ein kleines Dorf. Ein paar Restaurants gibt es ausnahmsweise auch. Von der Terrasse des **Le Château** 3 ist der Blick in die Bucht und auf den Strand zudem umwerfend. Wanderer, kommst Du nach Sormiou, so sind die Verführungen zu bleiben, groß!

Comics aus der Altsteinzeit

Das Cap Morgiou schiebt sich kühn ins Mittelmeer. Ein Stichweg führt an die Spitze des Kaps. Zu seinen Füßen liegt die nur per Boot erreichbare **Calanque de la Triperie** 4. Aus ihrer Tiefe schlug 1991 die Nachricht von der Neuentdeckung einer Grotte wie eine Bombe ein. Eine weitere Grotte zwischen Marseille und Cassis wäre eigentlich nichts Besonderes gewesen. In die Schlagzeilen aber geriet die Grotte, weil die in 37 m Meerestiefe zugängliche, von dem Tauchlehrer Henri Cosquer entdeckte und nach ihm benannte Grotte Cosquer mit altsteinzeitlichen Felszeichnungen bemalt ist. Die Bilder können es mit denen von Lascaux aufnehmen. Der Zugang ist streng verboten.

Gut so, denn wir haben noch einige Kilometer und Calanques vor uns. Oder doch erst mal Pause machen? In der vom Kap abgeschirmten **Calanque de Morgiou** 5 stehen erneut schlichte *cabanons*. Dazu kommt die Bar **Le Nautic** 4, auf deren Terrasse der gegrillte Fisch und ein Gläschen Rosé noch einmal so gut schmecken …

Wer ist die Schönste am ganzen Strand?

Weiter in Richtung Cassis folgt die **Calanque de Sugiton** 6 mit FKK-Strand, einem Inselchen zum Draufgucken und wild zerklüfteten Klippen, dann die **Calanque du Devenson** 7, die 318 m hohe Uferklippen überragen.

Apropos Klippen: Nicht jede Calanque ist leicht zugänglich: In die Calanque de l'Oule herunterzukraxeln, die als Nächste folgt, empfiehlt sich nur für geübte Kletterer.

Als Krönung der Wanderung und schönste Calanque gilt die **Calanque d'En-Vau** 8. Felsnadeln wie der ›Gottesfinger‹ rahmen die schöne Bucht, ein dramatisches Szenario. Glasklares türkisfarbenes Wasser schwappt an den Strand. In der Hochsaison oder an Wochenenden ist allerdings jeder Quadratmeter belegt, da Ausflugsschiffe Badegäste in der Bucht absetzen. Ähnlich verhält es sich mit dem von Pinien gerahmten Sandstrand der benachbarten **Calanque de Port-Pin** 9.

Die **Calanque de Port-Miou** 10, die längste Calanque, liegt bereits kurz vor Cassis und zählt nach dem verheerenden Waldbrand von 1990 heute mehr Schiffsmasten als Bäume. Die Bucht wurde zudem zu Anfang des 20. Jh. als Steinbruch genutzt und hat dadurch ihren natürlichen Charme verloren. Schon wenig später tauchen die ersten Häuser von **Cassis** 11 auf. Geschafft!

Ob der Einsiedler, der die Grotte de l'Ermite im Calanques-Nationalpark bewohnte, den fantastischen Sonnenuntergang zu schätzen wusste?

Lust auf einen *cabanon?* Das könnte schwierig werden. In der Calanque de Sormiou etwa gehören alle *cabanons* den Nachkommen von Marie de Sormiou, die die Bucht 1885 erworben hat. Die begehrten Hütten sind unverkäuflich und bleiben über die Generationen in derselben Familie. So wie in den anderen Calanques auch.

In fremden Betten

»Marseille braucht mehr Luxushotels …«

… tönt es aus den Marketingetagen von Reiseveranstaltern. Dort freut man sich, dass jüngst das barocke Hôtel-Dieu am Fuß des Panier-Viertels zum Intercontinental mit fünf Sternen umgebaut wurde, dass aus einem Stadtpalais am Vieux Port das schicke Boutiquehotel C2 geworden ist.

Und auch das ein, zwei Preisklassen tiefer angesiedelte, von Stardesigner Philippe Starck entworfene Mama Shelter unweit des angesagten Cours Julien versöhnt die Branche. Als Marseille-Besucher, der aus dem Low-Cost-Flieger stolpert, hätte man es aber doch lieber eine Nummer günstiger. Kein Problem, denn das Preisniveau ist bei Übernachtungen, ob im Hotel oder in der Chambre d'hôte, der französischen Variante des B&B, basisdemokratisch. Der Trend geht zu flippigen Mischformen, die halb Hostel, halb Hotel sind und wo unterschiedlichste Traveller unter einem Dach wohnen. Noch ein Trend: Design zu kleinem Preis. Vorreiter Starck hat diesbezüglich längst Nachahmer gefunden. Was die zweite gute Nachricht ist. Prompt gibt es gute Nachricht Nummer 3. Seit Marseille europäische Kulturhauptstadt war und ein städtebaulicher Masterplan die Stadt neu erfindet, schießen Hotels wie Pilze aus dem Boden. Luxusadressen sind auch dabei, aber die meisten Neuzugänge sind wie die Stadt: unkonventionell, frisch, erschwinglich.

Satt & glücklich

Gesundküche!

Olivenöl, Fisch und Meeresfrüchte sind die Hauptbestandteile der lokalen Küche – vereint sind sie in der Bouillabaisse, der Marseiller Spezialität: fünf bis sechs verschiedene Fischarten, Muscheln, Seespinne oder kleine rote Krebse. Dazu serviert man geröstetes Brot und *rouille*, eine scharfe Sauce auf Peperonibasis, oder *aïoli*, eine Knoblauchmayonnaise.

Marseille ist Hafenstadt, der Fischmarkt am Vieux Port legendär. Weitere Fischspezialitäten sind grillte Dorade, *loup au fenouil* (Seebarsch mit Fenchel) oder *supions*, kleine, in Mehl gerollte und frittierte Tintenfische. Gemüse spielt ebenfalls eine große Rolle, ob bei den Zucchiniblütenkrapfen *(beignets de fleur de courgettes),* den *petits légumes farcies* (gefülltes Gemüse) oder der *anchoïade* (rohes Gemüse zum Dippen in Aïoli). Pizza, Pasta, Gnocchi sind das kulinarische Geschenk italienischer Zuwanderer, Couscous und Tajine das der nordafrikanischen. Gewöhnungsbedürftig sind die Ur-Marseiller *pieds et paquets* – Lammfüße und -innereien in einer Weißwein-Tomatensauce, gewürzt mit Kräutern der Provence.

Stichwort Restaurant: Marseilles gastronomisches Angebot ist breit gefächert. Nepp gehört dazu, besonders im Umfeld des Vieux Port. Ansonsten kann nicht viel schiefgehen. Marseille ist eine Foodie-Hochburg. Das Angebot an aufregenden Restaurants mit innovativer Küche ist enorm!

Ups … Halb weiß, halb Graffiti: der ›Panic room‹ im Hôtel Au Vieux Panier

›Streetfood marseillais‹ im Viertel La Plaine

Modestadt Marseille? Mais oui!

Marseilles Innenstadt ist fußläufig, das Angebot faszinierend und üppig, die Preise sind moderat. Und die Boutiquen ballen sich meistens in einem Viertel, pardon Quartier. Das alles macht die Stadt zum Einkaufsparadies. Als Modestadt ist Marseille zudem auf dem besten Weg, Paris Konkurrenz zu machen.

Dies gilt vor allem für junge, trendige Streetwear. Östlich der Canebière ist das Terrain für Fashion Victims klar abgesteckt. Die lärmende, verkehrsumtoste Rue de Rome behauptet sich als Meile der Billiganbieter (Motto: Alles muss raus!). In der nur Fußgängern vorbehaltenen Parallelstraße Rue Saint Ferréol haben sich internationale Jeansketten und Casual-Wear-Anbieter angesiedelt. In der Rue Paradis ist das Angebot deutlich exklusiver. Bekannte Designernamen tauchen auf – Thema: Prêt-à-porter bis Couture, inklusive Schmuck, Lederwaren, Interior Design, Parfüm. Noch exklusiver, aber dank heimischer Designer auch lokaltypischer, wird es in den Verbindungsstraßen zwischen Rue Saint Ferréol und Rue Paradis: Die Rue de Grignan mausert sich zur exklusivsten Adresse der Stadt, dicht gefolgt von der Rue Sainte. Ganz junge Modemacher und alternative Labels zieht es hingegen an den Cours Julien. Chic und hip ist das Angebot in den Shoppingadressen an der neuen Seafront, allen voran in den Terrasses du Port und Les Voûtes.

»Vive le weekend!«

Marseille ist keine Szenestadt, was nicht heißen soll, dass die Marseiller nicht ausgehfreudig sind. Im Gegenteil: Der Treff zum Aperitif ist ein von allen Gesellschaftsschichten und in allen Vierteln gepflegtes Ritual. Wenn man sich später am Abend verabredet, geschieht dies jedoch in erster Linie, um zusammen essen zu gehen und nicht auf ein Glas.

Doch allmählich verändern sich die Gewohnheiten, dies besonders in ›jungen‹ Vierteln wie dem Cours Julien, wo entsprechend viele Bars zu finden sind. Coole Lokale aber passen nicht so recht zur mediterranen Lebensfreude. Sie sind daher rar oder funktionieren gleichzeitig als Restaurants. Die Übergänge von der Bar zum Restaurant zur Diskothek sind ohnehin fließend.

Marseilles Nachtleben macht von Sonntagabend bis Mittwoch eine Pause: Dann finden nur wenige Nachtschwärmer den Weg in die angesagten Bars der Stadt. Die meisten Diskotheken (frz. *boîte*) haben dann ebenfalls geschlossen. Das Bild ändert sich schlagartig mit dem Herannahen des Wochenendes. Donnerstags sind die Theken bereits deutlich voller. Ab Freitagabend schlagen die Wellen hoch, am Samstag geht gar nichts mehr. Gesichtskontrolle ist bei vielen Nachtspots üblich. Im Sommer verlagert sich das Nachtleben aus der Stadt an den Strand, wo bis zum Sonnenaufgang getanzt und noch kurz gebadet wird.

Sessùn – eine Marseiller Erfolgsgeschichte!

Feiern in 56 m Höhe: Rooftop-Party auf dem Dach der Cité Radieuse von Le Corbusier

Warum Neapel?

La vita è bella!

Das Leben ist schön – wenn eine Stadt dies vermittelt, dann wohl Neapel. Es gibt die Mafia, es gibt viel Schmutz und jede Menge Chaos – aber das stört die Neapolitaner wenig. Wie machen sie das nur? Fahren Sie hin und gönnen Sie sich eine Lektion in Sachen Lebensfreude!

Die Vespa – das ideale Gefährt für eine Stadt wie Neapel.

Geschichte auf Schritt und Tritt

Alle waren sie hier: Griechen, Römer, Normannen, Staufer, Franzosen, Ungarn, Österreicher und Spanier. Und von allen hat sich etwas erhalten im lebendigen Alltag von heute. Neapel – ein großes, einzigartiges Freilichtmuseum!

Blick vom Belvedere im Park Villa Floridiana

Neapel auf einen Blick

New York hat seine Skyline, Neapel den Vulkan. Sollten Sie nach einer Sehenswürdigkeit als Symbol für die Stadt schlechthin suchen, dann darf, wenn überhaupt, höchstens der Vesuv diese Rolle in Anspruch nehmen. Von seinem Kraterrand überblicken Sie Neapel, wie es sich in exponierter Lage im gleichnamigen Golf vom Meer aus – wie in einem antiken griechischen Theater – nach oben ausbreitet. Für die Neapolitaner ist der Vulkan ein allgegenwärtiges Sinnbild für die Vergänglichkeit des Lebens.

CENTRO ANTICO

Ein Konglomerat an Sehenswürdigkeiten finden Sie im historischen Zentrum – es gibt in Europa keine größere und schönere Altstadt als die Neapels. Die barocken Kirchen, die engen Straßen mit den alten, herrschaftlichen Palazzi und die kleinen Bars des Centro antico stehen aber nicht nur für sich selbst. Seit Jahrhunderten sind sie Bühne des Lebens und Schauplatz der neapolitanischen Kultur. Ohne sein Volk wäre die Altstadt Neapels seelenlos. So ist dieses Zentrum, das seinen griechisch-römischen Grundriss bis heute bewahrt hat, ein idealer Ausgangspunkt, um Neapel kennenzulernen. Trotz seiner relativen Größe können Sie den sogenannten Bauch der Stadt, il ventre di Napoli, gut zu Fuß erkunden. Dieses Areal ist fast komplett autofrei und wird von den Stadttoren Port'Alba an der Piazza Dante im Westen, Porta San Gennaro im Norden an der Piazza Cavour und Porta Capuana im Osten begrenzt. Die drei Straßen aus griechisch-römischer Zeit heißen Via Anticaglia, Via dei Tribunali und die Spaccanapoli genannte Via San Biagio dei Librai und verlaufen parallel zwischen der Porta Capuana und der Kirche Santa Chiara. Am Nordrand der Altstadt liegt das weltberühmte Archäologische Nationalmuseum.

VIA TOLEDO, PIAZZA MUNICIPIO UND PIAZZA PLEBISCITO

Wie drei Eckpfeiler definieren diese Punkte das herrschaftliche Zentrum der Stadt. Für dieses frühere und heutige kommunale Regierungsviertel gibt es auf dem Stadtplan seltsamerweise keinen einprägsamen Namen. Architektonisch gekennzeichnet wird dieser ›Salon‹ v. a. von

Ü ÜBRIGENS

Die perfekte Kulisse seit 2500 Jahren. Kein Erdbeben und kein Vulkanausbruch konnten die Metropole bezwingen, die jahrhundertelang Hauptstadt des Königreichs von Neapel war. Herrscher kamen und gingen wieder. Dank seines Hafens schaute Neapel immer eher Richtung Europa und zum Mittelmeer, als läge die Stadt nur rein zufällig in Italien. Mit seinem dichten Konzentrat an Leben, Kultur und Geschichte weist Neapel weit über seine Grenzen hinaus, spiegelt Nord und Süd, Arm und Reich, Gut und Böse, Gehen oder Bleiben.

Fast zu schön für den Untergrund: die Metrostation Toledo

den Pracht- und Regierungsbauten, welche die Herrscherhäuser der französischen Anjou und der spanischen Bourbonen errichteten. Hier laufen alle charakteristischen Napoli-Fäden zusammen: Das Meer können Sie hinter der Piazza Plebiscito fast ›berühren‹. Gleich nebenan auf der Piazza Municipio entsteht gegenüber dem heutigen Hafen zwischen den Resten des antiken Hafens eine moderne Metrostation – ein Hochleistungsakt von Ingenieuren und Archäologen. Und die Via Toledo ist ein Paradebeispiel dafür, wie einerseits Kommerz und Konsum auf der beliebten Einkaufsstraße mit der für urbanes Design prämierten Metrostation Toledo harmonieren und andererseits die Armut im angrenzenden Viertel der Quartieri Spagnoli kontrastieren.

VOMERO UND CAPODIMONTE

Der Hügel des Vomero bietet mit dem Castel Sant'Elmo und dem Museo Nazionale di San Martino einen gratis ›All-inclusive‹-Blick auf Neapel an. Hier können Sie in abgehobener Ruhe das mediterran geregelte Chaos betrachten. Unterhalb der Panorama-Piazza vor San Martino liegen Ihnen die historischen Straßenzüge der Altstadt zu Füßen – bei guter Wetterlage haben Sie sogar einen Fernblick über die Bergketten der Abruzzen. Aus der Höhe des Vomero wird außerdem schnell klar, dass man sich in Neapel nicht so leicht verlieren kann. Das Meer auf der einen, die Hügel auf der anderen Seite – da fällt die Orientierung nicht so schwer. Die großen repräsentativen Gebäude, Plätze und berühmten Museen liegen entweder an herausragender Stelle und bieten schöne Perspektiven an – wie auch Schloss, Museum und Park im nördlichen Capodimonte – oder Sie folgen der Meereslinie.

SANTA LUCIA UND CHIAIA

Das alte Viertel Santa Lucia trennt mit seinem Fischerhafen Borgo Marinaro und dem Castel dell'Ovo den Lungomare vom Haupthafen mit der Stazione Marittima, einem Bau des faschistischen Diktators Benito Mussolini. Hier kommen die meisten Schiffspassagiere an, eingeschüchtert von den wuchtigen Wehrtürmen des Maschio Angioino gegenüber. Und zu Beginn des 20. Jh. begann genau an dieser Stelle für viele Familien die Suche nach einem besseren Leben in der Neuen Welt, in die sie emigrierten.

Heute stehen am Ufer die teuersten Hotels und Lokale mit Blick übers weite Mittelmeer, links auf den Vesuv, rechts den Lungomare entlang Richtung Stadtpark und das ehemalige Fischerviertel Mergellina. Hügelaufwärts erstreckt sich hinter dem Lungomare und der Villa Comunale das mondäne Viertel Chiaia mit den luxuriösen, manchmal leicht versnobten Geschäften und Bars. Chiaia verbindet aber auch den Salon Neapels mit der Meeresseite und sorgt mit der Via Chiaia für die nahtlose Fortsetzung der hippen Einkaufs- und Modemeile Via Toledo.

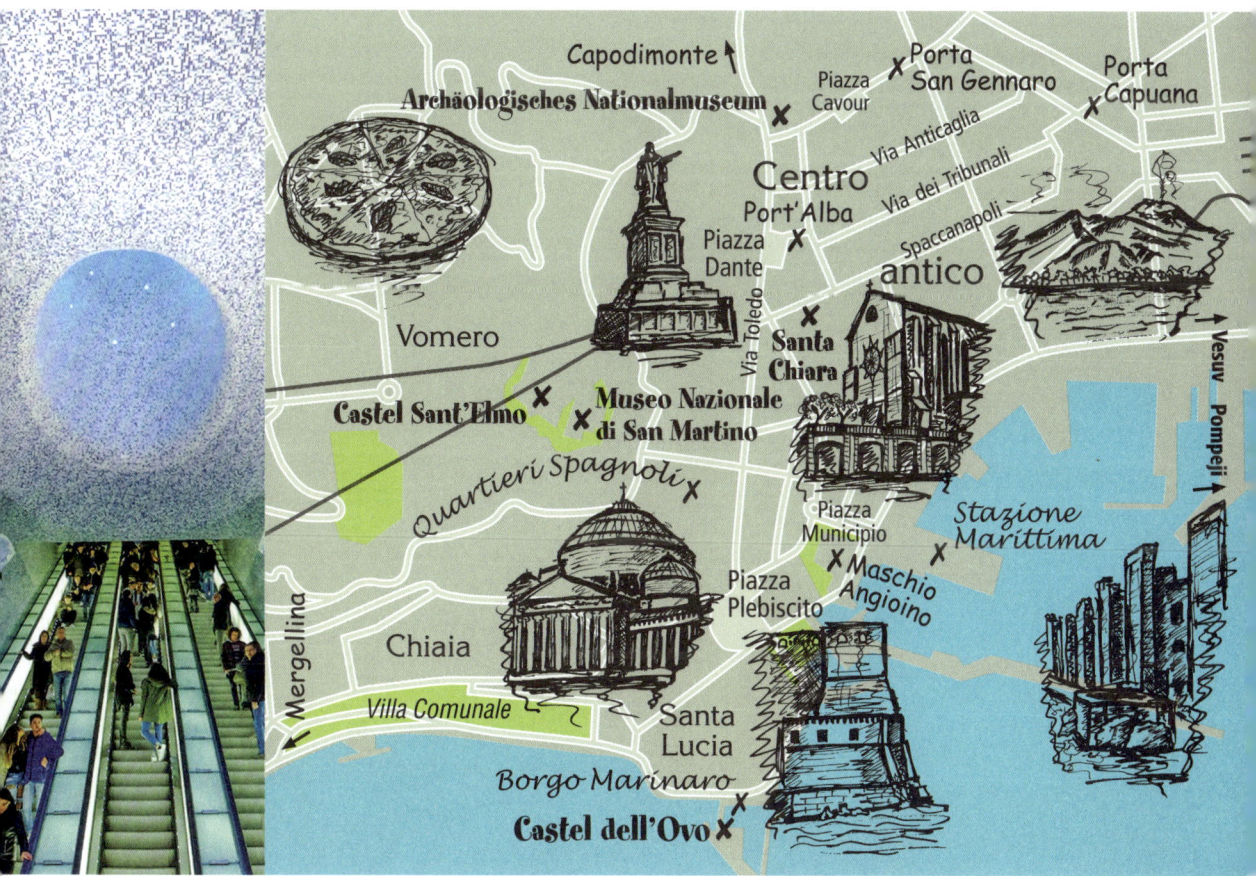

5 Touren durch Neapel

Die Galleria Umberto I

1. TOUR

Gesichter einer Stadt – **Die Spaccanapoli**

Es gibt in Europa keine größere und schönere Altstadt: Tauchen Sie ein in den sogenannten Bauch Neapels, il ventre di Napoli.

2. TOUR

Unterm Bett ein Theater – **Napoli Sotterranea**

Ab in die Unterwelt: Der Besuch im antiken Labyrinth aus Gängen und Höhlungen ist eine kleine Mutprobe. Bereits vor 5000 Jahren schlugen die Ur-Neapolitaner hier Grabkammern in den weichen Tuffstein.

3. TOUR

Antike und Erröten – **Museo Archeologico Nazionale**

Hier wirken Alltagsgegenstände und Mosaiken der Antike höchst lebendig. Das erotische Geheimkabinett zeigt, wie Sex in Pompeji mit Humor und Selbstironie inszeniert wurde.

4. TOUR

Magische Zeiten – **Am Castel dell'Ovo**

Rund um die massive Tuffsteinburg begegnen sich gleich mehrere Legenden, und jede ist wahr, zumindest ein bisschen.

5. TOUR

Er schläft, aber wie lange noch? – **Der Vesuv, die graue Eminenz**

Knirschende Steine und ein gigantisches Lavafeld unter den Füßen: Hier oben mit Weitblick auf die Stadt versteht man das Lebensgefühl in Neapel erst so richtig.

Die Spaccanapoli
Gesichter einer Stadt

Sie ist das Gegenteil vom Klischee der verwinkelten Gassen. Die Spaccanapoli verläuft wie mit dem Lineal gezogen 3 km lang durch den Kern der Altstadt. Von den Quartieri Spagnoli bis zu La Forcella hin trägt die wichtigste der drei Hauptstraßen im Centro antico jeweils einen anderen Namen. Abwechslung gibt es aber nicht nur beim Namen: Tauchen Sie ein in den Menschenstrom, der hier auf engstem Raum sprudelt.

»Neapel ist wie New York und New York ist wie Neapel«, sagte Andy Warhol, als er 1979 die Stadt besuchte. So wie der Broadway New York diagonal teilt, spaltet die Spaccanapoli Neapel in zwei Teile. Dabei zieht sie nicht nur geografisch einen Schnitt längs durch die Metropole am Golf, sie zeigt auch einen Querschnitt der verschiedenen Altstadtgesichter und endet im verruchten Camorra-Viertel Forcella. Als Via Pasquale Scura entspringt sie in den Quartieri Spagnoli im höheren Teil Neapels. Von dort oben wird ihr Name – ›Spalterin Neapels‹ – besonders anschaulich. In ihrem Verlauf streift sie das bunte Marktviertel Pignasecca, zu dessen geschäftiger Lebendigkeit Sie einen kleinen Abstecher unternehmen können, kreuzt die Via Toledo und ist ab dort für uns der Ausgangspunkt, um ihrer Gradlinigkeit zu verfallen. In diesem Abschnitt wird sie Ihnen als Via Maddaloni, Via Benedetto Croce und Via San Biagio dei Librai – oder eben als Spaccanapoli – in Erinnerung bleiben.

Schmal, geschäftig, eng – und über dem Kopf immer ein Stück Himmel: die Spaccanapoli

Ein wenig mehr Raum für Größe

Ihren Anschein des Unscheinbaren verliert die Spaccanapoli spätestens auf Höhe der Piazza del Gesù Nuovo. Da öffnet sie sich, um Raum zu gewähren für eines der drei wichtigsten Säulendenkmäler der Stadt. Die Guglia dell'Immacolata ist ein herausragendes Beispiel für neapolitanische Bildhauerkunst des 18. Jh. Versuchen Sie mal, das Monument zu fotografieren: Dann haben Sie wahrscheinlich im rechten Bildhintergrund die Chiesa del Gesù Nuovo, deren abweisende Stachelfassade sich übrigens für Nahaufnahmen gut eignet.

Der Alltag als Raumwunder-Erlebnis

Gegenüber an der Ecke befindet sich das Informationsbüro der Altstadt, denn ab hier beginnt der Teil der Spaccanapoli, in den es besonders viele Besucher zieht: Die Via Benedetto Croce ist Einkaufsstraße des Altstadtalltags – mit Bars, Eis-, Schokoladen- und Konditoreiläden, einem SSC-Napoli-Sportgeschäft (Via B. Croce 14), Antikem, Mode und Schmuck.

Versteckte Pracht

Manchmal weist ein kleines Schild darauf hin, dass sich hinter einem jahrhundertealten Innenhof ein noch älterer Palazzo verbirgt. So gibt es hier etwa den opulenten Palazzo Filomarino della Rocca aus dem 16. Jh. (Via B. Croce 12). In seinem Innenhof sehen Sie, welch großzügig angelegten Lebensraum sich der neapolitanische Adel einst gönnte – verborgen hinter einem mächtigen Holztor.

Des Bettlers Andenken

Anschließend öffnet sich die Spaccanapoli plötzlich wieder nach links, ein weiterer Platz mit einem weiteren Säulenbau in der Mitte – imposant, überraschend, harmonisch: Sie stehen auf der Piazza San Domenico Maggiore. Die Menschen, die hier nach *spiccioli,* Kleingeld, oder nach Zigaretten fragen, sind keineswegs fehl am Platz. Der Namensgeber der Piazza, der hl. Dominikus, gründete den Bettelorden der Dominikanermönche. Zu seinem Andenken steht die Säule mitten auf dem Platz, allabendlich Treffpunkt für Studenten, Touristen, Jugendliche aus der Altstadt und Paradiesvögel.

Trödeln und Trödel

Von der Piazza San Domenico bis zur Via Duomo verläuft der engste und trödeligste Teil der Spaccanapoli. Vor gut 2000 Jahren lag genau unter Ihnen der Decumanus Inferior – die südlichste der drei antiken Stadtachsen. Die antike Nil-Statue an der gleichnamigen Piazzetta, die ägyptische Siedler hier aufstellten, erinnert noch daran.

Eine weitere Besonderheit der Spaccanapoli ist das berühmte Puppenkrankenhaus, in dem jene Puppen repariert werden können, die es seit dem Siegeszug des Plastikspielzeugs kaum noch irgendwo gibt. Im Ospedale delle Bambole werden seit mehr als 200 Jahren mit viel Fingerspitzengefühl kranke und verkümmerte Puppen sowie altersschwache Pulcinella-Figuren restauriert.

Madonnen, Sirenen, Ungeheuer, Teufel und Engel – die Straßenkünstler Neapels lassen Kontraste krachen: Mythos und Moderne, Alt und Neu, Klischees und Ungewöhnliches, und das in allen erdenklichen Farben.

> NEAPEL IST EIN PARADIES, JEDERMANN LEBT IN EINER ART VON TRUNKNER SELBSTVERGESSENHEIT. MIR GEHT ES EBENSO, ICH ERKENNE MICH KAUM, ICH SCHEINE MIR EIN GANZ ANDERER MENSCH. GESTERN DACHT ICH: »ENTWEDER DU WARST SONST TOLL, ODER DU BIST ES JETZT.«
>
> Johann Wolfgang von Goethe, Italienische Reise, 1787

Napoli Sotteranea
Unterm Bett ein Theater

Steigen Sie hinab in die Unterwelt Neapels. Dort verbirgt sich im weichen gelben Tuffgestein ein unterirdisches System aus Hohlräumen und Gängen, das bereits in der Antike angelegt wurde.

140 Stufen führen hinab in die Unterwelt. Professionelle Höhlenforscher nehmen sie im Laufschritt. Aus eigener Erfahrung sagen wir, dass auf dem feuchten Boden etwas Vorsicht allerdings nicht schadet. Die Treppe an der Piazza San Gaetano ist einer von 60 Eingängen in den Untergrund, die erst im Zweiten Weltkrieg ins Tuffgestein geschlagen wurden. Damals hatte man die seit dem 19. Jh. in Vergessenheit geratenen antiken Hohlräume unter der Stadt als improvisierte Luftschutzkeller wiederentdeckt. Etwa eine halbe Million Neapolitaner suchten bei Bombenalarm in 200 ›Höhlenbunkern‹ Unterschlupf vor 28 000 Bomben – manchmal tagelang.

Ein Schweizer Käse aus Stein

Vor 30 Jahren gründete der Höhlenforscher Enzo Albertini den Verein Napoli Sotteranea mit dem Ziel, »die Steine erzählen zu lassen«. Der Hauptdarsteller in der unterirdischen Stadtgeschichte ist der gelbe Tuff – weiches, poröses Gestein vulkanischen Ursprungs, auf dem

Schon die alten Griechen höhlten den Untergrund Neapels aus, um Material für die Bauten an der Oberfläche zu gewinnen.

Neapel erbaut ist. Seit der frühen Antike wurden darin Wasserkanäle, Brunnenschächte, Zisternen und Steinbrüche angelegt, sodass ein unterirdisches Netz mit riesigen Hohlräumen und feinen Tunneladern entstanden ist – wie ein Schweizer Käse nimmt dieses nun eine Gesamtfläche von 2 km² ein und trägt etwa zwei Drittel der Altstadt. Viele Abschnitte dieser Parallelwelt waren lange Zeit von Schuttmassen verschüttet, nachdem die Brunnenschächte ab dem 19. Jh. zu Müllschluckern degradiert worden waren.

Aus Tuff geboren

Nach 30 zurückgelegten Höhenmetern stehen Sie plötzlich in einem Labyrinth aus Gängen und Höhlungen. Manch ein Tunnel ist so niedrig, dass Sie Ihren Kopf einziehen müssen. Bei einer Temperatur von 14 bis 16 °C und einer Luftfeuchtigkeit von konstanten 70 % erfahren Sie, dass bereits vor 5000 Jahren die Ur-Neapolitaner Kammern in den Tuffstein schlugen, um ihre Toten zu begraben. Aber erst die Griechen perfektionierten den Tuffabbau. Sie nutzten im 5. Jh. v. Chr. den weichen Stein als Baumaterial zur Errichtung ihrer neuen Stadt: Neapolis. Je mehr Tuff ans Tageslicht gefördert wurde, desto schneller wuchsen Tempel und Befestigungsanlagen. Mehr als 1000 solcher Steinbrüche gab es in der Antike, und jeder nach oben beförderte Steinblock wog an die 300 kg.

Auch die Kochkunst der neapolitanischen Pizzaioli zählt seit 2018 zum UNESCO-Kulturerbe.

Brunnenputzer und Zisternen

Das unterirdische Wasserversorgungssystem wurde teils vom Regenwasser, teils von einem gigantischen Aquädukt gespeist, das Wasser aus dem weit entfernten Hinterland in die Stadt transportierte. Erst im 17. Jh. erreichte dieses System seine Grenzen, sodass ein spendables Adelshaus neue Wasserleitungen bauen ließ. Damals verfügte jeder Palazzo über seine eigene Zisterne. Professionelle Brunnenputzer stiegen zur Wartung in die Schächte hinunter, zogen den Stopfen raus, ließen das Wasser im Tuff versickern, reinigten die imprägnierten Wände und füllten die Zisterne neu auf. Heutzutage geht es mit einer Kerze in der Hand, die man sich an einem Bunsenbrenner anzünden kann, durch einen unbeleuchteten Gang zu einer solchen Zisterne – eine kleine Mutprobe, die mit einem Blick auf das geheimnisvoll beleuchtete Wasser belohnt wird.

Neros Gesang

Eine Gasse weiter, in der Vico Giganti, führt die Besichtigungstour in einen sogenannten *basso* – eine kleine Erdgeschosswohnung. Unter dem dortigen alten Bett kommt eine Falltür zum Vorschein und öffnet den Durchgang zu den Mauern des antiken römischen Theaters, in dem Kaiser Nero die Bürger von Neapolis mit seinen Liedern quälte. Nero war ein miserabler Sänger. Ab dem 13. Jh. verleibten sich Palazzi nach und nach die Theaterreste gleichsam wie Kannibalen ein. Archäologen legen die antiken Mauern des Teatro Romano inmitten der umstehenden Häuser zurzeit wieder frei. Diese ›Bühnen‹-Baustelle wird immer mal wieder für Besucher geöffnet: Dort erwartet Sie ein geradezu umwerfendes archäologisch-architektonisches Schauspiel!

1995 erklärte die UNESCO Neapels Altstadt zum Weltkulturerbe. Die Denkmalpflege macht auch vor dem Straßenbelag nicht halt: Müssen die schweren Steinquader in den *decumani* (historischen Straßen) ausgetauscht werden, dann geschieht dies immer noch größtenteils in Handarbeit: Die Arbeiter schlagen – im Knien – jede einzelne Anti-Rutschkerbe des Basaltblocks eigenhändig mit Hammer und Meißel in den Stein hinein.

Museo Archeologico Nazionale
Antike und Erröten

Hier steht das Original: das Mosaik von der Alexanderschlacht, das manche Menschen sofort an die schönsten Stunden ihres Lateinunterrichts erinnert. Im Nationalmuseum zeigt eine Abteilung aber auch, was damals nicht auf dem Stundenplan stand: das erotische Leben der Antike.

Bevor wir uns ganz legal mit dem ›Unzüchtigen‹ befassen, widmen wir uns dem Kontakt mit der fernen Vergangenheit, die den zeitlichen Abstand von Jahrtausenden zu einem Wimpernschlag werden lässt. Die Ausstellungsstücke im Museo Archeologico Nazionale haben eine unerwartete Lebendigkeit an sich. Besonders die Dinge des täglichen Lebens aus der Antike vermitteln den Eindruck, als sei es gar nicht so lange her, dass sie den Menschen zu Diensten waren.

Schon Karl III. hatte die überwältigenden Statuen aus der Sammlung Farnese hier untergebracht; diese begrüßen Sie im Erdgeschoss. Nach langjähriger Restaurierung befindet sich das Museo Archeologico Nazionale di Napoli (MANN) heute auf internationalem Standard und gehört zu den Top Twenty der italienischen Museen. Das MANN steckt voller Kunstschätze, die Sie vielleicht noch aus den Schulbüchern kennen; davor zu stehen und sie in der Realität anschauen zu können, ist sicherlich einer der Höhepunkte des Neapel-Aufenthalts.

Römische Comics

Seit 2001 kann man die Mosaiken wieder zusammen mit den Wandmalereien anschauen. Jahrhundertelang wurden sie an verschiedenen Orten aufbewahrt oder installiert, etwa als Fußböden in den kleineren Museen der Umgebung. Der Eindruck des prallen antiken Lebens entsteht aus der Verbindung von Wohlstand, Philosophie und Alltagsästhetik: So zeigen manche Mosaiken Jagdszenen oder Gemüse, das heute noch zum Standard der Speisepläne gehört wie Artischocken oder Spargel. Außerdem sieht man das berühmte »Memento Mori« über die Vergänglichkeit des Lebens. Die mit Mosaiken verzierten Säulen im Ausstellungsraum erinnern daran, dass diese Kunst damals zum kostspieligeren Dekor im Lebensraum der römischen High Society gehörte.

Prüderie kann man den Künstlern der Antike wahrlich nicht vorwerfen.

Unverklemmt und unverstaubt

Das erotische Geheimkabinett ist der ideale Ort, um möglicherweise vorhandene Traumata aus dem keineswegs als ›sexy‹ in der Erinnerung verbliebenen Lateinunterricht zu bewältigen. Mehr als 250 solcher ›obszönen‹ Exponate sind nach jahrzehntelanger Zensur in einer eigenen Abteilung ausgestellt. Dass es sie gibt, ist Giuseppe Garibaldi zu verdanken, der bei seinem ersten Besuch entsetzt darüber war, was die Bourbonen den klassischen Statuen angetan hatten. Sex war in Pompeji ein Spektakel, mit Humor und Selbstironie inszeniert. Sexualität und Prostitution gehörten zu den festen Bestandteilen der Bankette, erotische Malereien verschönerten die Gärten, und Priapos, Gott der Fruchtbarkeit, schützte als Gemälde oder Talisman Haus und Familie.

Am Castel dell'Ovo
Magische Zeiten

Es gehört zum Bild von Neapel wie das Meer, der Vesuv und die Pinie auf manch einer Postkarte: das im Meer vorgelagerte, doch mit dem Festland verbundene Felsmassiv, gekrönt von einer Burg aus gelbem Tuffstein, dem Ei-Kastell. Hier begegnen sich gleich mehrere Legenden, und jede ist wahr, zumindest ein bisschen.

Sie brauchen nicht viel Fantasie, um in die Antike einzutauchen, wenn Sie vom Festland übers Kopfsteinpflaster zum Castel dell'Ovo gehen. Die massive, aber gar nicht furchteinflößende Burg sieht so aus, als habe man sie zu touristischen Zwecken extra hierhinkonstruiert. Besonders die fotografierenden Japaner nah an den Bussen am Uferhighway nutzen sie gern als Kulisse. Sie werden wissen, dass sie vor dem Symbol für den Beginn einer Besiedelung stehen, die mittlerweile schon weit die Hänge des entfernt sichtbaren Vesuvs hochgekrochen ist. Früher war hier nichts außer dem Meer, dem Felsen und dem nach Jahrtausenden verschwundenen Piniengrün.

Die ersten Siedler waren gute Seefahrer und kamen aus dem griechischen Staat Megaris westlich von Attika. Vor 2700 Jahren fuhren sie los und landeten – nach der Gründung des benachbarten Cuma – an der Küste vor Neapel. Dem vorgelagerten Inselchen, auf dem sie sich niederließen, gaben sie den Namen ihres Staates.

Malerischer geht es kaum: Am Castel dell'Ovo jagt ein Fotomotiv das nächste.

Neapel

Baden à la Napoli

Vom Sperrgebiet zum Ausflugsziel

Erst seit 1975 dürfen Besucher den Tuffkoloss besteigen. Vorher diente er dem Militär. Heute haben Sie sogar die Wahl, die Burg mit dem Fahrstuhl oder zu Fuß zu erreichen – wir empfehlen den Fußweg. Er führt langsam ansteigend vorbei am Borgo Marinaro, einer kleinen Siedlung für Fischer, die heute allerdings vorwiegend von der Gastronomie leben. Nach einer scharfen Rechtskurve geht es durch die Burg weiter nach oben.

Windige Perspektiven

Eine frische Brise weht immer übers Kastell und Fotomotive springen Sie förmlich an. Wie überall in Neapel ist die Architektur auch hier eine geschichtete: Ursprünglich wurde das Kastell im 9. Jh. errichtet, als Überbau einer Kirche aus dem 5. Jh., die wiederum auf einer Villa des Lukull stand. Entscheiden Sie selbst, aus welcher Epoche die sichtbaren Säulen und Treppengänge stammen, aber vergessen Sie nicht, die Nase in den Wind zu halten und das Panorama von der obersten Plattform des Kastells zu genießen! Nutzen Sie Jacke oder Pulli als Sitzkissen zum Entspannen und lassen Sie die Gedanken schweifen, von oben nach unten: Denn unten liegt laut Legende das Ei, das der Burg ihren Namen gab.

> **EI-PHONE**
>
> Wer mit seinem Ei-Phone kalauernd ein Foto vom Ei-Kastell macht, verbindet das Zeitalter der Elektronik mit dem der Magie. Zwar sagen manche Forscher, die Begründung für den Namen der Burg liege in ihrem eiförmigen Grundriss, aber daran glauben wir kaum und die Stadtbewohner schon gar nicht. Viel interessanter erscheint uns, so wie den Legenden liebenden Neapolitanern, die Geschichte vom Dichter Vergil, der, im Mittelalter für einen Magier gehalten, im Inneren des Kastells ein magisches Ei gehütet habe. Natürlich gibt es dieses Ei heutzutage genauso wenig wie die frei laufenden Hühner unten im Viertel.

Das Ei des Vergil

Vor langer Zeit gab es das Ei bestimmt einmal. Es lag in einer Karaffe und war darin in einem Käfig unten in einem Verlies des Kastells aufgehängt mit nur einem Zweck: ganz zu bleiben, denn von seinem Schicksal hing auch die Unversehrtheit der gesamten Stadt ab. Tatsächlich sei die Burg eingestürzt, als das Ei einmal zu Bruch ging, so die Legende – das heutige Erscheinungsbild des Kastells geht auf seinen Wiederaufbau zu Beginn des 14. Jh. zurück.

Ankern in Santa Lucia

Nach so viel windiger Magie, nach den prächtigen Ausblicken auf den Vesuv und nach Mergellina, auf die Edelhotels gegenüber und den Borgo Marinaro könnten Sie vor einer wichtigen Entscheidung stehen: Jachten gucken, essen gehen oder nur einen kleinen Imbiss nehmen? Wer Schiffe oder Boote anschauen mag, kommt ganz kostenlos auf seine Kosten. Der exklusive Hafen heißt Porticciolo di Santa Lucia – den früheren Hafen von Santa Lucia gibt es heute nicht mehr, er verschwand mit dem Bau der Uferstraße. Zwischen den Jachten der High Society, die jährlich große Summen für ihre exklusiven Liegeplätze zahlt, dümpeln jedoch noch ein paar Fischerboote. Manche bieten ihre Dienste für eine Rundfahrt ums Kastell und ufernah durch den Golf an.

Der Vesuv, die graue Eminenz
Er schläft, aber wie lange noch?

Vielleicht versteht man erst hier oben das Lebensgefühl in Neapel besser – mit knirschendem Lavastein unter den Füßen und die Metropole im Weitblick. Der Vesuv verkörpert die Vergänglichkeit des Lebens. Zwar bringt er blühende fruchtbare Landschaften hervor und eine paradisische Silhouette, dennoch reicht ein Grummeln und jeder weiß, dass im nächsten Augenblick alles vorüber sein könnte.

Der graue Riese mit der Doppelspitze im Golf von Neapel ist der einzige aktive kontinentale Vulkan Europas. Nach dem letzten Ausbruch 1944 fiel er in einen Dornröschenschlaf, dessen Ende die Vulkanologen rechtzeitig vorhersagen zu können hoffen. Der **Vesuv** 1 ist zwar der besterforschte Vulkan der Welt, aber auch der am dichtesten bevölkerte (20 Kommunen mit etwa 400 000 Einwohnern). Die ersten Ausbrüche fanden vor 25 000 bis 17 000 Jahren statt. Bei der gewaltigen Eruption von 79 n. Chr., die Pompeji und Herkulaneum verschüttete und den Vesuv zum Vulkan-Star machte, wurde der ursprüngliche **Monte Somma** 2 zerstört und es entstand der **Große Kegel** 3 (Gran Cono) des Vesuvs. Deswegen trägt der Vulkan heute noch den Doppelnamen **Monte Somma-Vesuvio**. An der höchsten Stelle misst der Vesuv 1281 m, der Monte Somma 1132 m.

Für den Aufstieg zum Vesuv braucht man ein wenig Puste.

Lavawege mit antikem Suchspiel

Der Aufstieg auf den Vulkan, der in der neapolitanischen Volkskultur respektvoll *'a muntagna* genannt wird, beginnt bei dem **Piazzale** 4 auf 1000 Höhenmetern. In Serpentinen gehen Sie auf einer breiten Aschepiste bis zum eigentlichen Kraterrand. Feste Schuhe und ein wenig Kondition genügen zur Begehung, und am besten eignen sich klare Frühlings- oder Herbsttage.

Gegenwärtig gewährt der Krater einen 200 m tiefen und 600 m breiten Einblick. Das Panorama reicht vom Golfo di Gaeta im Norden bis zur Sorrentinischen Halbinsel im Süden. Sie können den Krater etwa bis zur Hälfte entlanglaufen: Am Ende des Aschepfades stehen Sie oberhalb des sogenannten **Agro Nocerino-Sarnese** 5, jener fruchtbaren Ebene, die vom Meer bis weit hinter den Vesuv reicht. Mit etwas Geduld entdecken Sie in diesem Flachland rings um das Flüsschen Sarno auch die Ruinen von **Pompeji** 6. Bereits in der Antike war die Ebene ein wichtiges Anbaugebiet für Obst und Gemüse.

Trotz seiner Schläfrigkeit gibt der Vesuv ständig Lebenszeichen von sich. Am Kraterrand steigen Dampffäden empor und lassen erahnen, dass der Vulkan mehr kann, als ein paar Fumarolen in die Umgebung zu pusten. Schautafeln erklären Geschichte, Zusammensetzung und Eigenarten des berühmten Berges. 3 Mio. Menschen leben im potenziellen Ausbruchgebiet des Vesuvs. Evakuierungspläne liegen für den Fall der Fälle bereit. Klar ist bislang nur, dass eine neuerliche Eruption höchst explosiv sein könnte, denn das gigantische Magmafeld in 8 km Tiefe ist wie von einem Stopfen verschlossen.

Barocke Nächte

Davon träumen andere Touristenziele: Die meisten Hotels und B&Bs Neapels sind in historischen Palazzi untergebracht. Denn die Bausubstanz der Kunst- und Kulturstadt stammt größtenteils aus dem Barock. Ganze Stadtviertel mit Hunderten von Palazzi entstanden in dieser Epoche, die heute das Fundament für die schönsten Unterkünfte bilden.

War bis vor wenigen Jahren die Ausstattung noch gern klassisch neapolitanisch gehalten mit edlen Stoffen, antikem Mobiliar und Farben wie das pompejianische Rot, so setzen die Architekten mittlerweile auf die Betonung der Kontraste, den Mix der Epochen und Kulturen. Sie inszenieren zeitgenössische Kunst und Design im Dialog mit altem Gemäuer und traditioneller Handwerkskunst. Viele Besitzer von B&Bs sind selbst Architekten oder Künstler und stellen ihr kulturelles Erbe im Kontext neuer internationaler Trends dar – fast so, als stünden sie heimlich im Lifestyle-Wettbewerb miteinander. Diese Strömung kreativer Energie schlägt immer mehr Wellen, sodass Art-Hotels in Neapel stetig zunehmen und auch schon mal überbucht sind. Hinzu kommt bei fast allen ›Bettengebern‹ eine offene Gastfreundschaft und der Wille, ihre Stadt vor den Augen der anderen fernab der gängigen Klischees zu verkörpern, die wir hier nicht gebetsmühlenartig wiederholen wollen.

Barock ist Trumpf im Hotel San Francesco al Monte.

Pasta macht Leute

Am liebsten soll es wie bei ›Mamma‹ oder wie ›zu Hause‹ schmecken. Neapolitaner essen traditionsreich, oft auch kritisch und bewusst. Frauen und Mütter gaben über Jahrhunderte die Kochkultur weiter, wobei es meist darum ging, aus wenigen einfachen Zutaten köstliche Speisen zu zaubern.

Dass dies gelingt, liegt nicht zuletzt an der Qualität der Grundzutaten. Die fruchtbare Vulkanerde rings um die Stadt ist ein idealer Boden für den Gemüseanbau, den die Araber im frühen Mittelalter am Vesuv einführten. Angeblich importierten sie auch die Pasta via Sizilien. Seitdem ist die Nudel aus Hartweizengrieß die unangefochtene Herrscherin in Neapels Küchen. Bevor sie ihren Siegeszug antrat, gehörten Hülsenfrüchte und Blattgemüse zu den festen Bestandteilen des Speiseplans. Besonders die Armen konnten sich weder Fleisch noch Fisch leisten. Somit war Neapels und Kampaniens Küche bereits regional und oft auch vegetarisch, lange bevor bio und vegan im Trend lagen.

Langsam breiten sich auch hier die aktuellen Ernährungsströmungen aus. Smoothies, üppige Salate und Eintöpfe aus Hülsenfrüchten sind angesagt – und dabei doch nichts anderes als eine Art Rückkehr des Alten. Wenn Sie genau hinschauen, werden Sie eine enorme Vielfalt an Agrarprodukten und einen gewaltigen Rezeptreichtum entdecken!

Ein Himmelreich für einen Teller Nudeln!

Basar für alles

Wo sich ein Großteil des Lebens im Freien abspielt, ist der öffentliche Raum die wichtigste Shoppingmeile. Tagtäglich vergrößern Ladeninhaber ihre Geschäfte um die Auslagen auf der Straße, um abends alles wieder abzubauen. Oft genug stellen die improvisierten *bancarelle* (Verkaufsstände) sogar die einzige Verkaufsfläche dar. Viel mehr als einen Bürgersteig, eine Decke oder einen Tisch braucht niemand.

Fertig ist der Straßenverkauf fast überall und von fast allem: selbst gefertigter Schmuck, gefälschte Designertaschen, Smartphone-Hüllen, frisch geerntete Erbsen aus dem eigenen Garten, Glücksbringer und Luftballons. Zum Straßenbild gehören auch die fliegenden Händler, die auf ausrangierten Kinderwagen Putzschwämme, Gasanzünder und den Sixpack Papiertaschentücher immer griffbereit haben.

Neapel ist eine Fälschermetropole: Die Via Toledo sowie die Bahnhofs- und Hafengegend sind die Hochburgen des Plagiatverkaufs. Die windigen Händler bieten hier Designermode und sogar iPhones an. Laut Gesetz drohen auch den Käufern hohe Geldstrafen, falls sie erwischt werden. Legendär ist übrigens der *pacco napoletano*: eine Verpackung mit – auf der Straße noch vorgeführtem – Inhalt (etwa einer teueren Digitalkamera), der sich nach dem Erwerb und mit dem Verschwinden des Verkäufers wie durch Zauberhand aufgelöst hat.

Dynamische Szene

Wenn es heiß wird in Neapel, trifft man sich auf den großen Piazze oder vor den Bars in der Altstadt, die in einem früheren Leben oft Handwerks- und Speicherräume waren. Auch das Nachtleben in Neapel ist jahreszeitenabhängig, oft improvisiert und immer dynamisch. Manch ein Lokal ändert von einer Saison zur anderen seinen Namen und von Mai bis Oktober sind viele Clubs im Zentrum geschlossen.

Eine Regel gilt immer: Vor 23 Uhr ist in den Discobars mit Live-DJ nicht viel los, meist kommt erst nach Mitternacht Bewegung auf die Tanzfläche. Während in der Altstadt gern Studenten feiern, finden sich in Chiaia die etwas teureren und edleren Bars.

Wenn Opernhäuser, Theater und Clubs in die Sommerpause gehen, wird die Musik ins Freie verlegt und jede Piazza, jeder noch so kleine öffentliche Garten am Stadtrand bespielt. Die Open-Air-Saison dauert in Neapel von Anfang Juni bis Ende September. Für jeden Musikgeschmack ist etwas dabei: neapolitanische Canzone, Folklore, Jazz, Blues, Trip-Hop, Pop. Lokalmatadore wechseln sich ab mit den ganz großen Namen der Branche. An den Sommerwochenenden gibt es an den Stränden auch größere Disco-Happenings. Klassik unter sommerlichem Sternenhimmel kann man zuweilen sogar im antiken Theater von Pompeji genießen, dort spielt das Orchester des San Carlo auf.

Nein, Marinella verkauft keine Schuhe, sondern Schlipse. Und zwar an alle. Auch ohne Hundeblick.

In den Club? In Neapel nicht vor Mitternacht.

Warum San Sebastián?

Berge und Wellen

Drei Hausberge, drei fantastische Strände und davor die Weite des Atlantik – Langeweile hat in San Sebastián keine Chance. Weder am Tag noch am Abend, den man am besten mit einem Glas Bier und wunderbaren Pintxos beginnt.

Abendlicher Strandgang

Vergnügungspark für die Seele

San Sebastián ist nicht einfach nur eine Stadt. Es ist ein Lebensgefühl, ein Vergnügungspark für die Seele, ein Mini-Paris. San Sebastián bedeutet, den Tag mitten im Geschehen zu verbringen: im Café, am Strand, im Park, auf einem der Hausberge. Und sich vom heiteren Altstadtleben aufsaugen zu lassen. Am Abend trifft man sich dann in einer der tausend Pintxo-Bars zum Plaudern, Fußballgucken, Bierchen trinken.

Altstadtgasse mit Blick auf die Iglesia de Santa María

San Sebastián auf einen Blick

San Sebastián besteht aus neun Stadtteilen, die manchmal gar nicht so leicht zuzuordnen sind. Denn das Zentrum ist nicht mit der Altstadt gleichzusetzen und die Altstadt ist nicht der älteste Teil der Stadt …

PARTE VIEJA

Bei Tag und bei Nacht tummeln sich Touristen und Einheimische in den engen Gassen der Altstadt, der Parte Vieja, die an Hafen und Monte Urgull angrenzt. Die Hauptmeilen sind neben dem geschäftigen Boulevard die Calle Mayor, die auf die Basílica Santa María zuläuft, und die Calle Fermín Calbetón mit ihren vielen Lokalen und Pintxo-Bars. Die Plaza de la Constitución bildet das offene Herz der Altstadt und auch im Gewirr über dem unterirdischen Mercado de la Bretxa verirrt sich nachts noch der eine oder andere Nachtschwärmer. Die Calle de 31 de Agosto ist die älteste Straße der Altstadt. Hier stehen die wenigen Gebäude, die den großen Stadtbrand im 19. Jh. überlebten, darunter das Museo San Telmo. Abgesehen davon stoßen Sie hier auf ein paar der besten Pintxo-Bars und bei La Viña (Hausnr. 3) auf den leckersten Käsekuchen der Stadt.

ZENTRUM UND ÁREA ROMÁNTICA

Der Boulevard Alameda, eine breite Fußgängerzone mit Geschäften und Restaurants, trennt die Altstadt vom Zentrum mit seinen symmetrisch angelegten Straßen. Willkommen im Shoppingparadies! Rund um den Garten der romantischen Plaza Gipuzkoa reiht sich ein Geschäft ans nächste, dazwischen liegen Cafés und Bars. Folgen Sie der Fußgängerzone, stoßen Sie auf ein großes graues Gebäude, den Mercado San Martín. Am frühen Donnerstagabend verwandelt sich dieser Supermarkt in eine Partyhalle. Ein paar Hundert Meter weiter, am Flussufer, liegt die Plaza Bilbao mit ihrem hübschen grünen Springbrunnen. Weiter nach Süden gelangen Sie zum Bahnhof Amara und zur Plaza Easo. Hier ist Endstation für alle, die mit dem Zug anreisen. Und von überall aus gut zu erkennen: die Kathedrale Buen Pastor im Herzen des französisch angehauchten romantischen Bezirks mit seinen Belle-Époque-Bauten.

Die Calle de Zabaleta im Stadtteil Gros ist die belebteste Pintxos-Meile.

Ü ÜBRIGENS

Mag der Aufstieg auf San Sebastiáns Hausberg Urgull auch vielleicht schweißtreibend sein, der Ausblick auf die La-Concha-Bucht, auf Stadt und Gebirge entschädigt für alle Mühen …

San Sebastián

STRANDPROMENADE

Vom östlichsten Ende am Zurriola-Strand bis zum westlichsten Punkt am Peine del Viento unterhalb des Monte Igueldo sind es genau 6 km. Vorbei an Sagüés-Viertel und Kursaal, an Monte Urgull und Hafen, der verträumten La-Concha-Bucht, an Miramar-Palast und Ondarreta-Strand – es wartet eine Stadterkundung der besonderen Art mit Meerblick auf Sie.

IGUELDO

Der steile Weg hinauf auf die Spitze des Monte Igueldo ist gesäumt von Villen und romantischen Gärten. Wer hier wohnt, weiß die Ruhe und die Entfernung zum Stadtkern zu schätzen. Nur ganz oben wird es wieder geschäftiger, denn auf der Spitze liegen nicht nur Spielbuden und Fahrgeschäfte, sondern auch mehrere Hotels und Restaurants. Hinauf bringt Sie ganz entspannt eine nostalgische Holzbahn.

ANTIGUO

Sprach man noch vor einigen Jahrzehnten von San Sebastián, war allein Antiguo gemeint. Heute muss sich das älteste Viertel der Stadt gegen das Zentrum und die Altstadt behaupten. Die Universität UPV und die Hochschule für Musik, das Priesterseminar und der Palacio de Miramar sind attraktive Orte für Besucher. Der Ondarreta-Strand und der Park an der Promenade gehören ebenfalls zu diesem interessanten Teil der Stadt.

GROS

In dem stetig wachsenden Viertel direkt am Zurriola-Strand sind insbesondere Studenten, Alternative und junge Familien zu Hause. Die Calle Zabaleta verwandelt sich jeden Donnerstagabend in eine beliebte Partymeile. In den kleinen Nebenstraßen geht es ebenso bunt wie in der Zabaleta zu. Die Calle Peña y Goñi und die Plaza de Cataluña eignen sich hervorragend für einen Drink am Abend.

AMARA UND EGIA

Das Arbeiterviertel Amara fängt direkt hinter der Plaza Easo an und kann sich in puncto Geschäfte, Cafés, Hotels, Wohn- und Bürogebäude durchaus mit dem Zentrum messen. Egia beginnt mit einem steilen Anstieg hinter dem Busbahnhof. Hier liegen der schöne Stadtpark Cristina Enea und die alte Tabakfabrik, die der Stadt heute als Kulturzentrum zur Verfügung steht.

AIETE

Aiete ist ein reines Wohnviertel, das sich erhöht über der Stadt befindet. Nehmen Sie ab der Kathedrale Buen Pastor die Calle Aldapeta, gelangen Sie nach ca. fünf Minuten mit Auto oder Bus zum Palacio de Aiete und zu seinem wunderschönen Park.

Spaziergang an der Promenade

5 Touren durch San Sebastián

1. *TOUR*

Da steppt der Baske – **La Parte Vieja**

In den engen Gassen reiht sich eine Pintxo-Bar an die nächste. Dazu verlocken Feinkostläden im Schatten uralter Kirchenmauern, Buchläden und alternative Cafés.

2. *TOUR*

Schwanensee im Stadtzentrum – **Plaza de Gipuzkoa**

Inmitten all der Einkaufsstraßen taucht plötzlich ein romantischer Garten mit Schwänen auf. Der perfekte Ort, um Leute zu beobachten und eine Pause zu machen.

3. *TOUR*

Auf dem Jakobsweg ins Fischerdorf – **Pasaia**

Gerade mal 6,5 km östlich von San Sebastián liegt das verschlafene und traumschöne Fischerdorf Pasaia. Bunte Häuser und ein Hauch von Nostalgie erwarten Sie. Der Weg führt vom Zurriola-Strand immer entlang der Küste.

4. *TOUR*

Kultur statt Kippen – **Tabakalera**

Das einstige edle Tabakhaus mit Zigarrenproduktion bis 2003 ist heute ein Zentrum der Kulturszene – mit Ausstellungen, Gratis-Kinovorführungen und Mitmach-Restaurants.

5. *TOUR*

Achterbahn und französischer Charme – **Monte Igueldo**

Die spektakulärsten Ausblicke über San Sebastián bietet die uralte Achterbahn auf der Spitze des Monte Igueldo. Ohne Nervenkitzel geht das Schauen von der Terrasse des Mercure Hotels aus.

La Parte Vieja
Da steppt der Baske

Eine Pintxo-Bar reiht sich an die nächste. Feinkostläden mit baskischen Spezialitäten liegen im Schatten uralter Kirchenmauern, Buchläden und alternative Cafés gruppieren sich um den etwas fehl am Platz wirkenden deutschen Lidl. Die Altstadt von San Sebastián hat viel zu bieten und steht deshalb niemals still.

Die Altstadt, La Parte Vieja (nicht zu verwechseln mit Antiguo, dem tatsächlich ältesten Stadtteil) gilt als das vitalste Viertel der Stadt. Die traditionellen Bäckereien und Buchläden sind langsam aber sicher Souvenirläden, größeren Ketten und modernen Bars gewichen. Das spanisch-baskische Flair ist in den engen Gassen aber noch gegenwärtig und hier und da findet man wahre Schätze. Gehen Sie auf die Suche nach kleinen Designerläden, Schokoladenmanufakturen, Wein- und Obsthändlern, Galerien und natürlich – Pintxo-Bars.

Pintxos, ein Lebensgefühl

Nirgendwo in der Stadt gibt es so viele Pintxo-Bars auf engstem Raum wie in der Altstadt. Ein Paradies also für Gourmets und solche, die es werden wollen. Vom einfachsten Pintxo, der Tortilla auf einem Stück Weißbrot, bis hin zu aufwendigen mehrstöckigen Kreationen – wo eine

In der Altstadt ist immer was los. Hier wird San Sebastián seinem Ruf, die Stadt zu sein, die niemals schläft, bis spät in die Nacht gerecht.

Idee ist, ist auch eine passende Mikroleckerei. Ebenso verhält es sich mit dem Ambiente, das von ruraler Einfachheit bis hin zur extravaganten Einrichtung reicht wie im A Fuego Negro mit seinen fantasievollen Stofffiguren an den Wänden. Die Calle Fermín Calbetón ist eine gute Adresse für den Anfang ebenso wie ihre Parallelstraße, die Calle Pescaderia.

Wo ist der heilige Sebastian?

Am Ende der Calle Mayor, der ›Hauptstraße‹ der Parte Vieja, wartet eine der schönsten Kirchen der Stadt, die Basílica Santa María von 1764. Auf ihrer Fassade lässt sich eine mit Pfeilen durchbohrte Figur erahnen. Sie stellt den Patron der Stadt dar, den Märtyrer Sebastian. Lässt man den Blick die Calle Mayor abwärts schweifen, führt dieser linear zur Kathedrale Buen Pastor im Zentrum. Die beiden Kirchen liegen zwar 1 km auseinander, da aber kein weiteres Gebäude im Weg steht, kann man von Eingangspforte zu Eingangspforte blicken. Die Basilika lädt übrigens häufig zu kostenlosen Orgelkonzerten mit Filmvorführungen ein. Beachten Sie dazu die Aushänge am Eingang.

Auf dem Treppchen

An lauen Sommernächten treibt es die Leute raus aus den Bars und Restaurants auf die Straßen der Altstadt. In vielen Bars ist es erlaubt, sein Getränk mit hinauszunehmen. Da die Terrassen der Restaurants schnell gefüllt sind und nicht jeder stehen möchte, verlagert sich die Zusammenkunft auf die Treppenstufen vor der Basílica Santa María. Jeden Abend ab 19 Uhr füllen sie sich, die Stimmung ist heiter und jeder plaudert mit jedem. Ist das Glas leer, wird im angrenzenden Restaurant Atari einfach Nachschub geholt. Auch die Stufen am Hafen in Richtung Monte Urgull füllen sich in den Abendstunden. Nicht fremdeln, einfach dazusetzen und den Abend genießen.

Bärliner Kunst undercover

Zwei schwarze Bären sind das Emblem der Galerie, die Direktorin Rita Unzurrunzaga Schmitz wohl aus ihrer Zeit in Berlin mitbrachte. Falsch gedacht! Tatsächlich wurden zwei Bären vor mehr als 15 000 Jahren schemenhaft an die Höhlenwand von Ekain in der Nachbarstadt Deba geritzt und sind seitdem das Symbol der gleichnamigen Galerie. Die Kunstsammlung, die sich im Untergeschoss des unscheinbaren Hauses befindet, besteht aus Gemälden und Fotografien lokaler Künstler. Alle sechs Wochen ändert sich die Ausstellung. Die Gemälde stehen zum Verkauf und sind originelle Mitbringsel.

Partymeile

Wenn dich das Leben ruft, dann sag nicht Nein. Hier herrscht Stimmung bis in die frühen Morgenstunden, spanische Musik erklingt, Weingläser klirren. Die Calle Fermín Calbetón ist bekannt für ihr nächtliches Geschehen, für ihre zahlreichen Bars und Diskotheken. Haben Sie es lieber ein klein wenig lauschiger, dann machen Sie einen Abstecher in die Parallelstraße Calle Esterlines. An einem winzigen Platz liegen die Tanzbar Burunda und die rockige Bar Iguana.

Die beiden Figuren an der Fassade der Gastroteca Atari im Schatten der Basilika angeln ein Herz. Drinnen gibt's mit die besten Pintxos von San Sebastián – garantiert mit Liebe zubereitet!

SELBST AN EINEM HEISSEN TAG BEWAHRT SAN SEBASTIÁN IMMER ETWAS TAUFRISCHES. DIE BÄUME MACHEN DEN EINDRUCK, ALS OB IHRE BLÄTTER NIE GANZ TROCKEN SEIEN, UND DIE STRASSEN, ALS OB SIE GERADE BESPRENGT WORDEN WÄREN. SELBST AN DEN HEISSESTEN TAGEN IST ES AUF MANCHEN STRASSEN KÜHL UND SCHATTIG.

Aus »Fiesta« von Ernest Hemingway

Plaza de Gipuzkoa

Schwanensee im Stadtzentrum

Eine originelle Boutique hier, Bäckereien mit leckersten Gebäckstücken da, hübsche Cafés, Schuhläden und – Schwäne! Ja, Sie haben richtig gelesen. Inmitten all der Lädchen taucht plötzlich ein romantischer Garten auf. In seinen Gewässern leben Schwäne, die die Zeit ▼ immer im Blick haben …

Plaza de Gipuzkoa … Das klingt irgendwie ungewöhnlich und man möchte direkt ein »Gesundheit« erwidern. Tatsächlich handelt es sich aber um einen baskischen Begriff, der eine der drei baskischen Provinzen bezeichnet, deren Hauptstadt San Sebastián ist. Den Namen trägt ihr zu Ehren auch der wunderschöne Garten inmitten der Einkaufsstraßen. Er ist umringt von Cafés und Bars wie dem Café Gogoko Goxuak. Perfekt also, um Leute zu beobachten und entspannt einen Latte Macchiato zu trinken.

Ein Gebäude am Platz sticht besonders ins Auge, der Palacio de Diputación. Der neoklassizistische Bau aus dem Jahr 1885 ist Sitz der Provinzregierung. Auf dem Platz vor dem imposanten Bauwerk findet im Sommer eine Buchmesse statt. Von hier ist es nur ein Katzensprung zum Minipark, den man in wenigen Minuten durchquert hat. Neben

Weihnachten im spanischen Frühling …

einigen Bänken gibt es gleich zwei Teiche mit Schwänen, eine schnuckelige Brücke, aufwendige Blumenkompositionen, Statuen und einen plätschernden Brunnen.

Erst beim zweiten Hinsehen erkennt man auch die überdimensionale Uhr aus Blumen auf dem Rasen. In der Vorweihnachtszeit ist der komplette Garten vollgestellt mit Figuren aus der Weihnachtsgeschichte inklusive Krippe, Maria und Josef und den Hl. Drei Königen. Falls Sie sich zu dieser Zeit in San Sebastián aufhalten: Laufen Sie an den bunten Gestalten vorbei und lauschen Sie ihnen, denn sie stimmen fröhliche Weihnachtslieder an. Hören Sie genau hin, sie singen auf Deutsch!

Little Paris

Die Gebäude in der Área Romántica, dem romantischen Viertel San Sebastiáns, erinnern Sie an eine andere bekannte Großstadt? Tatsächlich wurde der Bereich um die La-Concha-Bucht im Zentrum im Stil der Pariser Belle Époque erbaut. Wunderschöne Häuser am Flussufer und an der Plaza Gipuzkoa sind der nordspanischen Stadt bis heute erhalten geblieben. Neben den prächtigen Bauten etwa am Paseo República Argentina wie dem Hotel María Cristina und dem Teatro Victoria Eugenia ist hier vor allem das ehemalige Casino zu nennen.

Roulette oder Rathaus?

Wo sich heute das Ayuntamiento, also das Rathaus, befindet, lag einst das Grand Casino am Park Alderdi Eder. Um die Crème de la Crème der Reichen und Schönen anzulocken, entstand 1887 ein pompöses Casino direkt am Meer. Die Rechnung ging auf. Der Adel belagerte Roulettekessel und Spieltische und die Stadt erlebte einen ökonomischen Aufschwung. Bereits 1938 übernahm die Stadtverwaltung das Gebäude im Stil der Renaissance und verlegte ihre Büros hierher. Der mit Kronleuchtern ausgestattete prunkvolle Ballsaal ist bis heute eine Augenweide und dient der Stadt nun als Tagungsraum. Das Casino zog in kleinere Räumlichkeiten in der Calle Mayor um und ist noch heute in Betrieb.

Sich dem Rausch hingeben

Der Boulevard (Alameda) lebt. Die breite Fußgängerzone, die die Altstadt vom Zentrum trennt, ist Dreh- und Angelpunkt des Geschehens. Sie pulsiert am Tage wie bei Nacht. Sehen und gesehen werden ist hier Programm, umherschlendern und Eis essen – bis nachts um eins, die Eisdiele Boulevard macht es möglich. Sie ist so beliebt, dass es auf einer Strecke von nur 300 m gleich drei Filialen gibt. Probieren Sie mal Sachertorte und *tarta de yema* (Eiercreme), diese Kreationen sind besonders köstlich!

Am Boulevard Alameda zeigen jede Menge Straßenkünstler ihr Können, liegen Bars und Restaurants sowie der sonntägliche Obst- und Gemüsemarkt. Außerdem ist hier das Tourismusbüro zu finden, ein guter Anlaufpunkt, um sich in der Stadt zu orientieren. Im Romantischen Pavillon (Kiosko Boulevard) sind des Öfteren Tanzvorführungen, Swingeinlagen und kleine Konzerte zu erleben.

Ehre, wem Ehre gebührt: Donostiarra in baskischer Tracht tanzen vor dem Rathaus zum Gedenken an den Olentzero. Der ›baskische Weihnachtsmann‹ soll den Kindern am Abend des 24. Dezembers die Geschenke bringen, so geht die Sage.

▶INFO

Das Hin und Her mit den Namen ist in San Sebastián nicht ohne …
So heißt der Boulevard Alameda auch gerne mal Alameda del Boulevard oder auch nur Boulevard. Nicht verwirren lassen!

Pasaia
Auf dem Jakobsweg ins Fischerdorf

Tauchen Sie noch tiefer ein in die baskische Kultur und machen Sie einen Ausflug nach Pasaia. Ein traumhaftes Fischerdorf mit bunten Häusern und einem Hauch von Nostalgie erwartet Sie. Mit einer salzigen Brise in der Nase, vorbei an Schlössern und Brücken, geht es auf den Spuren des hl. Jakob immer entlang der Küste.

Gerade mal 6,5 km östlich von San Sebastián liegt ein verschlafenes Fischerdorf namens San Juan, das zur Gemeinde Pasaia gehört. Ich empfehle dringend, das Auto stehen zu lassen und den Weg zu Fuß zu bestreiten. Sie starten den Tag in San Sebastián am östlichen Ende des Zurriola-Strandes und biegen vor der Tankstelle Larramendi links ab. Ab hier ist der Weg nach Pasaia gut ausgeschildert. Es folgt ein 15- bis 20-minütiger steiler Anstieg auf den **Monte Ulia** 1. Keine Sorge, Sie werden schnell mit einer fantastischen Aussicht auf das Meer und die ganze Stadt belohnt. Außerdem bleiben Sie von nun an auf derselben Höhe und können die leichte Wanderung in vollen Zügen genießen. Dabei laufen Sie stets direkt an der bildschönen Küste entlang, vorbei an Leuchttürmen und verwunschenen Schlössern. Von Blumen umrankte Steinbrücken bieten unterwegs eine tolle Kulisse für ein Urlaubsfoto. Der schmale Pfad führt Sie in ca. 2,5 Stunden nach Pasaia. Beim Abstieg passieren Sie einen weiteren Leuchtturm. An diesem marschieren Sie vorbei und treffen nach ein paar Minuten auf eine große Schiffshalle, das heutige Museum **Albaola** 2, eines der schönsten des Baskenlandes.

Dorfleben pur! Die idyllische Umgebung bewog einst auch Victor Hugo dazu, einen Sommer in Pasaia zu verbringen.

Noch 6000 km bis Neufundland

Das Museum beherbergt einen Schatz der Basken: 1978 wurde auf dem Meeresgrund vor Neufundland das Wrack eines Schiffs geborgen, das im 16. Jh. in Pasaia in See gestochen war – eines der ersten, das den Ozean je überquert hatte. Über 30 Jahre lang wurde der Fund studiert und in Form von Miniaturmodellen rekonstruiert. 2013 startete das große Projekt: die originalgetreue Reproduktion des einstigen Walfängers San Juan. Seit gut fünf Jahren feilen die Konstrukteure schon an der Kopie – fertig ist die Galeone noch lange nicht. Der Feinschliff erfolgt nicht in der Schiffshalle, sondern auf dem Wasser, mithilfe traditioneller Techniken und Materialien. Geplant ist, dass der Walfänger nach der Fertigstellung zur kanadischen Insel Neufundland segelt, so wie sein Vorgänger einst. Den aufwendigen Bau finanzieren insbesondere Sponsoren aus dem Umland: das Bullauge etwa die Koch-Familie Arzak, einen Mast die Sidrería Petritegi. Im Museum hat man Zutritt zur Schiffshalle und kann den Konstrukteuren bei der Arbeit zusehen.

Die 1565 vor der Küste von Labrador (Neufundland) gesunkene Galeone San Juan war das größte Überseeschiff seiner Zeit. Seit 2006 gehört es zum UNESCO-Weltkulturerbe.

Schön schief!

Wenn Sie das Schiffsmuseum verlassen, folgen Sie dem Weg nach San Pedro. Von dort haben Sie einen einmaligen Blick auf die malerischen Hausfassaden des gegenüberliegenden Dorfs San Juan, in dem die Zeit stehen geblieben zu sein scheint. Keine Sportwagen, keine Hightech-Gimmicks, kein Lärm. Stattdessen reihen sich hier wild geschmückte schiefe Steinhäuser mit bunten Holzbalkons aneinander.

Dorfleben

Steigen Sie in eines der grün-weißen Bötchen, das am Flussufer auf Sie wartet und Sie in weniger als einer Minute nach San Juan bringt. Dort ist alles so schön typisch baskisch. Auf dem **Marktplatz** 3 ist immer etwas los, obwohl das Viertel gerade einmal 2400 Einwohner zählt. Setzen Sie sich in eines der Restaurants und bestellen Sie eine *caña*, ein Glas Bier, zur Erfrischung. Auch für den Rückweg nach San Sebastián sind Sie auf eine der Fähren angewiesen, die Sie zurück nach San Pedro bringt.

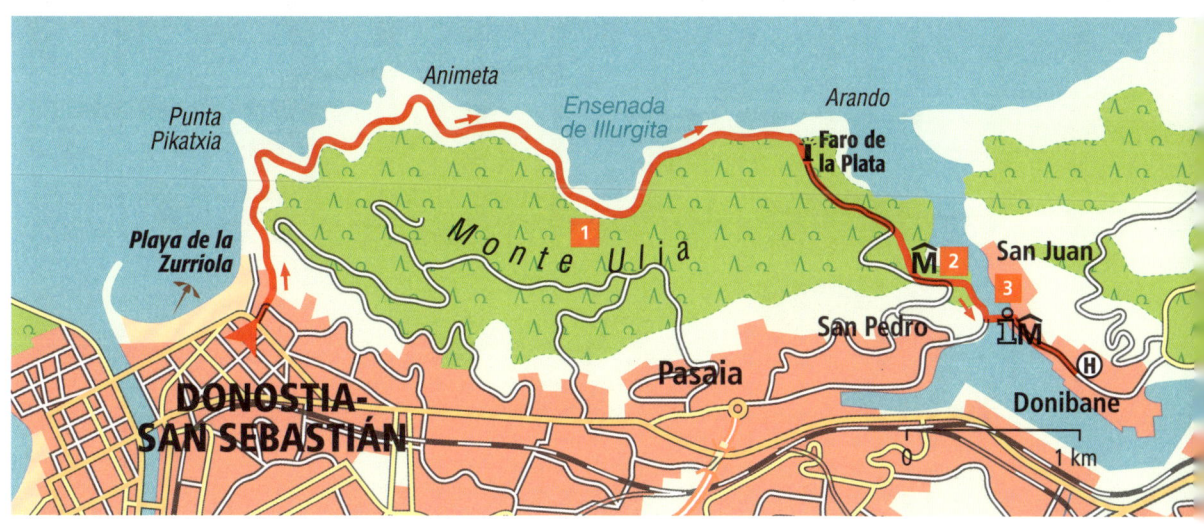

Tabakalera
Kultur statt Kippen

Bis 2003 wurden in der Tabakalera noch fleißig Zigarren produziert, dann wurde die Tabakindustrie in Spanien privatisiert und einige Fabriken, wie die in San Sebastián, mussten ihren Betrieb einstellen. Kreativ wie die Donostiarra sind, verwandelten sie die einstige Fabrik in ein Zentrum der modernen Kulturszene – mit Kunstausstellungen, Ballettaufführungen, Gratis-Kinovorführungen und Mitmach-Restaurants. Chapeau, Donosti!

Die 1878 gegründete und letztlich 1913 eröffnete Tabakfabrik war ursprünglich ein riesiger Erfolg, besonders in den 1920er-Jahren. San Sebastián besaß nun ein edles Tabakhaus, in dem fast ausschließlich Frauen beschäftigt waren. 2003 begann man, die Maschinen zu demontieren und alles zu beseitigen, was an die Zigarrenproduktion erinnerte. Die Umbaumaßnahmen konnten beginnen. Dank der Wiedereröffnung im Jahr 2015 besitzt die Stadt nun ein großes Kulturzentrum für Jung und Alt. Das Gebäude birgt heute mehrere Kinosäle, eine Dachterrasse, diverse Räume für Workshops, Bibliotheken, Ausstellungsräume und ein Hotel. Die Einwohner San Sebastiáns nutzen die Räumlichkeiten aber auch für Nachhilfeunterricht oder um in Ruhe ein Buch zu lesen. Sprachaustauschabende finden hier statt und an manchen Tagen ist der Kinobesuch gratis. Es lohnt sich, die Internetseite des Kulturhauses im Hinblick auf kostenlose Ausstellungen oder Filmvorführungen regelmäßig zu checken.

Was an das Terminal eines Flughafens erinnert, ist der futuristische Eingangsbereich der alten Tabakfabrik.

Monte Igueldo
Achterbahn und französischer Charme

Aus dem rasenden Waggon heraus ... Wohl die spektakulärste Art, den Blick über San Sebastián schweifen zu lassen, bietet die uralte Achterbahn auf der Spitze des Monte Igueldo. Doch keine Angst, es gibt auch eine Option für Bodenständige. Von der Terrasse des Mercure Hotels aus hat man eine perfekte Sicht auf die gesamte Stadt. Und bei gutem Wetter lassen sich sogar die ersten französischen Croissants am Horizont erahnen.

Um den traumhaften Ausblick vom höchsten Punkt des Monte Igueldo genießen zu können, müssen Sie nicht zwangsläufig körperliche Strapazen auf sich nehmen. Schon seit 1912 fährt ein rotes Holzbähnchen fleißig auf und ab. Fast senkrecht schraubt sich die nostalgische Standseilbahn in fünf Minuten nach oben – ein Erlebnis für sich und mit knapp 4 € hin und zurück durchaus erschwinglich und praktisch zugleich. Auf ihrem Weg durch das abgelegene Igueldo-Viertel passiert sie verwachsene Gärten und prunkvolle Villen. Wer Lust auf Bewegung hat, kann ab der Talstation auch dem ausgeschilderten Jakobsweg zur Spitze folgen.

Hundert Jahre Spaß

Seinen Charme hat sich der Freizeitpark auf der Krone des Monte Igueldo bis heute erhalten. Böse Zungen mögen sich darüber beschweren, wie einfach er ist, doch (fast) alle entzückt er durch seine entspannte Atmosphäre. Die Kleinen lieben jedenfalls Teppichrutsche, verwunschene Flussfahrt, Bällebäder, Trampoline, Karussell, Geisterhaus und Spielbuden. Mein persönliches Highlight ist die Achterbahn in schwindelerregender Höhe. Die Montaña Suiza schlängelt sich in Auf- und Abbewegungen einmal um den Turm, der früher als Wach- und Leuchtturm gedient hat. Die Fahrt mit dem Meer zu Füßen dauert kaum mehr als eine Minute und verzaubert mit einer atemberaubenden Sicht. Sie werden hier oben keinen typischen Jahrmarkt mit grellen Lichtern finden. Stattdessen ist es hier ruhig, retro, rustikal – und ein Spaß für jedes Alter ...

Fahrt mit der Holzbahn auf den Rio Misterioso mit viel Aussicht!

Viel Aussicht!

Dass die Spitze des Monte Igueldo eine tolle Aussicht bietet, ist kein Geheimnis mehr. Der Blick von der Terrasse des Hotels Mercure jedoch schon. Die meisten Touristen holen sich einen Latte to go, bleiben im Freizeitpark am Geländer stehen und genießen die Sicht. Einen exklusiven Blick in die La-Concha-Bucht haben Sie dagegen von der Hotelbar aus. Das Mercure schmückt den Hausberg wie eine Krone und liegt noch einige Meter höher als der Freizeitpark. Gönnen Sie sich eine leckere Erfrischung und genießen Sie San Sebastián von oben – und das ganz ohne Touristen. Die Terrasse ist großzügig und meist menschenleer. Der beste Zeitpunkt für einen Drink ist während der Semana Grande im August ab 22 Uhr. Dann sehen Sie nämlich das Feuerwerkspektakel in der Altstadt – von den besten Plätzen aus.

▶ INFOS

Infos zum nostalgischen Vergnügungspark gibt es unter www.monteigueldo.es/organize-your-visit.

Meeresrauschen = Luxus

San Sebastián ist gerade zwischen Juni und September ein Touristenmagnet. Der Strand ist gut belegt und in den Restaurants ist kaum ein freier Tisch zu ergattern. Klar, dass da die Hotelpreise in die Höhe schießen! Insbesondere die hochklassigen Hotels bieten ihre Zimmer im Winter oft zu einem günstigeren Preis an, der sich in den Sommermonaten gern auch schon mal vervierfachen kann.

Wer spontan anreist, muss mit heftigen Preisen rechnen. Die Hotels an der Strandpromenade sind sehr beliebt und zählen zu den teuersten in der Region. Gleich morgens ins Meer hüpfen zu können, abends die Sonne am Horizont verschwinden zu sehen und bei Meeresrauschen einzuschlafen – das ist wahrer Luxus. In der Altstadt und im Zentrum finden Sie viele kleine Pensionen und Herbergen, die etwas preiswerter sind. In der Altstadt ist im Sommer jedoch abends viel los und Sie werden in der Pension vielleicht nicht zur Ruhe kommen.

Sind alle Zimmer bereits ausgebucht? Das kann passieren. Dann lohnt es sich, auf die Website von Airbnb zu schauen. Die Donostiarra sind bekannt dafür, ihre Räumlichkeiten gern zu teilen. Jeder zweite stellt seine Wohnung auf die Plattform, um sein Einkommen aufzubessern. Achten Sie aber darauf, dass Sie ›nur‹ mitwohnen und nicht den Donostiarra Mietraum wegnehmen.

Die sympathische Lounge vom Hotel One Shot Tabakalera House … Schaukel inklusive

Verrückt nach Essen!

Essen gehört zur baskischen Kultur wie die Schaumkrone zum Meer. Von den 50 besten Restaurants der Welt liegen gleich vier in und bei San Sebastián. Die Straßen sind buchstäblich mit Pintxo-Bars gepflastert, Hunderte finden sich allein in der Altstadt. Natürlich bekommt man auch spanische Klassiker wie Paella, Churros und Tapas. Wer aber traditionell baskisch speisen will, der bleibt bei den Pintxos.

Das entpuppt sich als leichte Aufgabe, lässt man seinen Blick über das ausladende Angebot schweifen. Die köstlichen Häppchen schmücken die Bars wie Christbaumkugeln den Weihnachtsbaum, bunt und oft aufregend. Der bekannteste Pintxo ist die spanische Tortilla aus Kartoffeln, Ei und Zwiebeln. Den Kartoffelkuchen gibt es in jeder Bar, ebenso wie ›La Gilda‹, den ersten Pintxo überhaupt, bei dem Olive, Anchovis und Peperoni auf ein Holzstäbchen gespießt werden. Sie haben fast überall die Wahl zwischen Fisch-, Fleisch- oder Gemüse-Pintxos. Greifen Sie beherzt zu. Man wird Ihnen einen Teller reichen, damit Sie sich selbst bedienen können. Gezahlt wird hinterher; man vertraut hier auf die Ehrlichkeit der Gäste. Gegessen wird häufig noch im Stehen an der Bar, denn Sitzmöglichkeiten sind rar. Zum Essen bestellt man sich einen Zurito, ein kleines Bier, oder ein Glas Txakoli, den typisch baskischen Weißwein.

Keine gut sortierte Apotheke, sondern die Experimentierküche von Juan Mari Arzak.

Die Baskenmütze war einmal

In San Sebastián sind vor allem die kleinen, individuellen Geschäfte zu Hause. Ein kreatives T-Shirt-Geschäft hier, ein Schokoladen-Paradies dort oder eine traditionelle Weinhandlung. Nichts für gestresste Schnellshopper, denn die Donostiarra kaufen mit Muße ein.

Eine Vielzahl an traditionellen Läden für Mode, Accessoires und Souvenirs finden Sie in der Altstadt. Das Zentrum ist gepflastert mit Geschäften, die alle Kaufgelüste befriedigen können. Im jungen Stadtteil Gros finden Sie vorwiegend Vintage- und Secondhand-Mode. Die breite Avenida de la Libertad im Zentrum ist die einzige Meile mit bekannten Marken wie H&M, Sephora und Oysho.

Alles ist im Umkreis von 2 bis 3 km ganz einfach zu Fuß zu erreichen. Die meisten Geschäfte haben von 10 bis 20 Uhr geöffnet und schließen für die Siesta zwischen 13 und 16/17 Uhr. Kaufhäuser gibt es auch, allerdings liegen diese etwas außerhalb mit dem Vorteil, dass sie mittags nicht zuhaben.

Modetechnisch ist in der Stadt von allem etwas dabei, vom eleganten Outfit bis hin zu luftiger Strandmode. Die typischen Donostiarra kleiden sich frech, bunt und alternativ. Die klassische Baskenmütze hingegen wird fast nur noch von der älteren Generation getragen.

Kurze Tage, lange Nächte

Manche Menschen in San Sebastián scheinen nur nachts zu leben. Verständlich, kann man doch die warmen Sommernächte in Strandnähe auskosten und sich der Unbekümmertheit der spanischen Fiestas hingeben. So etwas wie Sperrstunde ist hier ein Fremdwort. Die Auswahl der Amusements ist breit gefächert und jeder Nachtschwärmer kommt auf seine Kosten. Es gibt nur wenige typische Discos, dafür eine Unmenge an Tanzlokalen und Bars, in denen am späten Abend das Essen weggeräumt und die Musik aufgedreht wird.

Zu lateinamerikanischen Rhythmen tanzen und zwischen Pintxo-Bissen quatschen? Dazu eine, zwei, drei *cañas*? (Eine *caña* ist ein kleines Bier.) In den Bars herrscht ein sympathisches Drunter und Drüber, bei dem man garantiert schnell mit den liebenswürdigen Locals ins Gespräch kommt.

Ein ›zu alt‹ gibt es auch nicht, denn feiern darf jeder, der Lust dazu hat. Die größte Party spielt sich ohnehin weniger in den Lokalitäten ab als vielmehr draußen auf der Straße vor den Bars. Die Calle de Fermín Calbetón in der Altstadt ist eine der lebhaftesten in ganz San Sebastián. Da die Bars und Restaurants hier häufig schon am frühen Abend überquellen, bilden sich vor ihren Eingangstüren Menschentrauben, die sich nur für den Pintxo- und Biernachschub ins Innere zwängen.

Nach wie vor ein beliebtes Mitbringsel: die Baskenmütze

Es wird Nacht in San Sebastián – doch der Kursaal erstrahlt in goldenem Licht. Ein echter Hingucker!

Warum Sofia?

Jede Menge Kontraste

In Sofia ist es nicht unwahrscheinlich, dass an der nächsten Straßenkreuzung eine Luxuslimousine und ein Pferdekarren gemeinsam auf Grün warten. Die Stadt scheint sich im Zeitraffertempo zu entwickeln. In kürzester Zeit holt sie nach, wofür westeuropäische Metropolen Jahrhunderte gebraucht haben. Zu balkantypischen Restaurants gesellen sich alternative Clubs und Cafés, wie man sie in Berlin und anderen Metropolen findet. Das alles ergibt eine faszinierende Gleichzeitigkeit des Ungleichzeitigen. Schöne Kontraste aus Alt und Neu.

Kathedrale Alexander Nevski

Da geht noch was

Früher gehörten die öffentlichen Plätze der kommunistischen Partei, heute gehören sie den Skatern und Rad-Akrobaten. Wer sich unvoreingenommen auf alles einlässt, wird von der Vitalität dieser von der Sonne verwöhnten Stadt fasziniert sein.

BMX-Fahrer vor dem Nationalen Kulturpalast

Sofia auf einen Blick

Vom Vitosha-Gebirge betrachtet liegt Bulgariens Hauptstadt wie ein verschütteter ›Siedlungsbrei‹ mit kleinen und großen Gebäudebrocken und grünen Inseln im Sofioter Feld. Man muss schon näher heranzoomen, um seine Struktur zu erfassen.

SERDICA UND LARGO

Die fast 2000 Jahre alten Ruinen der römischen Ulpia Serdica markieren Sofias Herz. Jahrhundertelang hatten Thraker vom Stamme der Serden bei den Thermalquellen im heutigen Stadtzentrum gesiedelt. Im Jahr 29 v. Chr. machten dann die Römer den thrakischen Ort zu ihrem Castellum. Aus dem Militärlager wurde in knapp zwei Jahrhunderten die alle Charakteristika einer römischen Stadt aufweisende Ulpia Serdica. Nach ihrer archäologischen Freilegung kann man heute im antiken Kultur- und Kommunikationskomplex Serdica durch ihre Straßen spazieren und die Grundmauern ihrer Häuser betrachten. Als Largo wird der Ploshtad Nezavisimost (Unabhängigkeitsplatz) bezeichnet. Ihn rahmt das in den 1950er-Jahren errichtete Machtzentrum der kommunistischen Volksrepublik ein. Heute residieren in den Prachtbauten die demokratischen Regierungsorgane. Einen Steinwurf entfernt steht die historische Buyuk-Moschee, in der das Archäologische Nationalmuseum untergebracht ist.

BANYA-BASHI-MOSCHEE, MARKTHALLE UND TOLERANZVIERTEL

Von dem orientalisch anmutenden Kaff in der europäischen Türkei ist nach der Befreiung von osmanischer Fremdherrschaft außer der Banya-Bashi-Moschee wenig übrig geblieben. Die Hütten in den verwinkelten Gässchen wurden in den 1880er-Jahren umstandslos eingeebnet, um Platz für repräsentative Bauten und breite Boulevards zu schaffen. Auf beiden Seiten der Moschee stehen seit über 100 Jahren die Markthalle Halite und das ehemalige Zentrale Mineralbad mit dem Museum für Stadtgeschichte. An der Synagoge vorbei geht es durch das orientalisch geprägte Viertel zu Sofias größtem offenen Markt, Zhenski Pazar. Dieses Multikulti-Viertel wird im Norden begrenzt von der historischen Löwenbrücke.

Kirche am Tsar Osvoboditel

> **Ü ÜBRIGENS**
>
> Zum Verneinen nicken die Sofioter mit dem Kopf und zum Einverständnis schütteln sie ihn. Und beim Kauf im Klek Shop (Knieläden) kniet die Kundin vor der Ware und ihrem Verkäufer ›huldvoll‹ nieder. Als die kapitalistische Warenwelt Einzug hielt, schossen die Knieläden wie Pilze aus Sofias Straßen. Sie sind selten geworden, aber es gibt sie noch.

Zum Niederknien: der Klek-Shop

Sofia

›VITOSHKA‹

Vom Platz der Kathedrale Sveta Nedelya führt der Boulevard Vitosha gen Süden Richtung Vitosha-Gebirge. Der obere Teil der ›Vitoshka‹ ist Sofias längste Fußgänger- und Kneipenmeile. In den Straßen Angel Kanchev, Tsar Shishman und Rakovski um den Büchermarkt Ploshtad Slaveykov liegen die Hotspots für Alternative und Künstler. Der Nationale Kulturpalast (NDK) mit seiner großen parkähnlichen Freifläche ist das Verbindungsstück zwischen dem oberen und dem unteren Abschnitt der ›Vitoshka‹.

TSAR OSVOBODITEL

Von West nach Ost durchschneidet der Boulevard Tsar Osvoboditel das Stadtzentrum. Gepflastert mit emblematischen gelben Pflastersteinen verbindet er Gebäude wie den Zarenpalast und die Sofioter Universität Kliment Ohridski, die den Dritten Bulgarischen Staat repräsentieren. Auf beiden Seiten des Prachtboulevards liegen grüne Oasen, der Stadtgarten mit Sofias vielleicht schönstem Gebäude, dem Nationaltheater Ivan Vazov, und der Schlosspark. Die historische Adlerbrücke markiert den Übergang vom Boulevard Tsar Osvoboditel zur Ausfallschneise Tsarigradsko Shose. Die Adler weisen auf den größten Park Sofias: den Borisgarten.

ALEXANDER-NEVSKI-PLATZ UND DOKTORGARTEN

Auf einer Anhöhe nördlich des Parlaments erstreckt sich der Ploshtad Alexander Nevski mit der gleichnamigen prächtigen Kathedrale mit ihrer Goldkuppel. In unmittelbarer Nachbarschaft steht die der Stadt ihren Namen gebende Basilika Sveta Sophia. Östlich der imposanten Kathedrale gelangt man, vorbei an der Nationalbibliothek Kyrill und Method, in das lebendige Viertel um den Doktorgarten mit hoher Dichte an gemütlichen Cafés, schicken Bars und feinen Restaurants.

LYULIN

Ein Ring aus Boulevards schließt sich um Sofias kompakten Stadtkern. Jenseits von ihm liegen Wohnviertel wie Banishora, Lozenets und Geo Milev. Schnurgerade Ausfallschneisen führen in alle vier Himmelsrichtungen und erschließen große Trabantenstädte. Das Plattenbauviertel Studentski Grad ist Heimat für 30 000 Studierende und Sofias Vergnügungsviertel.

VITOSHA-GEBIRGE

Eine Handvoll Gebirge umrahmt das Sofioter Feld. Die beiden bedeutendsten sind das Balkan-Gebirge (Stara Planina) im Norden und das Vitosha-Gebirge im Süden, ältester Naturpark auf der Balkanhalbinsel. Der 2290 m hohe Cherni Vrah (Schwarzer Gipfel) ist Sofias höchster Berg. An seinem Fuß liegen Nobelvororte, darunter Boyana mit der für seine mittelalterlichen Fresken berühmten gleichnamigen Kirche.

5 Touren durch Sofia

Ob es hilft? Auch Jüngere zünden mittlerweile wieder gern eine Kerze an.

1. TOUR

Wo alles anfing – Das römische Serdica

Von der Wunderwasser-Quelle bis zur ältesten Kirche: In den Ruinen von Serdica spazieren Sie durch die historischen Schichten der Stadt.

2. TOUR

Im Dutzend billiger – Rund um Halite und Frauenmarkt

Wer's hübsch und fein mag, geht eher in die Zentralmarkthalle. Auf dem Frauenmarkt gibt's dafür eingemachte Gurken und selbst gemachte Marmeladen von alten Frauen aus den Dörfern rund um Sofia.

3. TOUR

Lebensader der Stadt – Boulevard Vitoshka

Bis vor wenigen Jahren war der Boulevard Vitoshka Sofias vornehmste Einkaufsstraße. Der befahrene Boulevard von früher wurde durch den U-Bahn-Bau zur Flaniermeile mit Kneipen, Bars und Cafés.

4. TOUR

Oase nicht nur für Kopfarbeiter – Der Doktorgarten

Im Schatten von Nationalbibliothek und Universität liegt der Doktorgarten in einer Art Dornröschenschlaf: ein Ruhepol, inspiriert von englischer und chinesischer Gartenbaukunst.

5. TOUR

Querdenker und Kreative – Rund um den Slaveykov-Platz

Draußen Bücher, drinnen Bücher – im Zentrum von Sofias hippstem Viertel dreht sich alles um das geschriebene Wort. Und ums Essen, Trinken, Feiern!

Das römische Serdica
Wo alles anfing

Thraker, Römer, Bulgaren, Osmanen und Kommunisten haben Sofia geprägt und zu einer ›Collage City‹ gemacht. In den Ruinen von Serdica entdecken die Besucher auf engstem Raum verschiedenste historische Schichten.

Mitten in Sofias Zentrum sprudelt eine 46 °C heiße Thermalquelle. Ihr bekömmliches und heilsames Mineralwasser soll die Ureinwohner vom thrakischen Stamm der Serden bewogen haben, sich hier niederzulassen. Auch die heutigen Sofioter kommen Tag für Tag zu den Wasserhähnen, um das Wunderwasser in Flaschen abzufüllen und dabei ein Schwätzchen zu halten.

In Geschichte baden gehen

Im ehemaligen Zentralbad auf der anderen Seite der Straßenbahnlinie lässt sich heute nur mehr in Geschichte baden. Vor einigen Jahren wurde in dem auffälligen Gebäude im neobyzantinischen Stil das Stadtmuseum Sofia wiedereröffnet. Es lohnt sich in jedem Fall, einen Blick hineinzuwerfen. Als es zu Hause noch kein fließendes Wasser gab, sind die Sofioter hier baden gegangen. Viele von den älteren Leuten haben im Zentralbad sogar schwimmen gelernt. Es war einmal …

Die einstigen Geschäfte am römischen Cardo Maximus haben leider bereits alle vor langer, langer Zeit geschlossen …

Schon die Römer heizten ein!

Im Dreieck zwischen Banya-Bashi-Moschee, der Kathedrale Sv. Nedelya und der ehemaligen Zentrale der Kommunistischen Partei erstreckt sich die antike Ulpia Serdica, Sofias fast vollständig freigelegte römische Vorgängerstadt. Hier wandeln Sie inmitten der heutigen Balkanmetropole auf original erhaltenen Römerstraßen des 6. Jh. und blicken auf die Grundmauern der Wohn- und Geschäftshäuser Serdicas. Fußbodenheizungen und die Kanalisation zeugen vom hohen Stand der Technik in der damaligen Zeit.

Schauen Sie doch mal im Haus von Felix vorbei. Als wohlhabender Bürger Serdicas soll er im 5. Jh. gelebt haben – so interpretieren die Archäologen die Inschrift des Namens Felix an einem der frei gelegten Häuser der Nord-Süd-Straße Cardo Maximus. Der Schnittpunkt dieser Einkaufsstraße mit dem Decumanus Maximus, Serdicas Hauptstraße in Ost-West-Richtung, markiert heute wie damals das Idealzentrum der Stadt. In ihm kreuzen sich die ersten beiden U-Bahnlinien Sofias. Selbst beim Warten auf die nächste Bahn können Sie in Vitrinen jahrtausendealte Fundstücke betrachten.

Wo die Kommunisten protzten

Vorbei an der urigen Kirche Sveta Petka Samardzhiyska aus dem 11. Jh. gelangen Sie zur transparenten Veranstaltungshalle unterhalb des Unabhängigkeitsplatzes. Ihr Blick geht durch die gläserne Decke auf die Anfang der 1950er-Jahre im neoklassizistischen Stil errichteten Repräsentanzen der kommunistischen Macht. Heute tagt im Ministerrat Bulgariens demokratische Regierung, sitzt im hoch aufragenden Haus der Kommunistischen Partei das Parlament, residiert im Staatspräsidium das Staatsoberhaupt. Vor einer antiken Hausmauer stehend erfassen Sie hier gut 1500 Jahre Kulturgeschichte mit einem Blick.

Die Rotunde Sveti Georgi macht Sofia zur ›Ewigen Stadt‹, 1700 Jahre hat sie bereits kommen und gehen sehen.

Schöner wohnen damals

Über die original römischen Steinplatten des Decumanus Maximus gelangen Sie zu Serdicas Osttor. Es wurde bereits beim Bau des kommunistischen Machtzentrums freigelegt, doch erst vor wenigen Jahren gruben hier Archäologen ein ganzes Wohnviertel aus. Die großzügigen Häuser gewähren einen spannenden Einblick in die Lebenswelt der wohlhabenderen Bürger Serdicas.

Quer durch alle Religionen

Die Unterführung führt zum Staatspräsidium, in dessen Innenhof Ihr Blick auf Sofias ältestes Bauwerk fällt. Die Rotunde Sveti Georgi aus dem 4. Jh. ist das einzige erhaltene Gebäude von Serdicas Konstantinischem Viertel, dem Verwaltungsbezirk der Römerstadt. Den Römern diente der zylindrische Kuppelbau aus rotem Backstein als Kultbau, über die Zeiten wandelte er sich zur christlichen Kirche, dann zur Moschee und erneut zum orthodoxen Gotteshaus. Gegenwärtig laufen auf der Vorderseite des luxuriösen Hotels Sofia Balkan Ausgrabungen. Ob die zutage getretenen Grundmauern eines gewaltigen Gebäudes zum einstigen Praetorium gehören, ist noch unklar.

Der Begriff der ›Collage City‹ wurde maßgeblich durch den Architekten Colin Rowe geprägt. In einer gleichnamigen Veröffentlichung von 1978 lehnt er die Vision »totaler Ordnung« der modernen Stadtplanung ab und fordert stattdessen eine ›Collage City‹, die sich durch vielfältige autarke Stadtteile mit individuellem Charme auszeichnet – willkommen in Sofia!

Rund um Halite und Frauenmarkt

Im Dutzend billiger

Es war einmal in der kommunistischen Volksrepublik Bulgarien, da reisten Bürger aus dem ganzen Land in die Hauptstadt, um im TZUM-Kaufhaus Waren zu kaufen, die es in ihren Heimatorten nicht gab. Diese Zeiten sind lange vorbei.

Heute kämpft das einstige sozialistische Vorzeigekaufhaus um sein Überleben. Längst gibt es schicke Boutiquen in den zahlreichen Shoppingmalls. Und im Gegensatz zum altehrwürdigen TZUM-Kaufhaus bieten die neumodischen Konsumtempel ihren Kunden ausreichend Parkplätze. Das TZUM wirkt nach wie vor edel, doch häufig wechselnde Mieter und offenkundiger Leerstand zeugen davon, dass sich die Zeiten geändert haben.

Alles unter einem Dach

Dagegen präsentiert sich die über 100 Jahre alte Zentralmarkthalle (Tsentralni Hali, in Sofia kurz: Halite) quicklebendig. Das 1911 von Naum Torbov errichtete Gebäude wurde vor einigen Jahren sorgfältig restauriert. Nun strömen die Kunden wieder durch den gebogenen Haupteingang im neobyzantinischen Stil mit Elementen des Jugendstils. Das hübsche Ambiente schlägt sich im Preis nieder:

Auf dem Zhenski Pazar kriegt man für Bares auch Rares.

Überwiegend begütertere Bulgaren und Touristen kaufen an mehr als 120 Marktständen Obst und Gemüse, Backwaren und Milchprodukte, Fleisch, Fisch und Meeresfrüchte sowie Nüsse aller Art. Außer Lebensmitteln gibt es auch Rosenöl-Kosmetika, Souvenirs, Accessoires und Textilien. Zum Kaffee oder Mittagessen trifft man sich im Selbstbedienungsrestaurant im Untergeschoss – mit Blick auf die Fragmente eines römischen Bades und des Nordportals der Festungsmauer der Ulpia Serdica.

Ich denke oft an Pirotska ...

Der Seitenausgang der Halite führt direkt zur Ulitsa Pirotska. Sofias älteste Fußgängerzone ist knapp 400 m lang – und anders als der exklusivere Vitosha-Boulevard ist sie eine Einkaufsstraße der kleinen Leute mit Geschäften, die noch den Kaufhallen-Charme sozialistischer Tage verströmen. Allerdings bieten auch sie die Warenvielfalt des globalen Kapitalismus: Schmuck, Mode, Schuhe und Kunsthandwerk, meist von der erschwinglicheren Sorte. Zur lebendigen Atmosphäre der Pirotska tragen auch preiswerte Restaurants, Cafés und Hotels bei.

Willkommen im Alltag!

Wo die Ulitsa Pirotska auf den Boulevard Stefan Stambolov trifft, liegt rechts Sofias ältester und größter Markt: der Frauenmarkt, eine ›unkaputtbare‹ Institution im Leben der Sofioter. Vor einigen Jahren ist er modernisiert worden, was ihm etwas von seinem morbiden Charme genommen hat. Das wilde Markttreiben mit zuweilen unhygienischen Verhältnissen war seinen Anwohnern zu bunt geworden. Sie forderten die Stadt auf, für mehr Ordnung zu sorgen. Nun ist der Markt in seinem unteren Teil ›gezähmt‹ worden, moderne Pavillons aus Holz und Glas prägen ihn. Weiter oben hat er seine orientalisch anmutende Atmosphäre bewahrt.

Selig im Schlaraffenland

Der Frauenmarkt bietet ein riesiges Spektakel aus Farben und Gerüchen. Es gibt nichts, was es nicht gibt. Der Käufer hat die Qual der Wahl bei einem reichhaltigen Angebot an frischen lokalen Produkten, pflanzlichen und tierischen Nahrungsmitteln, frisch und getrocknet, in fester Form und flüssig. Es gibt von bulgarischen Bienen produzierten Honig, nach Hausfrauenart gebackene *banitsa* (herzhaft gefülltes Blätterteiggebäck) und türkische Süßspeisen ganz so wie in Istanbul: *halva, kunafa, baklava* und noch mehr. Bulgarischer Wein kann in Plastikbehälter abgefüllt erstanden werden und natürlich auch die frische *kisselo mlyako*. Von diesem dicken, cremigen bulgarischen Joghurt sagt man, dass seine *Lactobacillus-bulgaricus*-Joghurtkulturen ein langes Leben bescheren.

Frische Blumen aus babas (Omas) Garten gibt es auf dem Markt.

Warum der Frauenmarkt Frauenmarkt heißt? Jedenfalls nicht, weil es hier käufliche Frauen gäbe! Der tatsächliche Ursprung des Namens ist nicht vollständig geklärt, die plausibelste Erklärung lautet aber: weil die Händler dieses Marktes im vergangenen Jahrhundert überwiegend weiblich waren.

FINGER WEG!

Die Markthändler vom Frauenmarkt sind berüchtigt für ihre raue Art. Wagt es der Kunde, sich seine Tomaten selbst zu nehmen, wird er lautstark zurechtgewiesen. Zur Belustigung der Umstehenden kommt es immer wieder zu hitzigen Wortgefechten zwischen Händlern und Käufern. Und manche, die sich keine Standmiete leisten können, breiten ihre Waren ganz einfach auf dem Boden aus. Alte Frauen aus den umliegenden Dörfern tragen eingemachte Gurken, selbst gemachte Marmeladen, Maiskolben oder auch Petersilie gleich körbeweise zum Markt. Gute Qualität ist bei ihnen garantiert!

Boulevard Vitoshka
Lebensader der Stadt

›Vitoshka‹ nennen die Sofioter den Boulevard Vitosha liebevoll. Er nimmt seinen Anfang bei der Sveta Nedelya und endet im Grünen, am Südpark. Die ersten zweieinhalb Kilometer sind verkehrsberuhigt, hier liegen Kneipen, Cafés und Restaurants dicht an dicht. Akrobaten und Straßenmusikanten unterhalten die vielen Flaneure. Und das Allerschönste: Beim Bummel über den Boulevard in südlicher Richtung haben Sie die Berge immer vor Augen.

Der bauliche Dreiklang aus Sveta-Nedelya-Kathedrale, Theologischer Fakultät und Justizpalast markiert den Beginn des Boulevards. Die Sveta Nedelya ist die bevorzugte Hochzeitskirche von Sofias High Society. Sie verfügt über eine Atmosphäre, die der christlichen Orthodoxie ganz eigen ist: Im schummrigen Kerzenschein herrscht ein stilles Kommen und Gehen. Sich bekreuzigend treten Gläubige an die Ikonen heran, um sie zu küssen. Vor der goldglänzenden Ikonostase rezitiert ein Pope in versunkener Monotonie liturgische Texte.

Mehr Schein als Sein …

Wecken die gut erhaltenen Wandmalereien aus der Mitte des 19. Jh. Ihr Interesse an der Religion der Slawen? Dann schauen Sie doch im kleinen Religionsmuseum der Theologischen Fakultät vorbei. Die von Friedrich Grünanger entworfene Fakultät könnte eines von Sofias wenigen Exemplaren der Romanik mit byzantinischen Einflüssen sein … Wäre der Uni nur nicht das Geld für die Fassadenrenovierung ausgegangen. Bis das Gebäude nach einer Restaurierung wieder in vollem Glanz erstrahlen kann, gaukelt den Passanten ein vor das Gebäude gespanntes Transparent eine intakte Fassade vor.

Von Waffen und Wappentieren

Löwen (hier vor dem Justizpalast) sind die Wappentiere Bulgariens. Auf dem bulgarischen Wappen sind gleich drei zu sehen, sie symbolisieren die unterschiedlichen Regionen des Landes: Donau, Thrakien und Mazedonien.

Der neoklassizistische Prachtbau des Justizpalastes beansprucht einen ganzen Straßenblock allein für sich. Errichtet wurde er während der totalitären 1930er Jahre. In der Spätzeit der Kommunistischen Volksrepublik Bulgarien diente er als Nationales Historisches Museum. Seit dem Sturz des Regimes werden in ihm aber wieder Gangster und Betrüger abgeurteilt. Vorsichtige Sofioter passieren das Gerichtsgebäude nur mit Hut. Sie erinnern sich daran, dass der prominente Drogenboss Zlatko Baretata 2013 auf den Eingangsstufen von Kugeln eines Scharfschützen niedergestreckt wurde. Der dreiste Anschlag erregte die Öffentlichkeit, ließ die Löwen an der Treppe indes kalt. Bulgariens Wappentiere blickten gewohnt stoisch auf die Straße …

Viel Volk auf der Vitoshka

Bis vor wenigen Jahren war der Boulevard Vitosha Sofias vornehmste Einkaufsstraße. Durch den Bau der U-Bahn erfuhr er eine komplette Verwandlung. Der befahrene Boulevard mit Trottoirs und einer Straßenbahn in der Mitte wurde zur Fußgänger- und Kneipenmeile. Heute reiht sich ein Lokal an das nächste. Restaurants, Bars und Cafés breiten sich fast bis zur Straßenmitte aus. Dazwischen ergießt sich von früh bis spät ein Strom der Flaneure, unter ihnen zunehmend ausländische Touristen. Das müßige Volk auf der Vitoshka ist ein begehrtes Publikum für Akrobaten, Straßenmusikanten und Bettler. Für die großen internationalen Designer hat der Boulevard aber an Reiz verloren. Cavalli, Cartier und Max Mara haben sich in den mittleren Abschnitt der Vitoshka oder in die kleine Ulitsa Saborna verzogen. Zurückgeblieben sind Ketten wie H&M und Benneton sowie Telefonanbieter, Banken und Souvenirläden.

Der Charme der Vitoshka ist dezent, mit den Prachtboulevards in europäischen Metropolen wie Paris und Budapest kann sie es nicht aufnehmen. Schaut man aber genau hin, entdeckt man in dem eklektischen Mix aus bürgerlichen Stadtvillen, Geschäftshäusern und sozialistischen Mietskasernen architektonische Juwele des alten Sofia wie die zweistöckigen Bürgerhäuser des beginnenden 20. Jh. Und die beiden ungleichen Zwillingsbauten an der Ecke Ulitsa Neofit Rilski sind als Beispiele moderner Architektur der 1930er-Jahre bemerkenswert.

Wenn kirchlich heiraten, dann doch gern in der schönen Sveta Nedelya

Platz da, hier kommt der Staat!

Überschreitet man den Boulevard Evtimiy, gelangt man in den weitläufigen Park des Nationalen Kulturpalastes (NDK). Zum 1300-jährigen Jubiläum der Staatsgründung Bulgariens ließ Kulturministerin Ludmilla Zhivkova 1981 dieses urbanistische Monument des Sozialismus schaffen. Dafür ließ sie ein Kriegerdenkmal, Militärbaracken und einen Güterbahnhof abreißen.

In manchen Nächten kann es recht voll werden auf der Vitoshka. Die Kneipenmeile ist ein beliebter Treffpunkt. Für Sofioter wie Touristen gleichermaßen.

Der Doktorgarten

Oase nicht nur für Kopfarbeiter

Warum ist ausgerechnet das Doktorgarten-Viertel Sofias begehrteste und teuerste Wohnlage? Nun, die Mischung macht's. Seine kleinteilige Struktur schafft eine intime Atmosphäre und im Sommer spenden Linden wohltuenden Schatten. Große historische Bauten wie Universität und Nationalbibliothek plus mondäne Bürgervillen und Botschaften verleihen ihm ein exklusives Flair.

Von der Universität bis zum Levski-Denkmal erstreckt sich östlich des Boulevards Vasil Levski das Viertel rund um den Doktorgarten. Nicht nur Diplomaten, Künstler und Studenten zieht es hier in die zahlreichen gemütlichen Cafés, schicken Bars und feinen Restaurants.

Grün mit Geschichte

Im Schatten von Nationalbibliothek und Universität träumt der Doktorgarten vor sich hin, er ist der Ruhepol des nach ihm benannten Viertels. Der Schweizer Landschaftsgärtner Daniel Neff ließ sich bei der Gestaltung von den Prinzipien sowohl englischer als auch chinesischer Gartenbaukunst leiten. Er schuf ein Ensemble symmetrisch angeordneter Elemente, in dem alle Wege zu seinem Zentrum führen: Dem 1884 vollendeten Denkmal verdankt der Park seinen Namen. Seine Steine tragen die 531 Namen von Ärzten und Krankenschwestern, die im russisch-türkischen Befreiungskrieg ihr Leben ließen. Jede der vier Seiten des Monuments erinnert an eine wichtige Schlacht.

Die Zeiten und Umbrüche sind nicht spurlos am Doktorgarten vorbeigegangen. 2004 gründete sich ein Komitee von Freunden des Gartens, das sich um die Restaurierung der historischen Parkanlage kümmert. Heute zeigt sie sich in gutem Zustand – und mit WLAN technologisch auf der Höhe der Zeit. Auch Konzerte und andere kulturelle Veranstaltungen finden hier statt.

Apropos Kultur: An der südlichen Parkseite präsentiert der Verband bulgarischer Künstler in seinen Ausstellungssälen regelmäßig die neuesten Trends der bulgarischen Malerei. Und wann immer es das Wetter erlaubt, stehen vor den Bars in den Sträßchen des Doktorgarten-Viertels Grüppchen: meist junge Menschen plaudern, rauchen, trinken …

Wirkstätten des Wissens

Am westlichen Rand des Doktorgartens steht die monumentale, im neoklassizistischen Stil errichtete Nationalbibliothek. Kyrill und Method, die Schöpfer des glagolitischen Alphabets, sind ihre Namenspatrone. Ihr Schüler Kliment Ohridski entwickelte aus dem glagolitischen das kyrillische Alphabet und wurde zum Namensgeber der benachbarten Sofioter Universität. Beide sind als Institutionen bedeutend älter als ihre heutigen Gebäude. Als erste kulturelle Einrichtung im befreiten Land wurde die größte Bibliothek schon 1878 gegründet, das heutige Gebäude erst 1951 bezogen.

Man muss kein Latein können, um die römischen Artefakte toll zu finden …

Rund um den Slaveykov-Platz

Querdenker und Kreative

Draußen Bücher, drinnen Bücher – am Slaveykov-Platz, dem Zentrum von Sofias hippstem Viertel, dreht sich alles um das geschriebene Wort. Kreativ geht es in den Straßen zwischen Ploshtad Garibaldi und ›Popa‹ weiter: Hochkultur und alternativ angehauchte Läden, Galerien und Lokale warten darauf, entdeckt zu werden.

Anfang der 1990er-Jahre haben Sofias Bouquinisten den Platz in Beschlag genommen. Auf den Tischen des Open-Air-Buchmarkts reihen sich noch immer die Pappkartons mit bulgarischen und fremdsprachigen Büchern aneinander. Schmökern lässt sich auch im Französischen Kulturinstitut und in der Städtischen Bibliothek. Immer noch nicht genug? Werfen Sie einen Blick in die Hinterhöfe, wo sich interessante Antiquariate verstecken.

Gar nicht zufällig zieht der Slaveykov Bibliophile aller Arten an. Der Platz ist nach dem Schriftsteller Petko Slaveykov benannt, der sich 1879 hier ein Haus kaufte. Im heutigen Nationalen Literaturmuseum können Sie ›Gast‹ in seiner Wohnung sein. Wo der Platz auf die Ulitsa Solunska trifft, sitzen Petko und sein ebenfalls berühmter Sohn Pencho auf einer Parkbank – in Bronze gegossen von dem Bildhauer Georgi Chapkanov. Setzen Sie sich einfach zu den beiden dazu, mit oder ohne Buch.

Treffen beim Popen

›Graffa‹ (so nennen die Sofioter die Ulitsa Graf Ignatiev), Rakovska (Ulitsa Georgi S. Rakovski) und Ulitsa Solunska begrenzen den Slaveykov. Auf der schnurgeraden Graffa mit ihren originellen Cafés und Geschäften fährt die Straßenbahn vom Ploshtad Garibaldi bis zum Nationalstadion Vasil Levski. Zu einer Pause im Grünen lädt der bei den Sofiotern beliebte Park neben der Kirche der Sieben Heiligen ein.

Ein paar Meter weiter steht unübersehbar der ›Popa‹, das Denkmal des Patriarchen Evtimiy, ein beliebter Treffpunkt. Gegenüber zeigt das Kino Odeon vor allem bulgarische Filmkunst. In der Ulitsa Lyuben Karavelov hat 2004 im Wohnhaus und Atelier des berühmten Bildhauers Andrey Nikolov das Rote Haus für Kultur und Debatte (Chervenata Kashta) eröffnet, ein Treffpunkt des kulturellen Austauschs.

Sofias Broadway

Sofias kulturelle Ader ist die Ulitsa Georgi S. Rakosvski. Die Rakovska und ihre Nebenstraßen locken mit einem knappen Dutzend Theatern und zahlreichen Veranstaltungsorten. An erster Stelle natürlich die kulturellen Leuchttürme der Stadt: die Sofioter Oper und das Ballett, der Konzertsaal Bulgaria und das Nationaltheater Ivan Vazov. Aber auch die kleineren Spielstätten wie das Theater 199 oder das Theater Salza i Smyah bieten hochkarätige Unterhaltung. Die Nationale Hochschule für Filmkunst und Theater (NATFIS), Karrieresprungbrett der meisten bekannten Schauspieler Bulgariens, befindet sich auch hier.

In der Bar Roderic auf der Tsar Shishman kann man Einheimische bei einem Bier antreffen und Livemusik lauschen.

> SOFIA, MEINE LIEBE!
>
> UND FINSTER, UND STAUBIG, UND SCHMUTZIG, UND FÜRCHTERLICH, WARUM ABER KANN ICH NICHT OHNE DICH – DU MEIN SOFIA, LIEBE UND SORGE.
>
> Margarita Petkova (*1956, die Grande Dame der zeitgenössischen bulgarischen Poesie)

Gut & günstig schlafen!

Im sozialistischen Bulgarien gab es nur einige wenige, damals noch staatliche Hotels. Und bis heute sind die Übernachtungsmöglichkeiten in Sofia nicht so vielfältig wie in anderen europäischen Metropolen. Doch gibt es inzwischen genügend interessante Hotels mit persönlichem Touch.

Die Kaufkraft in Bulgarien ist im europäischen Vergleich gering. Deshalb sind selbst Fünf-Sterne-Hotels verhältnismäßig günstig. Zwar orientiert sich die vom bulgarischen Tourismusministerium entwickelte Sternekategorisierung an der international üblichen, entspricht ihr aber nicht genau. Der Standard eines bulgarischen Drei-Sterne-Hauses ist in der Regel etwas niedriger als sonst in Europa üblich.

2016 haben die bekannten Billigfluglinien Direktflüge nach Sofia aufgenommen. Dies hat dem Sofioter Hotelmarkt spürbare Impulse gebracht. Auch das Airbnb-Segment entwickelt sich. Rund 500 Apartments dürfen in Sofia eine oder mehrere Nächte vermietet werden. Dabei gibt es große Unterschiede in Lage und Preis. Doch auch mitten im Zentrum sind Übernachtungen bereits ab 20 BGN pro Person und Nacht zu finden. In den Hotelpreisen ist das Frühstück oft inbegriffen. Da die Bulgaren die erste Mahlzeit des Tages aber nicht sonderlich ernst nehmen, ist vom Frühstücken im Hotel meist nicht viel zu erwarten.

Nicht nur Fleischeslust

Auf dem Balkan herrscht das Fleisch … ›Küfteta‹ und ›Kebabcheta‹, Hackfleisch in runder und gestreckter Form, sind Bulgariens elementarster Beitrag zur Balkanküche. Darüber hinaus gibt es aber auch raffiniertere Fleischgerichte und eine mannigfaltige Auswahl an Salaten und Gemüse.

Dem Shopska-Salat aus Tomaten, Gurken und geriebenen Käse dürfte jeder Sofia-Reisende gleich zu Beginn seines Aufenthalts begegnen. Nach bulgarischer Sitte wird er vor der Hauptspeise serviert, zusammen mit einem Obstbrand, dem Rakiya.

Rund drei Jahrzehnte sind bereits vergangen, seit das kommunistische Regime zu Fall gekommen ist. Doch erst seit einigen Jahren weht auch in der bulgarischen Küche der ›wind of change‹. Mit Verspätung schlägt sich die Öffnung zur Welt in den Speisekarten des Landes nieder. Die traditionellen *mehanas* bieten weiterhin typisch bulgarische Hausmannskost, immer mehr Speiselokale servieren inzwischen aber eine Fusionsküche, geprägt von lukullischen Einflüssen fremder Länder und Kontinente.

Zwei weitere Trends sind zu beobachten: Innovative Köche interpretieren die bulgarische Küche neu und legen dabei gesteigerten Wert auf saisonale Bioprodukte. Und Veganer und Vegetarier finden eine größere Auswahl an geeigneten Restaurants als noch vor Kurzem.

Zimmer mit Aussicht auf die Nevski-Kathedrale

In der Raketa Rakia Bar gibt es sozialistische Artefakte aus alten Zeiten zu bestaunen.

Jeder Spaß kostet was – verhandelt wird nicht!

Die Filialisierung durch die immer gleichen Ketten ist in Sofia vergleichsweise wenig fortgeschritten. Im Zentrum zwischen den Boulevards Hristo Botev im Westen und Vasil Levski im Osten präsentieren sich die Einkaufsstraßen noch mit einer abwechslungsreichen Vielfalt kleiner Geschäfte für Lebensmittel, Haushaltsbedarf und Kleidung. Das macht den Bummel äußerst kurzweilig!

Die Preise im Zentrum sind im Vergleich zu westeuropäischen Städten immer noch günstig. Obwohl Sofia eine Stadt auf dem Balkan ist, darf man die angebotenen Preise nicht verhandeln. Eine Ausnahme gibt es jedoch: auf dem Flohmarkt am Alexander-Nevski-Platz.

Sofias exklusivster Einkaufsboulevard Vitosha hat sich in den vergangenen Jahren im oberen Abschnitt zur Kneipenmeile gewandelt. Aber auch hier und in den Seitenstraßen findet man noch interessante Boutiquen für Mode, Kosmetik, Accessoires und Geschenke. Geschäfte für den kleineren Geldbeutel sowie Konfektion und Schuhe, auch aus bulgarischer Produktion, sind um die Ulitsa Pirotska gelegen. Alles unter einem Dach findet man in der täglich geöffneten Markthalle und auf Sofias traditionellstem Obst- und Gemüsemarkt, dem Zhenski Pazar (Frauenmarkt). Dort gibt es auch traditionelle Keramik.

Gifted: Info, Shop, Bier … Was braucht man mehr?

Bars, Klubs, Kulturleben

Sofias Nachtleben hat seinen Big Bang vor noch nicht allzu langer Zeit erlebt – so ist seine Entwicklung noch lange nicht abgeschlossen. Die Bulgaren lieben es zu feiern und gehen gerne aus. Im Sommermonat August geht es etwas ruhiger zu, manche Party-Locations haben sich dann ans Meer verlagert. Sei es Rock oder Techno, anglo-amerikanischer Pop oder bulgarischer Pop-Folk (Chalga) – Sofia bietet für jeden Musikgeschmack die passenden Lokale und Liveclubs.

Bulgarische Bildungsbürger lehnen Chalga ab. Sie finden den Mix aus Folklore, arabesken Melodien und orientalischen Kyuchek-Rhythmen (Bauchtanz) unbulgarisch. In allen südosteuropäischen Ländern gibt es Variationen dieser Balkanmusik. Viele Ausländer haben jedoch ein unbefangeneres Verhältnis dazu und amüsieren sich gut in den Chalga-Clubs, wo spät in der Nacht Stars des Genres wie Azis, Preslava oder Sofi Marinova auftreten.

Vorglühen oder mit einem Happen die Grundlage für die Clubnacht legen – dafür empfiehlt sich die Vitoshka zwischen Ulitsa Alabin und Boulevard Patriarch Evtimiy, auch ›Sofias längster Tresen‹ genannt. Von früh bis spät sind die Tische und Stühle der zahlreichen Cafés, Bars, Restaurants gut besetzt. In der Pizzeria Ugo (Nr. 45) bekommt man sogar rund um die Uhr zu essen und zu trinken.

Im ehrwürdigen Nationaltheater Ivan Vazov treten die besten Schauspieler Bulgariens auf.

Warum Triest?

Meermetropole ohne Allüren

Europas größter und vielleicht sogar schönster Stadtplatz am Meer ist die Piazza dell' Unità d'Italia – Triests städtebaulicher Stolz. Davor die Adria, dahinter eine bilderbuchreife Steilküste. Drumherum heimelige Altstadtgassen und eine Uferpromenade von urbaner Grandezza. Vor den Toren der Stadt säumen die Traumschlösser Miramare und Duino, die gemauerten Uferpromenaden und naturbelassenen Felsenbuchten von Barcola, Sistiana und Duino die schöne blaue Adria. Auf ihrem karstigen Bergrücken tun sich urzeitliche Grotten auf, verlaufen herrliche Wanderwege und wächst ein ganz besonderer Wein.

Canal Grande im Stadtteil Borgo Teresiano

Wien an der Adria

Wiener Kaffeespezialitäten, italienische Barkultur und geschäftige Hafenatmosphäre – wo gibt es das schon in einer Stadt? Jawohl, in Triest, der schönen habsburgischen Dependance am Mittelmeer.

Barkeeper im Giardino Tergesteo an der Piazza dell'Unità d'Italia

Triest auf einen Blick

Starten Sie mit einem guten Kaffee auf der Piazza dell'Unità d'Italia mit unverbauter Aussicht aufs Meer und den ebenso eleganten Stadtsalons Piazza della Borsa und Piazza Verdi gleich nebenan. Von dort geht's hinauf auf den Altstadthügel oder entlang der Adriaufer in den Borgo Teresiano und Borgo Giuseppino, hinter denen der alte bzw. neue Hafen faszinieren. Boot oder Bus bringen Sie zu den Schlössern Miramare und Duino und weinseligen Bauerndörfern auf dem Karst.

COLLE SAN GIUSTO

Auf dem Küstenhügel Colle di San Giusto, wo um 50 v. Chr. die römische Kolonie Tergeste gegründet wurde, enthüllt sich Triests antike und mittelalterliche Vergangenheit, die angesichts von Ruinen, Kathedrale und Kastell in mehreren Museen zu studieren ist. Der Aufstieg lohnt sich auch, weil sich von hier oben ein herrliches Stadt- und Küstenpanorama bietet und in einem Flügel des Schlosses das auf Fotokunst kapriziertes Alinari Image Museum stets spannende Ausstellungen in petto hat.

RIBORGO (GHETTO EBRAICO)

Das Altstadtquartier Riborgo entspricht dem ehemaligen jüdischen Ghetto. Durch die Portizza di Riborgo taucht man von der großzügigen Piazza della Borsa in ein von schmalen Gassen durchzogenes, gastronomisch und kommerziell lebendiges Stadtviertel ein. An dessen oberen Rand erzählt das Museo Ebraico (Jüdisches Museum, Museo della Comunità Ebraica di Trieste »Carlo e Vera Wagner«) an der steil ansteigenden Via del Monte die Geschichte von Triests jüdischer Community, die zwar inzwischen nur noch 600 Mitglieder, aber mit der 1912 für mehrere Tausend Juden erbauten Synagoge an der Via San Francesco das zweitgrößte jüdische Gotteshaus Europas hat.

CAVANA

Die Cavana schmiegt sich in unmittelbarer Nachbarschaft der Piazza dell'Unità an den kastellgekrönten Altstadthügel. Seit Mitte der 1990er-Jahre hat sich der bis dahin verwahrloste Stadtteil von einer eher düsteren No-go-Area zum trendigen ›Place to be‹ gemausert

Ü ÜBRIGENS

Kaffee gehört zu Triest ebenso wie der Wind und das Meer! Der meist diplomierte Barista hat seine fachgerechte Zubereitung höchstwahrscheinlich an der örtlichen Kaffeeuniversität studiert. Man trinkt den Kaffee, entweder klein und schwarz, mit mehr oder weniger Milch oder mit einem Schuss Hochprozentigen, in der Tasse oder im Glas, auf die Schnelle ›al banco‹, also gleich im Stehen am Tresen in der Bar, oder mit Muße in einem Kaffeehaus. Es gibt dafür kaum einen schöneren Ort als die grandiose Piazza dell'Unità.

und ist ein Paradebeispiel für Gentrifizierung. Die frisch herausgeputzten historischen *palazzi* sind bevorzugte Domizile und gefällige Kulissen für zeitgeistig-alternative Lokale und Geschäfte. Insbesondere die Achse Piazza Cavana – Via Cavana – Piazza Hortis – Via Torino gibt sich als sympathische Movida mit metropolitanem Flair. An der Piazza Hortis grüßt eine bronzene Inkarnation von Lokalmatador Italo Svevo, dem man zusammen mit seinem Wahltriestiner Dichterkollegen James Joyce ein Museum gewidmet hat.

BORGO GIUSEPPINO

Die Via Torino verbindet die Cavana mit dem Borgo Giuseppino, der unter Joseph II. (1741–90) geplant, aber erst nach dessen Ableben fertig wurde. Die Triestiner Josefstadt säumt die Adria zwischen Riva Nazario Sauro und Riva Grumula. Ihr städtebauliches Herz schlägt an der Piazza Venezia mit ihrem Denkmal für Maximilian von Habsburg. An der Einmündung von Via Diaz und Via Torino imponiert das Museo Revoltella mit hochkarätiger moderner Kunst. An der Via Torino kann man Tag und Nacht dem Dolce Vita frönen und sich im Civico Museo della Civiltà Istriana Fiumana e Dalmata über das Schicksal der nach 1945 von der Halbinsel Istrien vertriebenen Italiener informieren.

BORGO TERESIANO

Der in städtebaulicher Gestalt eines Schachbretts angelegte Stadtteil Borgo Teresiano entstand im 18. Jh. auf Geheiß der österreichischen Kaiserin Maria-Theresia. Er ist von mehrstöckigen Wohn- und Geschäftshäusern geprägt und von mehreren christlichen Kirchen beseelt, darunter eine griechisch- und eine serbisch-orthodoxe. Mittendrin fließt der von einladenden Lokalen gesäumte Canal Grande, der vom Ponte Rosso mit einer bronzenen Hommage an James Joyce überspannt wird. Die Brücke führt zur gleichnamigen Piazza mit allmorgendlichem Obst-, Gemüse- und Blumenmarkt. Fans von Veit Heinichen finden im Borgo Teresiano die Piazza San Giovanni mit Commissario Laurentis Stammlokal Gran Malabar, Kauflustige die Shoppingmeilen Corso Italia und Via Carducci. Gleichsam an den vier Ecken des Schachbretts liegen die Piazza Verdi mit dem Opernhaus Teatro Verdi, die verkehrsumtoste Piazza Goldoni, die Piazza Oberdan und – vor den Toren des Porto Vecchio – die Piazza della Libertà mit dem Hauptbahnhof.

PORTO VECCHIO UND BARCOLA

Das als Stadtentwicklungsgebiet ausgewiesene Gebäudeensemble des im 19. Jh. errichteten Porto Vecchio reicht bis ins 5 km entfernte Barcola. Dort erhebt sich der nationalmonumentale Faro della Vittoria. Ein schattenspendender Pinienhain und bei schönem Wetter von Sonnenanbetern belegte gemauerte Uferpromenaden und originelle Badeplattformen namens *topolini* (Mäuschen) säumen die Adria.

Triests elegantes Opernhaus, das Teatro Giuseppe Verdi

5 Touren durch Triest

Zur blauen Stunde füllen sich die Theken und Tische der Bars und Kaffehäuser

1. TOUR

Immer am Meer entlang – Le Rive

246 m weit in die Adria hinein ragt die Hafenmole Audace. Von dort führt die Uferpromenade zum Stadtbad – K.-u.-k.-Vergangenheit unter dem alten Leuchtturm.

2. TOUR

Vergangenheit und Zukunft – Porto Vecchio

Wer ein Faible für Industriearchitektur mit Patina hat, wird von Triests ausladendem habsburgischem Hafenensemble begeistert sein.

3. TOUR

Wo Triest glänzt – Borgo Teresiano

Zugegeben: Im Vergleich zu Venedig ist der Canal Grande eher piccolo. Ansonsten aber punktet er mit morgendlichem Markt, prächtigen Palazzi, österreichisch inspirierter Kulinarik und feinstem Shopping.

4. TOUR

Kult um die braune Bohne – Historische Kaffeehäuser

Triestiner trinken mit durchschnittlich 1500 Tassen pro Kopf und Jahr doppelt so viel Kaffee wie ihre Landsleute. Bei dieser Tour durch die feinsten Kaffeehäuser der Stadt wird auch sofort klar, warum.

5. TOUR

Auf und ab – Strada Napoleonica und Grotta Gigante

Wer auf Triests Bergrücken wandert, wird mit Meerblick, deftigem Essen und süffigem Wein belohnt.

Le Rive
Immer am Meer entlang

Von den Rive (Uferpromenaden) schweift der Blick über den Leuchtturm von Barcola bis zum schneeweißen Schloss Miramare und hinauf zu den karstig-grünen Küstenhängen mit der monströsen Betonkirche auf dem Monte Grisa. Unten säumen Schiffsterminal, alter Fischmarkt und Hunderte Segelboote den Weg vom Molo Audace zum Bagno Lanterna, wo das Bad in der Adria wie in alten Zeiten ein strikt getrenntgeschlechtliches Vergnügen ist.

Die Hafenmole hieß früher einmal Molo San Carlo, weil sie in den 1740er-Jahren auf den Trümmern eines havarierten gleichnamigen Schiffes errichtet worden war. 1922 widmete man sie dem im November 1918 hier vor Anker gegangenen italienischen Zerstörer Audace, dessen Besatzung Triest von den Habsburgern befreite.

Helden mit Meerblick

Die Denkmäler an Land transportieren ebenfalls die frohe patriotische Botschaft. Neben dem Monumento dei Bersaglieri, das einen fahnenschwenkenden Kriegshelden porträtiert, sitzen die ›Mädchen von Triest‹ und nähen die italienische Tricolore. Ein paar Meter weiter trotzt Nazario Sauro in wehendem Mantel Wind und Wetter, das hier

Der Molo Audace ragt wie ein überdimensionaler Laufsteg 246 m weit in die Adria und animiert zum ›Gang übers Wasser‹, bei dem Sie die Stadt und das ausladende historische Industriebautenensemble des Porto Vecchio vom Meer aus ins Visier nehmen.

im Winter übrigens recht ungemütlich werden kann, wenn die eiskalte Bora mit weit über 100 km/h vom slowenischen Hinterland aufs Meer bläst. Die bronzene Inkarnation des 1916 von den Österreichern aufgeknüpften Marineoffiziers, das Monumento Nazario Sauro, steht vor der Stazione marittima, einem in den 1920er-Jahren errichteten Zweckbau im Stil des italienischen Rationalismus, der drinnen als Kongresszentrum und draußen als Anleger für Kreuzfahrtriesen und Nahverkehrsschiffe in die ›Badevororte‹ fungiert.

Kunst statt Fisch

Die Vecchia Pescheria an der benachbarten Hafenmole mutet mit ihrem Glockenturm wie eine Kirche an, sodass sie im Triestiner Volksmund auch Santa Maria del Guato genannt wird (*guato* ist Triestiner Dialekt für einen weit verbreiteten Adriafisch). Der Jugendstilpalazzo, Baujahr 1913, beherbergt in einem Seitentrakt schon seit 1933 das Acquario Marino mit allerlei Meeresgetier und Reptilien, das inzwischen etwas düster daherkommt und eine Auffrischung dringend nötig hat.

Am Meeresufer treffen Sie die ›Mädchen von Triest‹, die hier an der italienischen Tricolore nähen. Diese flattert übrigens erst seit 1919 über der Adriastadt.

Dagegen präsentiert sich die jüngst gelungen restaurierte zentrale Fischverkaufshalle, die übrigens 1974 für eine Szene von Francis Ford Coppolas »Der Pate II« als New Yorker Emigranten-Aufnahmelager Ellis Island posierte, als freundlich-helle Location für Ausstellungen moderner und zeitgenössischer Kunst. Seine ursprüngliche Funktion büßte das Gebäude schon 2006 ein: Heute trägt der schöne Veranstaltungssaal den poetischen Namen Salone degli Incanti (Salon der Verzauberung) und lässt nur mit viel Fantasie erahnen, dass hier einst Fische und Meeresfrüchte auf feuchten Steintheken auslagen.

Direkt neben dem Kultur- entzückt ein Gourmettempel, der unlängst in ein zeitgemäß aufgepepptes Weinmagazin aus dem Jahre 1902 eingezogen ist. Das Schlaraffenland, aus dem man beim Shoppen, Schlemmen und Schlürfen durchs große Glasfronten aufs Meer schaut, heißt Eataly und verführt mit allen erdenklichen kulinarischen Genüssen.

Stadtkultur und Schiffsmodelle

Inzwischen angekommen an der Riva Grumula fällt mit der Stazione Rogers ein Baudenkmal aus den 1950er-Jahren ins Auge. Die ehemalige Tankstelle fungiert nun als urbaner Infopoint, Bar und Bookshop, versteht sich als Forum für junge Kreative und ist Schauplatz von Discos, Debatten und Degustationen.

Von der Ikone der italienischen Nachkriegsarchitektur ist es nur ein Katzensprung bis zum Museo del Mare im ehemaligen Lazaretto San Carlo, das nur von 1730 bis 1769 seinem medizinischen Zweck und danach als Waffenarsenal diente. Zu sehen gibt es allerlei Fischerutensilien, Schiffsmodelle, Uniformen, Fotos und Fahnen.

Festhalten, bitte! Die Bora fegt mit weit mehr als 100 km/h vom karstigen Hinterland über die Stadt und bringt ihre Bewohner bisweilen gehörig ins Straucheln, sodass es an manchen Hauswänden Kordeln fürs Festhalten hat. Die *triestini* sind dem scharfen Nordwind in Hassliebe verbunden und widmeten ihm sogar ein eigenes Museum.

Damen links, Herren rechts

Bei der Molo Fratelli Bandiera mit Triests altem Leuchtturm La Lanterna geht's ins Meer. Unter der 1833 an- und 1969 ausgeknipsten Laterne lockt das historische Armeleutebad Bagno Lanterna seit 1903 mit getrenntgeschlechtlichen Badefreuden. Wenn Sie lieber mit dem oder der Liebsten in die Fluten steigen, wählen Sie das ebenfalls retrocharmante Bagno Ausonia gleich nebenan!

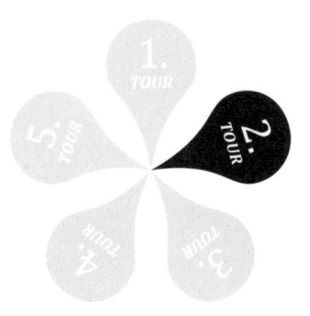

Porto Vecchio
Vergangenheit und Zukunft

Triests Porto Vecchio gilt als einmaliges Beispiel für die industrielle Hafenarchitektur des 19. Jh. und ist als UNESCO-Welterbe der Menschheit gelistet. Mitten im einstigen österreichisch-habsburgischen Hafen arbeitet man an der Zukunft der Adriastadt, die hier bald mit einem innovativen urbanen Quartier im Stil von Hamburgs Hafencity glänzen will.

Wer ein Faible für Industriearchitektur mit Patina hat, wird von dem ausladenden habsburgischen Hafenensemble begeistert sein. Der Porto Vecchio bedeckt ein Areal von gut 500 000 m², das sich auf drei Achsen entlang einer 3,5 km langen Adriaküstenlinie vom innerstädtischen Canal Grande bis zum ›Badevorort‹ Barcola erstreckt und bislang nur auf recht unwirtlichen Wegen zu erkunden ist, die hier und da aus Sicherheitsgründen gesperrt sind.

Habsburger Welthafen

Nachdem Kaiser Karl VI. 1719 ganz Triest zum Freihafen (Porto Franco) erhoben hatte, entschied man sich knapp 150 Jahre später, die Freihafenzone vom Rest der Stadt zu separieren. Initialzündung für den Bau der neuen Hafenanlagen war die Eröffnung der Eisenbahnlinie zwischen Wien und Triest im Jahre 1857. Der damalige Porto Nuovo und heutige Porto Vecchio wurde zwischen 1861 und 1898 nach dem Vorbild nordeuropäischer Speicherstädte errichtet. Dabei arbeitete man mit innovativen Methoden und Materialien, z. B. Stahlbeton. Das architektonische Ensemble integriert schmucklose funktionale Gebäuderiegel und dekorativ gestaltete Repräsentationsbauten.

Allein die monumentale Eingangszone vis-à-vis vom Hauptbahnhof am Largo Città di Santos, die drei nebeneinandergestellten Triumphbögen gleicht, lässt erahnen, dass der österreichische Hafen einmal ein Tor zur Welt gewesen ist. Als nach der Eröffnung des Suez-Kanals (1869) der Handelsverkehr mit dem Mittleren und Fernen Osten intensiviert wurde, reichten selbst diese enormen Kapazitäten nicht mehr aus. Deshalb plante man schon an der vorletzten Jahrhundertwende eine erneute Expansion des Hafens, die allerdings erst nach der Entmachtung der Habsburger in Gang kam. Der nunmehr italienische Porto Nuovo am anderen Ende der Stadt nahm deshalb erst seit den 1920er-Jahren seine bis heute erweiterten Dimensionen an.

Kräne am Porto Vecchio

Schicksale

Die geschäftigen Zeiten im Porto Vecchio sind vorbei, doch in die alte Bausubstanz soll neues Leben einziehen. Harmonisch möchte man hier moderne Architektur mit dem Alten verbinden: Forschungs- und Bildungsinstitute, Freizeit- und Kultureinrichtungen, Dienstleistungs- und Handelsunternehmen sollen die neuen Mieter im Alten Hafen werden. Schon 1947 wurde ein Speicherhaus zweckentfremdet. Das Magazzino 18 ist angefüllt mit dem nicht mehr abgeholten Hausrat von Menschen, die nach der kriegsbedingten Übergabe einst italienischer Gebiete ans sozialistische Jugoslawien vertrieben wurden. Weil sie in Flüchtlingslagern unterkommen mussten, deponierten die Flüchtlinge aus Istrien, Dalmatien und Fiume (heute Rijeka) dort Schränke, Stühle und Tische, Koffer, Kleider, Bettwäsche und Bilder.

Den Fotografen Massimo Tommasini fasziniert der alte Hafen seiner Heimatstadt von jeher. Hier lichtete er spielende Flüchtlingskinder beim Sport und Spiel auf der bald frisch herausgeputzten Industriebrache ab.

Strukturwandel

Vorreiter des bewusst geplanten Strukturwandels sind aber drei bereits komplett restaurierte Gebäude. Die ehemalige Sottostazione Elettrica (Umspannwerk) und die Centrale Idrodinamica (Hydraulikdruckzentrale) fungieren nun als Industriemuseen. In ihrer Funktion erklärte und durch anschauliche Text- und Bildtafeln ins zeitgenössische Setting eingeordnete elektrische Apparaturen, Pumpen und Motoren zur Energieversorgung vermitteln selbst Menschen ohne technisches Verständnis eine plastische Vorstellung von dem einst rund um die Uhr brummenden Hafenbetrieb.

Der gewaltige Maschinenpark versetzt ins Staunen über die ausgeklügelte Infrastruktur im historischen Hafen, dessen neue Bestimmung im mehrstöckigen Magazzino 26 seit 2011 seine Schatten vorauswirft. Der mit viel Respekt renovierte und mit modernem Design akzentuierte größte Warenspeicher im Porto Vecchio war in jenem Jahr als externer Ausstellungspavillon der 54. Biennale von Venedig erstmals in postindustrieller Funktion. Er ist seither eine angesagte Location für Kunst, Kultur und urbane Kommunikation und gilt als Vorbote der Stadtentwicklungspläne nach dem Vorbild von Hamburgs Hafencity.

FILM AB!

Die besondere und etwas surreale Atmosphäre der alten Hafenanlagen war und ist nicht zuletzt als Filmkulisse überaus gefragt, sodass der Porto Vecchio z. B. in Anthony Minghellas »Der englische Patient« (1996) als nordafrikanischer Hafen Tobruk posiert und vor einigen Jahren das Set von Gabriele Salvatores' »Il ragazzo invisibile« (2014) abgegeben hat.

Borgo Teresiano
Wo Triest glänzt

Die prächtigen Palazzi Prozzi aus der Ära der Habsburger verleihen dem Stadtteil ein imperiales Gepräge und seine traditionsreichen Kaffeehäuser und österreichisch inspirierten Buffets versprühen Wiener Flair. Das Viertel rühmt sich eines Canal Grande, ist von auffälligen Gotteshäusern beseelt, mit der meist frequentierten Shoppingadresse der Stadt gesegnet und voller mediterranem Leben.

Der Stadtteil wurde seit Mitte des 18. Jh. auf dem Gelände trockengelegter Salinen schachbrettartig angelegt. Bauherrin und Namenspatronin war Maria-Theresia, die 1740 de facto die offiziell von ihrem Gatten geführten habsburgischen Regierungsgeschäfte übernahm. Geplant hatte ihn bereits ihr Vater Karl VI., der Triest 1719 zum Freihafen erhoben hatte, worauf Wirtschaft und Handel boomten und eine Erweiterung der Geschäfts- und Wohnflächen dringend geboten war. Die von mehrstöckigen Wohn- und Geschäftshäusern geprägte und durch die Shoppingmeile Corso Italia von Triests Stadtsalons getrennte ›Theresienvorstadt‹ grenzt meerwärts an den gut 100 Jahre später addierten Porto Vecchio. Zur Hälfte öffnet sie sich unmittelbar zum Meer hin und hat wie Venedig einen Canal Grande.

Klein, aber fein

Triestiner und Touristen flanieren jedenfalls gern über seine elegant bebauten und gastronomisch lebendigen Uferpromenaden. Vom Meer kommend passieren Sie an der Via Bellini zunächst den neoklassizistischen Palazzo Carciotti (1798–1805), der von Matteo Pertsch für den griechischen Kaufmann Demetrio Carciotti geplant wurde. Die unbescheidene Patriziervilla ist in ihren oberen Etagen mit ionischen Säulen verziert, mit einer Balustrade mit Skulpturenschmuck des Canova-Schülers Antonio Bosa veredelt und von einer Kuppel gekrönt. Der noble Palazzo avancierte 1831 zum Gründungsdomizil des inzwischen weltumspannenden Versicherungskonzerns Generali.

Auf der anderen Seite des Kanals baute man Mitte der 1920er-Jahre einen mehrstöckigen roten Ziegelbau, der an New York denken lässt und vom Volksmund entsprechend *grattacielo rosso* (roter Wolkenkratzer) getauft wurde. Der himmelstrebende Palazzo Aedes überragt den farbig-geometrisch gemusterten Palazzo Gopcevic (1850) mit dem Museo Teatrale Carlo Schmidl, das mit einem bunten Exponatenmix aus Musikinstrumenten, Kostümen, Fotos und Gemälden die lokale Musik- und Theatergeschichte Revue passieren lässt.

Die innerstädtische Wasserader wird von der Piazza Ponterosso mit morgendlichem Obst-, Gemüse- und Blumenmarkt gesäumt und dem Ponte Rosso überspannt. Auf der Brücke posiert eine lebensecht gestaltete Statue von James Joyce fürs gern geknipste Selfie mit Dichter. Der Canal Grande versiegt vor einer kleinen Parkanlage zu Füßen der tempelartigen Chiesa Sant'Antonio Taumaturgo vom Zeichentisch von Pietro Nobile (1776–1854). Gleich um die Ecke rufen das historische Kaffeehaus Stella Polare seit 1873 zu einem Päuschen und ein serbisch-orthodoxes Gotteshaus zum Gebet.

Nach dem Shoppen braucht's eine Pause? Im Borgo Teresiano kein Problem. In mehreren netten Lokalen kann man am Ufer des Canal Grande die Sonne – und einen Spritz – genießen.

»DER FLANEUR MUSS WAHRLICH KEINE ANGST HABEN, WENN ER SICH IM ZENTRUM ODER IN EINEM DER STADTVIERTEL AUF DEN HÜGELN VERLÄUFT, MIT EINEM TROCKENEN GAUMEN UMHERZUIRREN. ALLE PAAR METER FINDET SICH EIN TRESEN ...«

aus »Triest, Stadt der Winde« von Veit Heinichen und Ami Scabar

Historische Kaffeehäuser
Kult um die braune Bohne

Triestiner trinken mit durchschnittlich 1500 Tassen pro Kopf und Jahr doppelt so viel Kaffee wie ihre Landsleute anderswo im Belpaese. Sie haben die Vorliebe für das aromatische Getränk sozusagen in die Wiege gelegt bekommen: In der Adriastadt wird schon seit 300 Jahren Rohkaffee aus Südamerika, Asien und Afrika angelandet und so mancher Sack direkt vor Ort verarbeitet, verkauft und natürlich auch verkostet. ▼

Im Hafen von Triest, präzise am Molo VII, kommen jährlich gut eine Million Säcke à 60 kg Rohkaffee an. Ein Teil wird dort zwischengelagert, von lokalen Spediteuren wie dem Familienunternehmen Sandalij akribisch geprüft und zu geschmackvollen Blends gemischt an Röstereien und Kaffeehäuser in aller Welt verschickt. Ein anderer Teil bleibt in Triest, wo mehrere Kaffeemarken angesiedelt sind. Die bekannteste heißt Illy, inzwischen ein Synonym für italienische Kaffeekultur schlechthin, die in Triest in Bars und gediegenen Kaffeehäusern gepflegt, an einer Universität gelehrt, mit einem Museum gewürdigt und mit dem jährlichen Trieste Coffee Festival sowie der Kaffeebiennale Triest Espresso Expo gefeiert wird.

Historische Kaffeehäuser alla viennese

Während man sich bei der Torrefazione La Triestina zu einem schnellen und schmackhaften Koffeinschub im Stehen einfindet, kehrt man in die zahlreichen historischen Kaffeehäuser alla viennese zum längeren Verweilen ein. Die schönen alten Lokale, in denen im 19. und heraufziehenden 20. Jh. Dichter und Denker debattierten und national gesinnte Italiener (Irredentisten) den Umsturz und Anschluss an Italien planten, sind bis heute ein beliebter Treffpunkt der lokalen Intellektuellen- und Literatenszene. Das Caffè Tommaseo servierte schon 1830 Kaffee und als erstes Lokal der Stadt *gelato*. Heute profiliert es sich obendrein als feine Weinbar und Restaurant. Im Caffè degli Specchi schaut man seit 1839 in Spiegel und den grandiosen Meeressalon Piazza dell'Unità. Das Caffè Stella Polare existiert seit 1867 und soll

Kunst auf Kaffeetassen: Die Illys haben viele namhafte zeitgenössische Künstler für diese Idee gewinnen können.

zur Zeit der alliierten Besatzung ein beliebter Ort fürs Date von amerikanischen Soldaten und jungen Triestinerinnen gewesen sein. Als konspirativer Treffpunkt revolutionärer Italiener galt das 1914 eingeweihte Caffè San Marco, das schon 1915 von der österreichisch-habsburgischen Polizei dicht gemacht und demoliert wurde. Es wurde mit seinem ursprünglichen Jugendstilinterieur wieder aufgebaut,

SPRECHEN SIE KAFFEELATEIN?

In der literaturhistorisch aufgeladenen Atmosphäre dieser wienerisch anmutenden Kaffeehäuser schmeckt der Kaffee besonders gut. Aber Vorsicht beim Bestellen! Ein Caffè bzw. Espresso heißt hier ›Nero‹ oder ›Nero in B‹, wenn man ihn in einem Glas (*bicchiere*) haben will, der Cappuccino firmiert in Triest unter ›Caffelatte‹ und unter ›Capo‹ versteht man einen Espresso macchiato (mit einem Schuss Milch), der ebenfalls gern aus dem Glas getrunken wird und dann – Sie ahnen es schon – ›Capo in B‹ genannt wird. Wer es koffeinfrei mag, bestellt einen ›Deca‹ oder ›Deca in B‹.

gilt als Forum für lokale Künstler, ist Café und Restaurant. Das Caffè Antico Torinese beeindruckt mit originalem Outfit von 1919 und einer entzückenden Jugendstiltheke.

Die Anstrengung lohnt sich: 500 Stufen führen in die feucht-faszinierende unterirdische Welt der Grotta Gigante und wieder hinauf ans Tageslicht.

Strada Napoleonica und Grotta Gigante
Auf und ab

Auf Triests karstigem Bergrücken können Sie auf der Strada Napoleonica mit weitem Meerblick wandern und in der größten Schauhöhle der Welt tief unter die Erde schauen. Obendrein locken dort rustikale Landgasthöfe, die ›osmize‹, mit viel deftigem Essen und noch mehr süffigem Wein.

Von der Piazza Oberdan mitten im Großstadtgetriebe geht's wahlweise mit Bus oder historischer Tram steil hinauf nach Villa Opicina, wo Sie an der Haltestelle **Obelisco** 1 aussteigen. Unweit des Obelisken, der 1830 zu Ehren von Franz Joseph I. und der im selben Jahre eingeweihten Straße von Triest nach Wien dort postiert wurde, beginnt ein bequem begehbarer und auch als Joggingparcours beliebter Weg, der offiziell **Strada Vicentina** und im Volksmund **Napoleonica** 1 heißt. Der Legende nach befestigten nämlich erst die französischen Eroberer die Strecke, die Triestinern wie Touristen viel Grün beschert und rund ums Jahr große Wanderfreude macht.

Weite Aussichten

Sie wandeln bewacht und belüftet vom steil ansteigenden Felsenwald **Bosco Bertoloni** am ebenfalls baumbestandenen karstigen Abgrund über dem Golf von Triest und genießen dabei atemberaubende Aussichten auf die schöne blaue Adria. Gen Süden schweift der Blick über den Hafen hinweg bis an die istrische Küste, im Norden bis zum Schloss Miramare, an klaren Tagen erkennen Sie die Lagune von Grado direkt vis-à-vis. Sie schauen hinunter auf Triests Küstenquartier Barcola und den Faro della Vittoria, bis hohe nackte Felswände, die bei schönem Wetter mit Freeclimbern ›behängt‹ sind, nach einer knappen Wanderstunde die Ankunft in **Prosecco** ankündigen.

Grüß Gott auf halber Strecke

Dort startet an der Haltestelle **Borgo S. Nazario** 2 der Bus in die Unterwelt des Karst. Bei Interesse lohnt sich ein Zwischenstopp am **Santuario Monte Grisa** 3, mit dem der Bischof von Triest ein 1945 abgelegtes Gelübde einlöste. Er hatte die Anfang der 1960er-Jahre in brutalistischer Architektur erbaute Kirche der Madonna versprochen, wenn die Stadt im Zweiten Weltkrieg heil bliebe. Der vor Ort als *Il Formaggino* (der kleine Käse) geschmähte Betonbau wurde zum Nationalmonument erhoben und als Zeichen für die Völkerverständigung zwischen Ost und West an die damalige jugoslawische Grenze gesetzt.

Tiefe Einsichten

An der **Grotta Gigante** 4 angekommen, führen 500 Stufen hinunter in die grandiose Tropfsteinhalle, die 107 m hoch, 167,60 m lang, 76,30 m breit, 11 °C kalt und 10 Millionen Jahre alt ist. Das seit 1995 als »größte Schauhöhle der Welt« im Guinessbuch der Rekorde registrierte Naturwunder wurde 1840 zufällig entdeckt, als man einen unterirdischen Lauf des Flusses Timavo suchte, um die Wasserversorgung der in jenen Jahren rasant expandierenden österreichischen Hafenstadt zu garantieren.

Die Tropfsteinhöhle ist schon seit 1908 auf schmalen Stegen zu begehen. Ihre vom Wasser vielförmig modellierten und feierlich illuminierten feuchten Kalksteinskulpturen, im Wissenschaftsjargon Stalaktiten und Stalagmiten, erreichen mit der sogenannten **Colonna Ruggero** eine maximale Größe von 12 m.

Der weltweit beliebte und prickelnd belebende Prosecco wurde auf das gleichnamige Dorf bzw. auf eine hier angebaute Rebsorte getauft. Letztere, die auch unter Glera firmiert, exportierte man 1830 in die venezianischen Prosecco-Hochburgen Valdobbiadene und Conegliano. Heute wird sie auch wieder auf dem Karst bei Triest kultiviert.

Unter hohen Decken

Triest gehört nicht zu den klassischen europäischen Städtereisezielen, ist aber zweifellos als solches im Kommen, sodass es sich schon einmal mit Übernachtungsoptionen für jeden Geschmack auf das wachsende Interesse eingerichtet hat. Es gibt Hotels, die nobel und luxuriös sind, Patina und nostalgisches Flair haben, in zeitgeistigem Design daherkommen oder Altes und Neues geschmackvoll kombinieren.

Fast alle sind in historischen Gemäuern untergebracht. Das gilt auch für B & Bs und die relativ große Auswahl an Ferienapartments, darunter elegante Wohnungen in gediegenen Stadtpalästen aus habsburgischer Zeit. Wer rund um die Uhr mitten drin sein will, ist im Zentrum richtig. Wer's am Abend lieber ruhig und beschaulich mag, findet nette Hotels am Meer und den einen oder anderen sympathischen Landgasthof auf dem karstig-grünen Bergrücken der Stadt.

Da Triest nicht von Touristen überschwemmt ist, herrschen noch mittlere Preise. Mit etwas Reiseterminglück kann man selbst in Nobelherbergen wie dem schon von Kaiser Franz Joseph geschätzten Savoia Excelsior Palace für relativ kleines Geld ganz groß logieren. Eine rechtzeitige Buchung ist gleichwohl angeraten, besonders in der Hauptreisezeit und während der weltgrößten Segelregatta Barcolana Anfang Oktober.

Wer etwas auf sich hält, logiert im Duchi d'Aosta.

Multikulinarisch

Die kulinarischen Vorlieben der lange österreichisch-ungarischen Hafenstadt sind von den ehemaligen Kronländern der Donaumonarchie geprägt, sowohl maritim und mediterran als auch fett und fleischig. Man schmeckt, dass die Serenissima hier einmal das Sagen hatte, und spürt den Einfluss der Slowenen. Die Lokalküche ist vom Geschmack der griechischen Einwanderer gezeichnet und vom nahen Kroatien inspiriert, verarbeitet Fangfrisches aus der Adria, Fleisch und Gemüse vom Karst und gibt sich immer öfter auch vegetarisch oder vegan.

Kurzum: In Triest kann jeder nach seiner Façon satt und (wein-)selig werden, zumal die Winzer vom Karst und aus den *colli orientali* rund um Cividale del Friuli spritzige Weiße zu Fisch und schwere Rote zu Cevapcici, Rindsgulasch und Schweinshaxe beisteuern. Fische, Schalen- und Krustentiere werden gegrillt und gebraten, gekocht oder frittiert, veredeln *pasta* und *risotto*, reüssieren als *antipasto* oder *secondo* und sind als *crudi,* also roh, ein ganz besonderer Gaumenschmaus. Triestiner Klassiker sind *sardoni in savor* (in Zwiebeln und Essig marinierte Sardinen und Sardellen) oder *brodetto* (Fischsuppe), der hier wie in Venedig meist mit *polenta* serviert wird. Die Fleischgerichte nach österreichisch-ungarischer Art konsumiert man vorzugsweise in sogenannten Buffets.

In der Altstadt warten kleine, unprätentiöse Lokale.

Altes Zeug und junges Design

Um es gleich vorweg zu sagen: Triest ist nicht Mailand, Paris, London oder Düsseldorf! Obwohl hier namhafte Designerinnen und Designer ihre Karriere starteten, brilliert es nicht gerade als Mode-Metropole. Trotzdem gibt's auch hier sowohl schöne alte als auch originelle neue Läden und wie überall in Bella Italia leckere Kulinaria zum Mitnehmen oder gleich essen.

Selbstverständlich sind auch die Flagshipstores bekannter italienischer Modemacher und Filialen internationaler Ketten wie H&M am Platz. Während sich diese ›Allerweltsläden‹ am Corso Italia und in der Via Carducci und ihren schnurgeraden Nebenstraßen im Herzen des Borgo Teresiano aufreihen, verteilen sich die interessanteren ›Spielwiesen‹ junger Triestiner Designer(-innen) auf die ganze Stadt. An der Grenze von Cavana und Borgo Giuseppino sind sie besonders konzentriert.

Obendrein kann man dort in Antiquitäten aller Couleur und Preisklassen wühlen, wofür man in Triest ein besonderes Faible hat. Das Ghetto Ebraico ist geradezu ein Eldorado für ›alten Plunder‹ wie z. B. die entzückende Karikatur von windgeschüttelten *triestini* aus dem Jahr 1901, die nun zu Hause in meinem warmen Bochumer Badezimmer der kalten Bora trotzen.

Zentren des Nachtlebens

Vor Abendessen, Opern- oder Theaterbesuch pflegt man in Triest vielleicht noch leidenschaftlicher als anderswo im Belpaese die schöne italienische Feierabendsitte des Aperitifs. Man erhebt sein Glas mit Prosecco, Weißwein oder Spritz. Den schlürft man in Begleitung herzhafter Häppchen und guter Freunde in der Bar, in einem Café oder Weinlokal, etwa vor der grandiosen Kulisse der Adria und der illuminierten Piazza dell'Unità. So kann der Abend eigentlich nur stimmungsvoll weitergehen.

Anders als viele andere Orte in Italien hat die bisweilen arg windgeschüttelte Stadt einige schöne Bars und Kneipen zu bieten, in denen man auch bei kälteren Temperaturen nett sitzen und versacken kann. Getanzt wird hier vornehmlich im Sommer, wenn an den Stränden der näheren Umgebung in einigen Freiluftdiscos die Post abgeht, wohingegen saisonunabhängige Tanzlokale eher Mangelware sind. In einigen Kneipen, Kulturzentren und Kaffeehäusern wird sporadisch zu Konzerten aufgespielt.

Ansonsten bestreiten das prächtige Opern- und Konzerthaus Teatro Verdi, ein paar andere kleinere Theater sowie mehrere Filmfestivals das für Besucher ohne italienische Sprachkenntnisse nur mäßig interessante abendkulturelle Repertoire.

Treiben lassen, Überraschendes entdecken und viel Ambiente aufsaugen? Unbedingt!

In den Bars und Cafés der Innenstadt brummt der Laden fast rund um die Uhr.

Warum Valencia?

Das Meer vor der Tür

Obwohl sie die drittgrößte Stadt Spaniens ist, gehört Valencia dennoch zu den Unterschätzten. Dabei besitzt die Mittelmeermetropole mit dem futuristischen Kultur- und Freizeitpark Ciudad de las Artes y las Ciencias eine Attraktion, die wie der Blick in eine ferne Zukunft anmutet. Aber auch als Badeziel hat Valencia sich neu positioniert: Während man früher mit der Straßenbahn durch Orangenfelder zum Seebad schaukeln musste, gibt es heute einen herrlichen Stadtstrand mit einer kilometerlangen Uferpromenade und quirligem Strandleben.

Scheint im Wasser zu schwimmen – Hemisfèric in der Ciudad de las Artes y las Ciencias

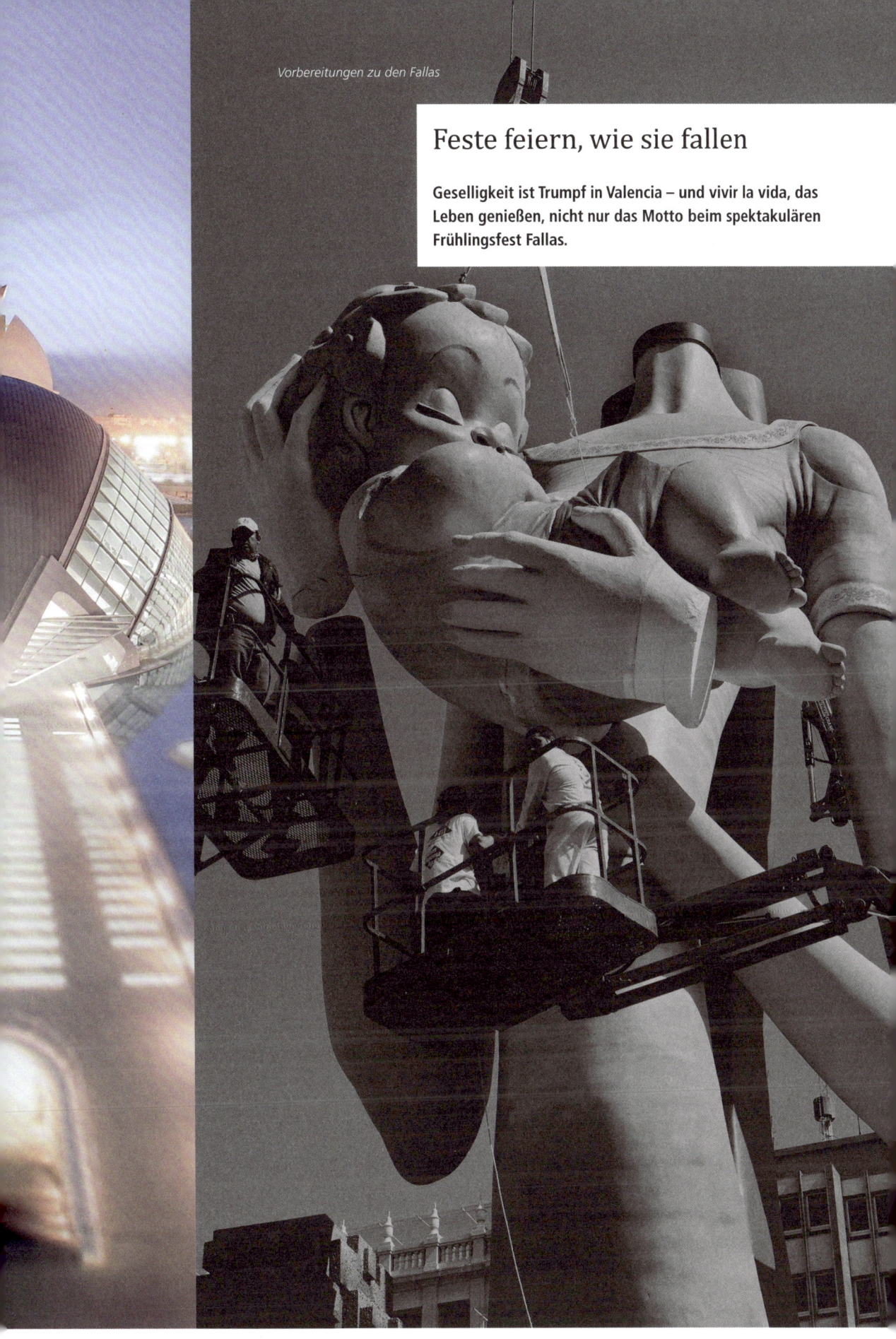

Vorbereitungen zu den Fallas

Feste feiern, wie sie fallen

Geselligkeit ist Trumpf in Valencia – und vivir la vida, das Leben genießen, nicht nur das Motto beim spektakulären Frühlingsfest Fallas.

Valencia auf einen Blick

Die meisten Sehenswürdigkeiten in Valencia sind gut zu Fuß erreichbar, ist doch das Stadtzentrum nicht besonders groß. Die öffentlichen Verkehrsmittel brauchen Sie eigentlich nur, um etwa vom Flughafen ins Zentrum oder von dort an den Strand hinauszufahren.

DER STADTKERN

Die Straßen und Plätze innerhalb der ersten Ringstraße, bestehend aus den Calles Colón und Guillén de Castro und dem Turia-Flusspark, bilden das Herz von Valencia, im Volksmund schlicht Centro genannt. Dabei bilden die Plaza del Ayuntamiento mit dem Rathaus und der Hauptpost, die Plaza de la Reina mit der Kathedrale und der Parterre-Stadtpark mit dem angrenzenden Warenhaus El Corte Inglés sozusagen ein zentrales Dreieck, in dem auch die meisten Buslinien der Stadt zusammenkommen. Absolutes Must-see im Stadtkern ist der Mercado Central.

CIUTAT VELLA

Zum Stadtkern gehört aber auch die historische Altstadt, die aus mehreren Vierteln besteht. Am bekanntesten ist zweifelsohne der Barrio del Carmen, weshalb oft die ganze Altstadt als El Carmen bezeichnet wird. Ausgangspunkt, um die verwinkelten Gassen zu entdecken, ist die nicht direkt in El Carmen gelegene Plaza de la Virgen gleich hinter der Kathedrale. Das El-Carmen-Viertel ist deshalb so populär, weil auf seinen Plätzen und in seinen Gassen gerade abends und nachts viel los ist. Es ist das Ausgehviertel Valencias schlechthin: Kneipen und Klubs, Restaurants und Boutiquen lassen einen hier gut und gerne vergessen, dass man am nächsten Tag eigentlich wieder aufstehen sollte.

ENSANCHE

Die wie ein Schachbrett angeordneten Straßen des Ensanche entstanden Ende des 19. Jh. im Zuge einer Stadterweiterung und gelten heute als beste und teuerste Adresse Valencias. Geprägt wird das Stadtbild von wunderbaren Jugendstilbauten, unbestrittenes Highlight ist der Mercado de Colón mit seinen schicken Cafés und seinen exzellenten Gourmetlokalen. Vor ein paar Jahren wurden mehrere

Die Plaza del Ayuntamiento mit dem beleuchteten Rathaus.

der Querstraßen zwischen der Calle Colón und der Gran Vía Marqués de Turia ganz neu gestaltet: Die Bürgersteige wurden verbreitert, Bäume gepflanzt und sogar Fahrradparkplätze geschaffen.

EXTRAMUROS

Zwischen der ersten und zweiten Ringstraße im Süden der Ciutat Vella erstreckt sich der Stadtbezirk Extramuros, was so viel wie außerhalb der Stadtmauern bedeutet. Dabei handelt es sich um ein eher bescheidenes und somit aber authentisches Wohnviertel. In diesem Teil Valencias, das an den Turia-Flusspark angrenzt, befindet sich der Botanische Garten der Stadt, weshalb die Gegend oftmals als Botánico bezeichnet wird.

BARRIO DE RUZAFA

Bis vor einigen Jahren war Ruzafa ein heruntergekommener Stadtteil, in dem Emigranten aus Marokko und China mit alteingesessenen Spaniern zusammenlebten. Im Zuge der Sanierung der angrenzenden Bahnhofsgleise hat sich dieses Multikulti-Viertel nun zum Trendspot Valencias entwickelt. Innovative Restaurants und trendige Bars haben sich hier niedergelassen und machen aus Ruzafa ›the place to be‹.

CABAÑAL

Jenes Valencia, das sich entlang der Mittelmeerküste ausbreitet, wird aufgrund der ursprünglichen Zersiedelung als Poblats Marítims (maritime Dörfer) bezeichnet. Ursprünglich ein Fischerdorf vor den Toren der Stadt, ist Cabañal auch heute ein in sich geschlossener Bezirk, in dem Tradition und Moderne aufeinandertreffen. Rund um die quirlige Markthalle finden sich noch die typischen, einstöckigen Wohnhäuser von einst. Der im Zuge des 32. America's Cup neu gestaltete Hafen mit modernen Bauten wie dem Veles e Vents bildet den modernen Kontrapunkt.

CAMPANAR

Wo vor wenigen Jahren noch Orangenbäume und leere Fabrikhallen standen, erheben sich heute moderne Stadtbezirke wie etwa Campanar am nordwestlichen Stadtrand. Hochhäuser säumen die Avenida de las Cortes Valencianas, an deren Ende sich der Palacio de Congresos befindet, entworfen vom britischen Stararchitekten Sir Norman Foster.

AVENIDA DE FRANCIA

Zwischen dem Turia-Flusspark und den breiten Zufahrtsstraßen zum Hafen ist während des Baubooms Anfang des 21. Jh. ein ganz neues Wohnviertel in die Höhe gezogen worden. Nicht zuletzt aufgrund der Nähe zur Ciudad de las Artes y las Ciencias, der Stadt der Künste und der Wissenschaften, sind zahlreiche Einkaufszentren entstanden. Auch haben hier eine ganze Reihe Hotels und Restaurants eröffnet.

Playa de la Malvarrosa

5 Touren durch Valencia

Mit den Fallas verabschieden die Menschen dieser Stadt den Winter mit ohrenbetäubenden Feuerwerken.

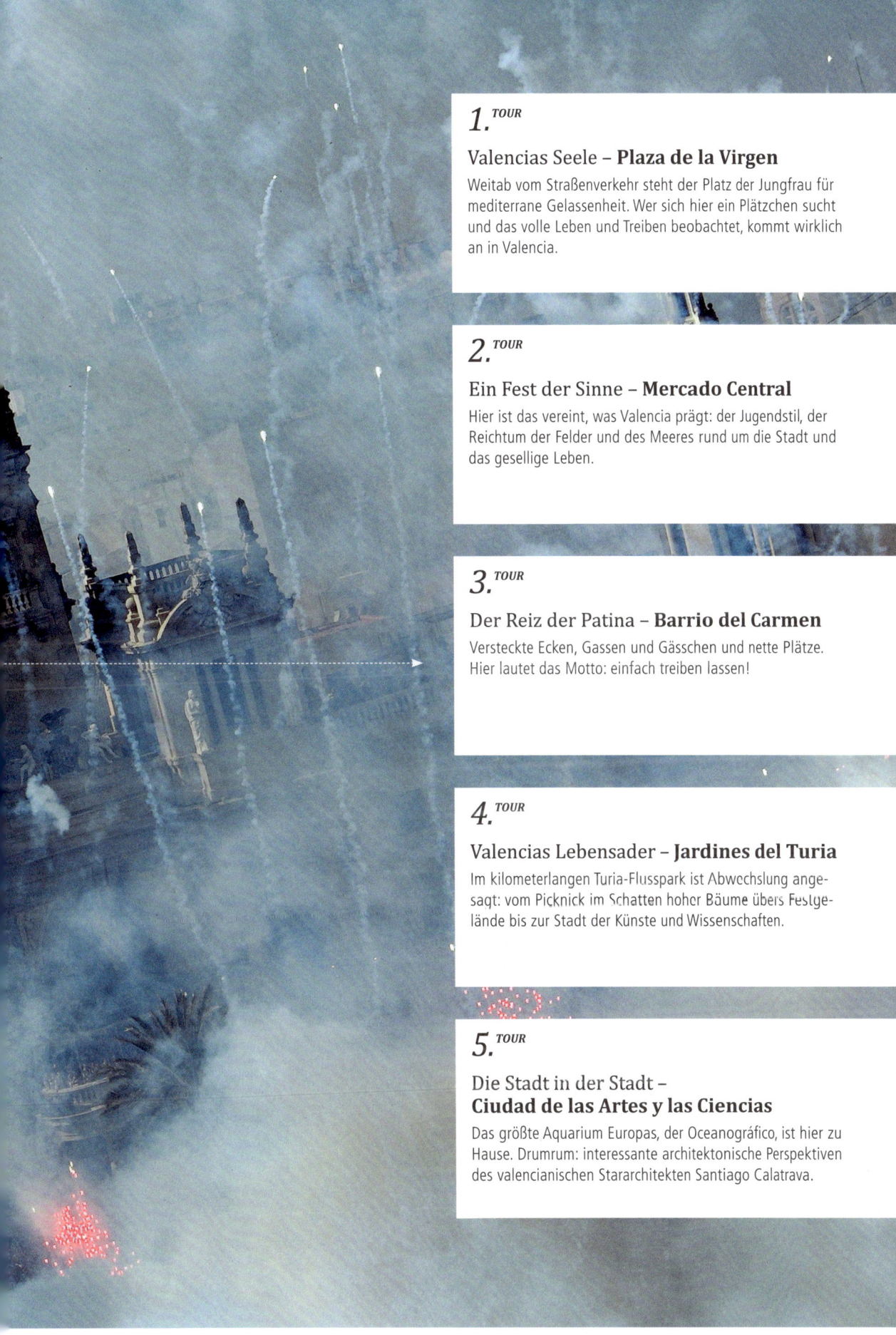

1. TOUR

Valencias Seele – **Plaza de la Virgen**

Weitab vom Straßenverkehr steht der Platz der Jungfrau für mediterrane Gelassenheit. Wer sich hier ein Plätzchen sucht und das volle Leben und Treiben beobachtet, kommt wirklich an in Valencia.

2. TOUR

Ein Fest der Sinne – **Mercado Central**

Hier ist das vereint, was Valencia prägt: der Jugendstil, der Reichtum der Felder und des Meeres rund um die Stadt und das gesellige Leben.

3. TOUR

Der Reiz der Patina – **Barrio del Carmen**

Versteckte Ecken, Gassen und Gässchen und nette Plätze. Hier lautet das Motto: einfach treiben lassen!

4. TOUR

Valencias Lebensader – **Jardines del Turia**

Im kilometerlangen Turia-Flusspark ist Abwechslung angesagt: vom Picknick im Schatten hoher Bäume übers Festgelände bis zur Stadt der Künste und Wissenschaften.

5. TOUR

Die Stadt in der Stadt – **Ciudad de las Artes y las Ciencias**

Das größte Aquarium Europas, der Oceanográfico, ist hier zu Hause. Drumrum: interessante architektonische Perspektiven des valencianischen Stararchitekten Santiago Calatrava.

1. TOUR

Plaza de la Virgen
Valencias Seele

Wenn die Sonne untergeht und die Straßenlaternen den Platz der Jungfrau in ein warmes Licht tauchen, werden auch Sie die besondere Stimmung, die Magie dieses Ortes spüren. Die Valencianos lieben diesen Platz besonders, weil er Geschichte, Leidenschaft und mediterranes Lebensgefühl vereint.

Handelt es sich bei der Plaza de la Reina um das Herz der Stadt, so kann die benachbarte Plaza de la Virgen durchaus als Seele Valencias gelten. Weitab vom Straßenverkehr ist sie voller Leben: Beamte eilen zwischen den Gebäuden der Landesregierung hin und her, Kinder rennen vor Freude quietschend hinter den Tauben her und Gläubige treten gesenkten Blickes in die Basilika ein. Abends üben Jugendliche auf dem glatten Marmorboden ihre Skateboard-Kunststückchen und Freunde ziehen von hier aus in den Ausgehbezirk des Barrio del Carmen. Und besonders an den Wochenenden tummeln sich hier Hochzeitsfotografen und Brautpaare: Die Szenerie mit Basilika und Turia-Brunnen sowie die magische Stimmung auf dem Platz sind ideal, um die Frischvermählten für das offizielle Hochzeitsalbum in Szene zu setzen. Nehmen Sie am besten in einem der Straßencafés Platz, genehmigen Sie sich einen Schluck und lassen die Atmosphäre auf sich wirken. Spätestens dann sind Sie wirklich in Valencia angekommen.

Marmor und Magie: der Platz der Schutzheiligen von Valencia

Verehrte Schutzpatronin

Sogar für nicht gläubige Valencianos ist sie von Bedeutung, ist die Virgen de los Desamparados doch Teil der Identität ihrer Stadt und somit von einem jeden selbst. So ist auch die Statue der Heiligen Jungfrau der Schutzlosen der wirkliche Grund für das ständige Kommen und Gehen von Gläubigen und Neugierigen und nicht das Bauwerk mit schlichter Fassade, das sie birgt: die Basílica de la Virgen de los Desamparados. Der Ursprung der Marienfigur reicht bis ins Jahr 1416 zurück, als die Virgen de los Desamparados zur Schutzpatronin des Hospitals von Valencia ernannt wurde. Sie sollte den Schutzlosen, den *desamparados,* zur Seite stehen. 1667 bekam sie mit der 1652–67 erbauten Basilika ein neues Zuhause. Wenn Sie das Gedränge in der Basilika vermeiden möchten, so gehen Sie einfach rechts am Eingang vorbei zum großen Seitentor, von wo aus Sie einen raschen Blick ins Innere der Kirche werfen können.

Doch auch die Basilika selbst lohnt einen Besuch, birgt sie doch in ihrer blauen Kuppel, die etwas versetzt aus dem Bau emporragt, wirklich beeindruckende Fresken, die 1701 vom berühmten Barockmaler Antonio Palomino gestaltet wurden.

Basílica de la Virgen de los Desamparados

Das Wasser von Valencia

Die maurische Kultur hat in Valencia auf unterschiedliche Weisen ihre Spuren hinterlassen. Ein bedeutendes Kulturerbe ist das Wissen um die Wasserwirtschaft. Erst die arabischen Flusswehre, Schöpfräder und Kanäle haben aus dem Umland des damaligen Balensina (arab. Balansiya) eine grüne Oase gemacht. Dass dieser Teil der Geschichte das heutige Leben noch immer prägt, ist auf der Plaza de la Virgen gleich zweimal nachvollziehbar. Der Turia-Brunnen am einen Ende des Platzes ist eine Allegorie auf die Errungenschaften aus jener Epoche: Die halb liegende Männerfigur in der Mitte der Fontäne stellt den Turia-Fluss dar, die Mädchenfiguren, aus deren Krügen das Wasser in den Brunnen plätschert, symbolisieren die acht großen *acequias* von Valencia. Jene acht Bewässerungskanäle, die das Wasser vom Río Turia bis weit in die Kulturlandschaften vor der Stadt hinausführten und es heute zum Teil immer noch tun. Die Statuen des Brunnens tragen alle die traditionelle, valencianische Haarpracht mit der typischen Haarschnecke und der *peineta,* einem aufgesteckten Zierkamm. Die Namen der *acequias* sind in die Sockel der Figuren eingemeißelt. Sollten Sie Fußballfan sein, so kommt Ihnen der Name Mestalla vielleicht bekannt vor, heisst doch so auch das Stadion des FC Valencia.

Das zweite, auch heute noch lebendige Erbe der Mauren ist das Wassergericht von Valencia, das seit mehr als 1000 Jahren über die gerechte Verteilung des kostbaren Nasses wacht. Jeden Donnerstag um 12 Uhr kommen die acht Richter – für jede *acequia* ein Vertreter – vor dem Aposteltor der Kathedrale zusammen und nehmen ihre Plätze auf den historischen Lederstühlen ein. Der Gerichtsdiener ruft den Namen des jeweiligen Bewässerungskanals auf und wenn ein Landbesitzer oder Bauer das Gefühl hat, er sei bei der Wasserzuteilung ungerecht behandelt worden, kann er hier seine Klage vorbringen. Die Verhandlungen werden ausschließlich in der valencianischen Landessprache geführt, die Entscheide umgehend gefällt.

NAMEN

Wussten Sie, dass der spanische Mädchenname Amparo auf die Virgen de los Desamparados zurückgeht? Amparo ist die Kurzform von Desamparados. Kein Wunder, dass dieser Name gerade in Valencia so beliebt ist. Und bei den Jungen gilt das für den Vornamen Vicente, in Anlehnung an die beiden Stadtheiligen San Vicente Mártir und San Vicente Ferrer. Mal schauen, wie viele Amparos und Vicentes Sie während Ihres Aufenthalts in Valencia kennenlernen …

Mercado Central
Fest der Sinne

Den Zentralmarkt von Valencia mit Worten beschreiben zu wollen, ist kaum möglich, spricht dieser doch alle Sinne gleichzeitig an. Der Mercado Central ist einerseits ein wunderbarer, leichter Jugendstilbau, andererseits ein lebendiger, quirliger Markt, ein Drunter und Drüber an Farben und Gerüchen, Menschen und Stimmen.

PENSAT Y FET

Gesagt, getan

(Valencianisches Lebensmotto)

Hätte man als Reisender gerade einmal zwei Stunden Zeit, um Valencia kennenzulernen, so wäre für mich der Zentralmarkt der Stadt das absolute Must-see! Denn der Mercado Central vereinigt in sich drei Eigenheiten, die Valencia charakterisieren: Erstens handelt es sich um ein besonders gelungenes Beispiel für die Jugendstilarchitektur, die das Stadtbild prägt, zweitens wird einem im wahrsten Sinne des Wortes die Vielfältigkeit der Huerta Valenciana vor Augen geführt, der weiten, fruchtbaren Felder vor den Toren der Stadt, die Valencia einst zu großem Reichtum verhalfen. Und ich denke da nicht nur an die Orangen … Der Mercado Central spiegelt darüber hinaus das Leben in dieser Stadt wider, ist er doch eine Art Markplatz, auf dem man sich trifft. Die Valencianos sind schließlich ein geselliges Völkchen, das für einen Schwatz immer Zeit hat.

Modernismo der 1920er-Jahre

Der Beginn des 20. Jh. setzte für die Stadt Valencia einen städtebaulichen Meilenstein: Zahlreiche Projekte wie die Neugestaltung des Rathausplatzes oder der neue Stadtteil Ensanche wurden damals in Angriff genommen. Der Jugendstil, im Spanischen Modernismo genannt, prägte die Architektur ab 1900 stark, und zwar nicht nur in Barcelona, wo Antoni Gaudí wirkte, sondern gerade auch in Valencia. Eines der herausragenden Juwele aus dieser Zeit ist zweifelsohne der Mercado Central. 1928 eingeweiht, wurde er auf dem Grundstück des alten Marktplatzes errichtet, was den verwinkelten Grundriss des Gebäudes erklärt.

Heute breiten sich die Marktstände auf einer Gesamtfläche von etwas über 8000 m² aus. Was man als Besucher nicht zu sehen bekommt, ist das etwa noch einmal so große Kellergewölbe. In den Katakomben des Mercado Central werden täglich Tonnen an Früchten und Gemüse, Fleisch und Fisch umgelagert, bevor sie an die Stände gelangen.

Trotz des ganzen Trubels sollten Sie einmal innehalten und den Blick nach oben schweifen lassen: Die Dachkonstruktion aus Stahl, Keramik und Kristall, die von einer 30 m hohen Kuppel dominiert wird, ist beeindruckend. Genau wie die hohen Fenster mit ihren farbigen Glasornamenten, Zeichnungen und Stadtwappen, die besonders im Gegenlicht gut zur Geltung kommen.

Scheint dank des Lichteinfalls wie ein UFO zu schweben – die Kuppel des Mercado Central

Vielfalt der Huerta Valenciana …

Als *huerta* werden die Felder rund um die Stadt Valencia bezeichnet, die eine Fülle an Gemüse und Obst hervorbringen, allen voran Zitrusfrüchte wie Apfelsinen, Mandarinen oder Zitronen. Diese Frischwaren werden an den Marktständen wunderschön präsentiert, sind aber nur schlecht in einen Koffer zu packen. Problemlos transportieren lassen

Die Vielfalt der Huerta Valenciana, versammelt in einer Ikone des Jugendstils, dem Mercado Central

sich hingegen die getrockneten Fleisch- und Wurstwaren: Aus der Nachbarregion Teruel stammt etwa der beste *jamón serrano* und aus der Kleinstadt Requena im Hinterland von Valencia kommen die besten *chorizos* und *salchichones*.

In der Seitenhalle des Marktes werden Fisch und Meeresfrüchte angeboten. Was hier ausliegt, schwamm bis vor wenigen Tagen, ja sogar Stunden, noch im Meer. Montags aber sind die Verkaufsstände beinahe leer, denn auch die Fischer haben am Sonntag ihren freien Tag.

Exotisches jeglicher Art

In den Mittelmeerländern ist das Verhältnis zu frischen Fleisch- und Fischprodukten, sagen wir mal, weniger aseptisch als in Mittel- und Nordeuropa. Entsprechend werden im Mercado Central etwa auch Hühnerfüße (geben dem Fleischeintopf erst seinen Geschmack), Schweinsohren (frittiert und gesalzen äußerst beliebt) oder lebender Aal (ist als Eintopf ein typisch valencianisches Gericht) angeboten. Kurios auch die in kleine Netze verpackten Schnecken, die als wichtige Zutat für die Paella gedacht sind.

Ansprechender sind zweifellos jene Marktstände, an denen unterschiedlichste Trockenfrüchte nach Gewicht verkauft werden; eine wahre Freude für die Nase sind die Gewürzhändler, die u. a. echten Safran verkaufen. Safran, von dem es ja heißt, dass das Gramm teurer sei als Gold, gibt der Paella ihre gelbe Farbe. Für die Alltagsküche werden an diesen Gewürzständen spezielle Paella-Mischungen verkauft, die sich durchaus als Mitbringsel eignen – ein bisschen Valencia für daheim.

Barrio del Carmen
Der Reiz der Patina

Mal rechts, mal links, mal geradeaus, ob auf Sightseeingtour oder auf der Suche nach (nächtlicher) Unterhaltung: Enge und verwinkelte Gassen und Plätze gehören zum Reiz des ältesten Viertels der Stadt. Und dieses enge Beieinander ist es auch, das El Carmen bei Einheimischen so beliebt macht.

Valencias erste Stadtmauer umschloss einst diesen historischen *barrio*, in dem die alte Struktur der Gassen und Gässchen bewahrt blieb. Hier können Sie versteckte Ecken und nette Plätze auf eigene Faust entdecken. Lassen Sie sich einfach treiben und vom Charme El Carmens, ob tagsüber oder nachts, gefangen nehmen. Dennoch möchte ich Ihren Blick auch auf einige besondere Orte und Bauten lenken.

Wächter der Vergangenheit

Mächtig sind die Torres de Serranos, die Stadttore, die El Carmen zum Turia-Fluss hin abschließen. 1397 eingeweiht, diente das wuchtige Mauerwerk vor allem militärischen Zwecken, galt es doch, die Stadt gegen mögliche Eindringlinge zu verteidigen. Der imposante gotische Bau, der Richtung Nordosten zeigt, sollte aber auch von der Mittelmeerküste herkommenden Reisenden Einlass in die Stadt gewähren. Von 1586 bis 1887 war in den Torres de Serranos ein Gefängnis untergebracht, allerdings nur für die noblen Herren der Stadt. Heute muss man nicht blauen Blutes sein, um diesem Stadttor einen Besuch abzustatten. Die steilen Treppen in Angriff zu nehmen lohnt sich jedenfalls, hat man doch von der obersten Ebene eine tolle Aussicht.

800 m Luftlinie entfernt steht am Südwestrand des Barrio del Carmen das zweite erhaltene Stadttor. Die Torres de Quart sind ein steinernes Plagiat, wurden sie doch Mitte des 15. Jh. den Tortürmen des Castel Nuovo in Neapel nachempfunden.

Die Plaza del Tossal ist immer ein guter Ort, um den Tag ausklingen zu lassen ...

KULTUR IM HERZEN

Obwohl die kleine Plaza del Carmen als Namensgeberin dieses Stadtbezirks eigentlich das Zentrum der Altstadt sein müsste, ist es hier relativ ruhig. Ebenso entspannt, aber überaus interessant ist es nur ein paar Schritte weiter. Denn dort befindet sich in einem ehemaligen Kloster, dessen Ursprünge auf das Jahr 1281 zurückgehen, der gleichnamige Centro del Carmen, in den Sie unbedingt hineinschauen sollten. Sei es, um die alten Gemäuer und den schönen Kreuzgang zu besichtigen, ein paar Bilder des wohl bekanntesten valencianischen Malers Joaquín Sorolla anzuschauen oder um festzustellen, was sonst im Moment so angesagt ist – etwa trendiges Open-Air-Kino im Klosterhof während der lauen Sommernächte.

Versteckte Plätze und noch ein Tor

Kleine Plätze gibt es im Barrio del Carmen einige, wie etwa die Plaza de Ángel. Die Häuser scheinen teilweise vom Einsturz bedroht, die Fensterläden sind teils verrammelt, und so strahlt sie morbiden Charme aus. Beschaulich sind auch die Plaza de la Santa Cruz und die kleine Plaza del Árbol, die nach dem einsamen Baum in ihrer Mitte benannt ist. Gehen Sie nicht achtlos hindurch, falls Sie den Torbogen passieren: Der Portal de Valldigna wurde im Jahr 1400 in die arabische Verteidigungsmauer eingelassen und fällt heute inmitten der engen Gassen kaum auf.

Jardines del Turia
Valencias Lebensader

Was den valencianischen Stadtgärten an sattem Grün fehlt – schließlich ist Wasser knapp – macht das quirlige Leben in ihnen wieder wett. Bestes Beispiel: der mehrere Kilometer lange Turia-Flusspark.

Heute kaum zu glauben, aber bis spät ins Mittelalter war der Turia für kleine Boote schiffbar. Doch das Wasser versiegte, je mehr die Stadt wuchs, sodass sich schließlich nur noch ein kleines Rinnsal durch das breite Flussbett schlängelte. Bis 1957, als heftige Gewitterregen im Hinterland den Bach zu einem reißenden Fluss anschwellen ließen, der halb Valencia unter Wasser setzte. Nach dieser großen Flut wurde beschlossen, den Turia südlich um die Stadt herumzuführen. So wird, wer heute vom Flughafen nach Valencia hineinfährt, ein neues, großes Flussbett überqueren, das noch nie Wasser geführt hat.

Grün statt Grau

In den 1980er-Jahren machte man sich daran, das alte Flussbett zu einem riesigen Park, den Jardines del Turia, umzugestalten. Dabei ging es nicht nur darum, Bäume zu pflanzen und Grünflächen anzulegen, vielmehr sollte der Bevölkerung eine abwechslungsreiche Parkanlage zugänglich gemacht werden. Auf der Strecke zwischen dem Cabecera-Park am westlichen Stadtrand und der Ciudad de las Artes y las Ciencias am östlichen Ende ist der Turia-Flusspark in verschiedene Abschnitte unterteilt, die sich in ihrer Nutzung oder durch ihre Pflanzenwelt voneinander unterscheiden.

Den Beginn der Parkanlage bilden der Parque de Cabecera und die angrenzenden Tiergehege des Bioparc Valencia. Der anschließende Abschnitt zwischen dem Puente de Nou d'Octubre und dem Puente de Campanar zeichnet sich durch hohen Baumbestand aus, der in den Sommermonaten für kühlen Schatten sorgen soll. An den Wochenenden ist er ein beliebter Picknicktreff. Für Läufer ist der nächste Abschnitt gedacht, befindet sich hier doch ein Leichtathletikstadion, das allen offensteht, die hier trainieren wollen.

Im Herzen der Stadt

Von der Höhe des Nuevo Centro, eines Shoppingcenters, bzw. ab dem Puente de las Glorias Valencianas bis zum mächtigen Stadttor Torres de Serranos bietet der Turia-Flusspark eine Mischung aus schattigen Bäumen, Spazierwegen und mehreren Sportanlagen. Selbstverständlich kommen auch die Freizeitkicker der Stadt zu ihrem Recht. Vom Stadttor zieht sich der Stadtpark weiter bis zum Puente del Real, wobei sich gerade dieser Teil für einen gemütlichen Spaziergang eignet. Besonders einladend ist auch der Bereich vor dem Palau de la Música mit seinem großen Wasserbecken und den dazugehörenden Wasserspielen. Hier findet jeweils im August Open-Air-Kino statt.

Am südöstlichsten Ende des Turia-Parks liegt die Ciudad de las Artes y las Ciencias, die Stadt der Künste und Wissenschaften, deren gesamte Anlage im ehemaligen Flussbett aus dem Boden gestampft wurde.

Hier können Valencianos und Besucher durchatmen – oder ganz schön außer Atem geraten. Der Flusspark ist die grüne Lunge der Stadt.

Ciudad de las Artes y las Ciencias
Die Stadt in der Stadt

Gefallen Ihnen spannende architektonische Perspektiven oder hätten Sie gern Einblick in die Unterwasserwelt der Weltmeere? Dann sollten Sie die Stadt der Künste und der Wissenschaften besuchen. Die von Stararchitekt Santiago Calatrava entworfene Stadt in der Stadt ist zum neuen Wahrzeichen Valencias geworden.

In den 1990er-Jahren wollte Valencia aus dem Schatten der beiden Metropolen Madrid und Barcelona treten. Man entschied sich daher für ein Großprojekt, das Valencia ein modernes und internationales Profil geben und Touristen anlocken sollte. So entstand in mehreren Bauphasen am südöstlichen Ende des Turia-Flussparks die Ciudad de las Artes y las Ciencias, kurz CAC genannt. 1998 wurde das erste von insgesamt sieben Bauwerken eingeweiht, 2009 das letzte.

Calatravas Spielwiese

Der in Zürich lebende Stararchitekt Santiago Calatrava gehört zu den ganz Großen seiner Zunft. Was viele jedoch nicht wissen, ist, dass Calatrava aus Valencia stammt: Er ist hier nicht nur geboren und aufgewachsen, sondern hier hat er auch sein Architekturstudium absolviert. Es lag für die damalige Regierung daher auf der Hand, den

Heimspiel für Fotografen: Calatravas CAC eröffnet immer wieder neue Perspektiven.

heimischen Stararchitekten mit diesem Großprojekt zu beauftragen. Entstanden ist eine einmalige Werkschau, die Calatravas Architekturstil mit den fast organischen Formen dokumentiert. So erinnert etwa der lang gezogene Museumsbau Príncipe Felipe irgendwie an das Skelett eines Urtiers. Die verwendete *trencadis*-Technik ist dabei eine Hommage Calatravas an die traditionelle Architektur seiner Heimatstadt: Das für Valencia typische Keramikscherben-Mosaik lässt die Fassaden der Gebäude und die weiten Wasserbecken in der mediterranen Sonne geradezu leuchten.

Architektur-Spaziergang

Für Architektur-Fans empfehle ich einen Spaziergang, der beim zweifelsohne eindrucksvollsten Bauwerk des Komplexes beginnt. Das riesige Opernhaus erinnert auf gewisse Weise an ein Schiff, an eine Arche Noah der Musik. Der Palau de les Arts Reina Sofía schwimmt sozusagen in den Wasserbecken am Fuß des Baus, während auf den Außenterrassen Palmen wachsen. Nachts, wenn die Scheinwerfer das alles überspannende, 70 m hohe Dachelement von unten her beleuchten, scheint das Opernhaus sogar abheben zu können.

Palau de les Arts Reina Sofía

Ein ganz anderes Spektakel wird im nächsten Gebäude, dem ebenfalls von Wasser umgebenen Hemisfèric, geboten. Hier ist das IMAX-Kino von Valencia untergebracht, kein Wunder also, dass besonders nachts dieser halbrunde Bau mit seiner Kugel in der Mitte an ein riesiges Auge erinnert.

Mit einer Ausstellungsfläche von etwas über 26 000 m² birgt der lang gezogene Museo de las Ciencias Príncipe Felipe ein Wissenschaftsmuseum, das sich an neugierige Kinder wendet. Ganz nach dem Motto »Es ist verboten, nichts anzufassen, nicht zu fühlen, nicht zu denken« werden Themenbereiche wie Physik oder Chemie nicht nur informativ, sondern auch spielerisch aufgearbeitet.

Über dem Parkhaus der CAC bilden 55 Stahlbögen L'Umbracle, eine weitläufige, schattige Galerie bzw. Parkanlage. Sollten Sie also eine Pause einlegen oder ein Picknick einplanen wollen, so wäre dies der genau richtige Ort dafür. Farbiger Schlusspunkt dieser Calatrava-Bauten-Sammlung bildet die ganz in blau gehaltene Ágora, eine Mehrzweckhalle, deren gläserner Dachfirst sich nach Belieben öffnen und schließen lässt. Das griechische Wort *agora* bezeichnete im alten Hellas eine Versammlungsstätte des Volkes.

Begehbare Unterwasserwelt

Die sicherlich beliebteste Attraktion auf dem Gelände der Stadt der Künste und der Wissenschaften ist das größte Aquarium Europas, der Oceanográfico. In der weitläufigen Anlage sind verschiedene Lebensräume nachgebaut – Rotes Meer, Arktis, Mittelmeer und tropische Gewässer –, in denen sich rund 45 000 Meeresbewohner tummeln. Die Besucher können diese Weltmeere nicht nur besuchen, sondern sozusagen in sie eintauchen. Dank des gläsernen Tunnels erhält man ganz besondere Perspektiven: Während man, gefühlt, auf dem Meeresboden wandelt, schwimmen die Haie über einen hinweg. Ein Delfinarium ergänzt das Angebot des Aquariums.

TEUER

Spricht man mit den Valencianos über die CAC, so sind die Meinungen – sagen wir – nuanciert. Sehr viel Geld wurde bei diesem Großprojekt in den Sand gesetzt, nicht selten hat man das Gefühl, es gelte mehr der Schein als das Sein. Das Opernhaus etwa wird nur an rund 80 Tagen im Jahr bespielt, 2014 bröckelte zudem die *trencadis*-Verkleidung von der Fassade ab und musste für über 1 Mio. € geflickt werden. Seit seiner Fertigstellung wurde das 55 Mio. € teure Ágora-Gebäude vielleicht zwei oder drei Wochen im Jahr für Veranstaltungen genutzt, ansonsten stand es leer. Zu Hilfe gekommen ist die Caixa-Sparkasse, die ab 2020 dort ein Kunst- und Kulturzentrum einrichten wird, das Caixa-Forum. Dieses gehört bereits in Madrid und Barcelona zu den renommierten Kulturinstitutionen.

Bed ohne Breakfast?

In den letzten Jahren hat nicht nur das Angebot an Hotels in Valencia stark zugenommen, auch das Bewusstsein für außergewöhnliche Unterkünfte ist gestiegen. Viele Altstadtgebäude wurden sanft renoviert und so findet man heute vom Backpacker-Hostel bis zum trendigen Fünf-Sterne-Boutiquehotel eine breite Auswahl – für jeden Geschmack.

Valencias Stadtzentrum, in dem sich die meisten Hotels befinden, ist verhältnismäßig klein. Wem anstatt Citytrip eher nach Strandfeeling ist, der findet am Stadtstrand einige Hotels, von der Pension bis zum Fünfsternehaus. Stichworte bei der Hotelsuche sind die Begriffe »Malvarrosa« oder »Avenida de Neptuno«. Wie Pilze aus dem Boden geschossen sind die Touristenapartments vor allem in der historischen Altstadt. Zwar weit entfernt von der Situation in Barcelona, verknappen diese Unterkünfte doch den Wohnraum für Einheimische, was immer wieder zu Protestaktionen der Nachbarn führt.

Zimmer mit Frühstück? Eher Fehlanzeige. Zimmer ohne Frühstück? Eine Überlegung wert. Für Spanier besteht ein Frühstück aus kaum mehr als einem Kaffee. Zwar versuchen manche Hotels, den Gewohnheiten ihrer ausländischen Gäste entgegenzukommen, aber meist mit bescheidenem Erfolg. Da bietet es sich an, eine nah gelegene Bar oder eine Bäckerei aufzusuchen.

Lebensfreude geht durch den Magen

Essen ist für die Valencianos weit mehr als lediglich Nahrungsaufnahme. Der Almuerzo – der kleine Zwischenhappen am Vormittag – in der nahe gelegenen Bar ist fester Bestandteil des Arbeitsalltags. Und ein Familientreffen ohne einen üppig gedeckten Tisch ist ganz einfach unvorstellbar.

Spanien tickt anders. Das beginnt schon damit, dass man erst ab 14 Uhr zu Mittag isst und entsprechend spät zu Abend, frühestens ab 20.30 Uhr. Gerade an Wochenenden ist es in Valencia nicht unüblich, einen Tisch erst für 22 Uhr zu bestellen. Diese späten Essenszeiten sind gerade bei Kurzurlauben etwas gewöhnungsbedürftig, aber lassen Sie sich darauf ein. Dann ist die Chance groß, nicht in eine Touristenfalle zu tappen.

Und wenn Sie mittags wie die Einheimischen essen möchten, sollten Sie eines der Mittagsmenüs bestellen, die wochentags alle Restaurants servieren. Ein solches *menù del día* besteht aus drei Gängen und mindestens ein Getränk ist auch dabei: Wein, Wasser oder Erfrischungsgetränk, manchmal auch Kaffee zum Abschluss.

In Valencia ist es wie in ganz Spanien üblich, etwas Trinkgeld zu geben. Die Betonung liegt auf ›etwas‹: Einheimische lassen in der Regel das Kleingeld liegen, dass sie als Rückgeld erhalten.

Vereint Tradition und Moderne – das Caro Hotel

Hat auch in Spanien Einzug gehalten – Brotvielfalt

Genießen statt ›Shop till you drop‹!

Einkaufen als pures Vernügen – dafür eignet sich Valencia hervorragend! Nicht zuletzt weil das Zentrum übersichtlich ist und die wichtigsten Einkaufsstraßen nah beieinanderliegen. Sie können also bequem zu Fuß die Läden abklappern. Und sollte zwischendurch trotzdem Hektik aufkommen, laden die vielen Cafés und Tapasbars zum Pausieren ein. Im Hochsommer sollte man die Shoppingtour lieber gleich in die Abendstunden verlegen.

Die Calle de Colón ist die wohl populärste Einkaufsstraße Valencias, an der sich die El-Corte-Inglés-Kaufhäuser sowie verschiedene Modeketten (Zara, Mango, Springfield) reihen. Schuhfreaks sind in der Calle Don Juan de Austria und in der Calle Ruzafa in der Fußgängerzone zwischen Rathausplatz und Stierkampfarena sicherlich richtig. Um einen Tick nobler sind die Boutiquen rund um den Mercado de Colón und entlang der Calle Cirilo Amorós, Luxus der Oberklasse bieten die Boutiquen an der Calle Poeta Querol.

Die traditionellen Geschäfte in Spanien öffnen selten vor 10 Uhr und schließen meist mittags für 2–3 Std. Im Juli/August kann es vorkommen, dass einzelne Läden nachmittags gar nicht öffnen. Durchgehend bis abends um 22 Uhr geöffnet haben die El-Corte-Inglés-Warenhäuser.

Nie zu alt für die Fiesta

Die Valencianos sind gern bis spätnachts unterwegs: Sei es, dass man nach dem Abendessen mit Bekannten noch in einer Eisdiele sitzt oder weit nach Mitternacht mit Freunden in einer der vielen Bars ein paar Bierchen trinkt.

In den 1980er-Jahren galt Valencia sogar als die Ausgehhauptstadt Spaniens schlechthin: Aus dem ganzen Land reiste das Partyvolk an, um von Donnerstag bis Montag durchzufeiern. Heutzutage geht es geordneter zu, denn bestimmte Lokale müssen bereits um 1 oder 2 Uhr schließen. Viele Nachtschwärmer finden: zu früh! Denn um Mitternacht sind die meisten Valencianos – gerade an den Wochenenden – noch beim Abendessen.

Eine der Besonderheiten dieser Stadt ist, dass es Angebote für jedes Alter gibt. Ausgehen ist in Valencia nicht ein Privileg der Jugend, vielmehr kommt hier jeder, der Lust und Energie hat, auf seine Kosten. Es gibt Diskotheken, die vor allem Teenies anziehen und dafür extra alkoholfreie Abende organisieren. Daneben existieren aber nicht wenige Clubs, deren Gäste durchaus zu den älteren Semestern gezählt werden dürfen. Und doch es ist eine angenehme Besonderheit, dass sich in den Bars, Pubs und auf den Sommerterrassen von Valencia die Generationen etwas mehr vermischen als anderswo.

Entspannt shoppen – so sollte die Devise lauten.

Beliebtes Ausgehviertel – der Barrio del Carmen

Impressum

2. Auflage 2020
© 2019 DuMont Reiseverlag GmbH & Co. KG, Ostfildern
Alle Rechte vorbehalten.

Autoren und Verlag haben alle Informationen mit größtmöglicher Sorgfalt geprüft. Gleichwohl sind Fehler nicht vollständig auszuschließen. Alle Angaben erfolgen ohne Gewähr.

Mit Texten von Matthias Pasler (Belgrad), Manfred Görgens (Bordeaux), Britta Rath (Bremen), Dieter Schulze (Danzig), Ulrich Seidel (Erfurt), Matthias Eickhoff (Glasgow), Daniela Eiletz-Kaube (Graz), Ulrich Quack und Judith Rixen (Helsinki), Annika Wind (Mannheim), Klaus Simon (Marseille), Gabriella Vitiello und Frank Helbert (Neapel), Julia Reichert (San Sebastián), Georgi Palahutev und Frank Stier (Sofia), Annette Krus-Bonazza (Triest), Daniel Izquierdo Hänni (Valencia)

Gestaltung und Satz: Birgit Eggers, Potsdam
Lektorat: Dr. Barbara Münch-Kienast, Andechs
Stadtpläne: DuMont Reisekartografie, Fürstenfeldbruck,
© DuMont Reiseverlag, Ostfildern

Printed in Italy
ISBN 978-3-7701-8865-9
www.dumontreise.de

Abbildungsnachweis

Alle Zeichnungen: S. 83 (DuMont Reisekartografie, Fürstenfeldbruck); 9, 25, 29, 43, 46, 59, 64, 67 u., 75, 91, 107, 115 o., 123, 127, 132, 139, 143, 155, 159, 164, 171, 187, 195, 203, 211, 219, 224, 235, 239, 245 (Gerald Konopik, Fürstenfeldbruck)
Annette Schrimpf, Mannheim: S. 146 o., 146 u., 148, 149, 151 li.
Britta Rath, Wilstedt: UK vorn/3, 51 o., 51 u., 52, 53, 54 li.
Caro Hotel, Valencia: S. 246 li.
Chic Ethic, Graz: S. 119 li. (Andreas Reiter)
Dieter Schulze, Bremen: S. 65
Fontanella Eismanufaktur, Mannheim: S. 150 re.
Fotolia, New York (USA): S. 35 (claudiameyer); 182 re. (lpictures); UK vorn/4, 58/59 (Kalim); 240 (Max Topchii); 200/201 (sark181095)
Frank Helbert/ Gabriella Vitiello, Wiesbaden: S. 172/173
Franz Marc Frei, München: S. 122
Fulbert Hauk, Mannheim: S. 138/139
Georgi Palahutev, Sofia: S. 209, 210
Getty Images, München: S. 241 (Alex Segre); 24 (alxpin); 38 li. (Andia/UIG); 233 (Atlantide Phototravel); 135 li. (Bloomberg); 67 o. (Creative RM); 136/137 (EyeEm/Sina Ettmer); 181 (Fox Fotos/Keven Osborne); 247 li. (Greg Elms); 182 li. (LPI/Jean-Bernard Carillet); 216/217 (Maremagnum); 87 re. (Marius Diemert); 183 re. (Salvatore Laporta); 180 (Tuul and Bruno Morandi)
Glow Images, München: S. 218/219 (Deposit Photos/Giuseppe Anello); 179 (Henryk Sadura)
Heinz Troll, Thessaloniki: S. 156/157, UK hinten/2
Hotel Daniel, Graz: S. 118 li.
Huber-Images, Garmisch-Partenkirchen: S. 223 (Franco Cogoli); UK vorn/2, 22/23, 28 (Luigi Vaccarella); 89, 103 re., 183 li. (Matteo Carassale); 41, 44/45 (Rellini); 230 re., 231 re. (Stefano Amantini); 217, 227 (Suzy Mezzanotte)
iStock.com, Calgary (CA): S. 87 li. (aprott); 174 (ArtMarie); 105 (Babble); 120/121 (bluejayphoto); 56/57 (Karol Kozlowski); 145 (klug-photo/Markovskij); 103 li. (lucentius); 115 u. (Panama7); 101 (theasis); 170 (titoslack)
Julia Reichert, Söchtenau: S. 186/187, 192, 198 li.
Kathi Kamleitner/WatschMeSee, Glasgow: UK vorn/6, 92/93, 94, 96, 100 o., 102 re.
laif, Köln: S. 204/205, 215 re.; 121 (Achim Multhaupt); 222 (Andreas Fechner); 168/169 (Andreas Hub); 162 (Anita Back); 108/109 (Arcaid/Peter Durant); 201, 202/203, 207, 212, 213, 214 li., 214 re., 215 li., UK hinten/5 (Dagmar Schwelle); 7, 184/185, 186, 198 re., UK hinten/4 (Dietmar Denger); 175, 178 (Dorothea Schmid); 211 (Eddie Gerald); 106/107, 114 (Evelyn Rois & Bruno Stubenrauch); 66 (Frank Heuer); 161 (Gammarapho/Jean-Marc Charles); 102 li. (Gerald Heanel); 50, 188/189, 199 li. (Gonzalo Azumendi); 78 (Gregor Lengler); UK vorn/8, 122/123, 130, 133 (Gulliver Theis); 185, 238 (Gunnar Knechtel); 34 (hemis.fr/Bertrand Gardel); 160 (hemis.fr/Camille Moirenc); 95 (hemis.fr/Gil Giuglio); 37, 39 re., 169, UK hinten/3 (hemis.fr/Ludovic Maisant); 24/25 (hemis.fr/Patrice Hauser); 165 (hemis.fr/Patrick Desgraupes); 208 (hemis.fr/Patrick Frilet); 190 (Jan-Peter Boening); 154/155 (Jens Schwarz); 84 u. (Jonkmanns); 64 (Jörg Modrow); 194 (Le Figaro Magazine/Franck Prignet); 126 (Madame Figaro/Holden); 73, 74/75, 202 (Malte Jaeger); 220/221 (NYT/Redux/Chiara Goia); 26/27 (NYT/Redux/Susan Wright); 90, 97, 100 u. (Peter Hirth); 29 (REA/ Sebastian Ortola); 197 (REA/Nicolas Mollo); 154, 166 re., 167 li. (Rebecca Marshall); 15 (Redux/Danielle Villasana); 170/171 (robertharding/Carlo Moruccchio); 167 re. (Signatures/Patrice Terraz); 218, UK hinten/6 (Thomas Linkel); 18, 42 (Toma Babovic)
Lookphotos, München: S. 104/105, 110 (age fotostock); 40/41 (Heinz Wohner); 177 (Karl Johaentges); 86 re. (Schultheiß); 54 re., 55 re. (Travel Collection)
Manfred Görgens, Wuppertal: S. 30, 31, 33 o., 38 re., 39 li.
Manfred Rinderspacher, Mannheim: S. 150 li.
Massimo Tommasini, Triest: S. 225
MATO, Hamburg: S. 49 (Helge Bias); 23 (Onlyfrance/Javier Gil); 48 (SIME/Croppi); 152/153 (SIME/Davide Erbetta); 47 (SIME/Maurizio Rellini)
Mauritius Images, Mittenwald: S. 193 (age fotostock/Javier Larrea); 163, 166 li. (Alamy/A Media Press); 199 re. (Alamy/Daryl Mulvihill); 243 (Alamy/Eddie Linssen); 246 re. (Alamy/ESP/Peter Noyce); 99 (Alamy/John Peter Photography); 242 (Alamy/Kevin Foy); 63, 70 li. (Alamy/kpzfoto); 116, 234 (Alamy/Lucas Vallecillos); 69 u. (Alamy/Oleksandr Prykhodko); 33 u. (Alamy/Roussel Images); 55 li. (Alamy/Schulz); 234/235 (Alamy/Suzy Bennetts); 71 re. (Alamy/Tim E White); 36 (Alamy/travelstock44); 226 (Alamy/Viennaslide); 127 (Alamy/villorejo); 112 (Alamy/Volkerpreusser); 196 (hemis.fr/Anna Serrano); 137 (imagebroker/Hans Blossey); 231 li. (imagebroker/Manfred Segerer); 72/73 (Novarc/Hans-P. Szyska); 84 o. (Novarc/Szyska); 69 o. (SuperStock/Gregory Wroña PCL), 42/43 (Travel Collection); 140/141 (Volker Preusser)
Mihaela Leshtova, Plovdiv: S. 206
Monika Gumm, Hamburg: S. 247 re., UK hinten/7
Omas Teekanne, Graz: S. 118 re. (Evgenia Rieger Photography)
Photocase, Berlin: S. 106 (lumoxx); 110 (manu_ha)
picture-alliance, Frankfurt a. M.: S. 85 (airfoto UG); 76/77 (dpa/lth/Michael Reichel); 236/237 (Manuel Bruque); 80 u., 81, 82 o., 82 u., 86 li. (Martin Schutt); 32 (MAXPPP/Laurent Theillet); 60/61 (Roman Jocher); 124/125 (The Photo Collector); 176 (Ton Koene)
Ralf Freyer, Freiburg: Titelbild, 57, 58, 62, 71 li.
Sanja Kostiæ, Belgrad: UK vorn/1, 6/7, 8, 8/9, 10/11, 13, 14, 16, 17, 19, 20 li., 20 re., 21 li., 21 re.
Sarah Weik, Mannheim: S. 142
Sebastian Weindel, Mannheim: S. 138, 143, 144, 147, 151 re., UK hinten/1
Shutterstock.com, Amsterdam (NL): S. 80 o. (Anton_Ivanov); 230 li. (Baloncici); 88/89 (DrimaFilm); 113 (Lunghammer); 228 (Mikhail Varentsov); UK vorn/5, 74 li. (Sergey Dzyuba); 90/91 (Tana88); 98 (TreasureGalore); 111 (xbrchx)
Sky Bar, Graz: UK vorn/7, 119 re. (Werner Krug)
Susanne Völler, Köln: S. 191
Thomas Stankiewicz, München: S. 68, 70 re.
Visit Helsinki, Helsinki: S. 134 li.; 128 (Esko Jämsä); 134 re. (Ewan Bell); 131, 135 re. (Jussi Hellsten)
VLC Turismo, Valencia: S. 232/233, 244
Yves Vernin, Marseille: S. 153, 158, 159